일본에서 대한민국을 외치다
재일동포의 모국사랑

일러두기
1. 이 책의 '재일동포' 호칭은 일본에 사는 한민족 혈통자를 통칭합니다. 본문에 나오는 '재일한국인', '자이니치', '在日'도 '재일동포'를 일컬으며 등장하는 다수의 재일동포는 대한민국 지지 동포들입니다.
2. 이 책에 인용한 문헌은 원문을 훼손 않는 범위에서 일부 수정하였습니다.

◆

조국 대한민국의 발전에 헌신한
재일동포 여러분에게 이 책을 바칩니다.

추천사 1

'역사를 잊은 민족에게 미래는 없다.'

독립운동가 신채호 선생이 남긴 유명한 말입니다. 가슴 아픈 역사를 향한 다짐인 동시에 민족에게 고하는 간절한 외침이었습니다. 시련의 시기를 딛고 우리는 자랑스러운 역사를 만들어 가고 있습니다. 과거에 대한 회한은 좌절과 포기의 덫을 벗어나 배움과 근면으로 자리 잡았습니다.

전례 없는 경제적 성장을 넘어 우리가 먹고, 입고, 보고, 듣는 모든 것에 세계가 주목하는 문화적 중흥에 이르렀습니다. 헐벗고 힘없던 나라의 신기루 같은 꿈이 불과 수십 년 만에 현실로 다가오고 있습니다.

이러한 조국 대한민국의 눈부신 성장을 한 발치 떨어진 곳에서 바라보고 있는 분들이 있습니다.
바로 재일동포입니다.
나라를 잃었던 불행한 시절, 각자의 가슴 아픈 사연을 지닌 채 낯선 땅을 밟았을 것입니다. 고단한 일상, 힘겨운 삶이었습니다. 고향 산천에 대한 그리움은 깊은 밤 눈물에 그치지 않고 고국을 향한 사랑으로 이어졌습니다. 차별과 편견을 극복하며 피와 땀으로 쌓은 많은 것들이 대한해협을 건너와, 재건과 도약의 주춧돌이 되었습니다.

성장의 역사 곳곳에 남아있는 그 따뜻한 흔적들이 〈재일동포의 모국사랑〉 한 권의 책에 담겨있습니다. 기회와 위기의 순간마다 함께했던 그들의 헌신을 도서 전반에 걸쳐 섬세한 시선으로 이야기하고 있습니다.

제가 몸담고 있는 신한금융그룹 역시 〈금융보국〉이라는 재일동포들의 간절한 소망에서 시작되었습니다. 미처 몰랐던 다양한 일화들을 읽어 가며 상반된 감정이 교차하였습니다. 조건 없는 애정에 대한 감사와 세세히 살피지 못한 소홀함에 대한 반성이었습니다. 책장을 넘기기 시작하는 순간, 많은 사람들이 공감하게 될 것입니다.

신채호 선생이 잊지 말라 당부했던 '역사'에 재일동포의 삶도 마땅히 포함되어야 할 것입니다. 기억해야 하는 역사를 진솔한 언어로 전해주신 이민호 작가와 수고하신 모든 분들에게 감사의 마음을 전합니다. 역사를 기억하는 우리 민족에게 번영의 미래가 있을 것이라 확신합니다.

조용병
신한금융지주회사 회장

추천사 2

한국은 6.25 전쟁의 참화와 분단의 현실 속에서도 세계 10위권의 경제대국으로 성장했고, 원조 수여국에서 원조 공여국이 된 유일한 국가입니다.

이제는 21세기 문화 아이콘이 된 한류韓流의 종주국으로써 글로벌 경제문화를 주도하는 세계적인 국가가 되었습니다. 이러한 성과의 근저에는 우리 국민의 헌신은 물론이지만, 해외 한민족의 도움과 관심도 빼놓을 수 없습니다.

이 책은 26년간 재일동포사회를 재조명해온 필자가 지난 2019년부터 3년간 KBS의 〈한민족 하나로〉를 통해 소개한 재일동포들의 남다른 조국애를 다루고 있습니다. 재일동포들은 일본에서의 차별과 무시를 견뎌내고 조국의 발전에 공헌해왔습니다.

642명의 재일동포 학도병이 6·25전쟁에 참전해 피를 흘렸고, 수출입국의 토대가 된 첫 번째 수출산업공단인 '구로공단' 건설과 일본의 선진기술 도입을 주도했으며, 또 88서울올림픽 때는 성금 100억 엔을 모금해서 조국에 전달했고, 97년 IMF외환위기 때는 15억 달러를 송금하고 300억 엔에 달하는 국채를 매입했습니다.

이 책은 고난의 타향살이 속에서도 조국의 어려움을 자기 일처럼 보살핀 재일동포의 모국사랑 이야기를 생생한 사례를 통해 증언하고 있습니다. 지금까지 우리나라에서 재일동포들은 '반# 일본인'으로 치부되면서 국내적으로는 다른 지역 동포들에 비해 상대적으로 관심을 받지 못해왔습니다.

이 책은 재일동포들의 정서적, 경제적, 문화적 유대가 모국사랑으로 승화된 아름답지만 가슴 아픈 이야기가 한껏 배어있습니다. 세계적 국가로 성장한 한국이라면 그동안 소외됐던 재일동포의 조국애와 그 정신을 제대로 조명해야 합니다.

필자의 노력이 재일동포사회의 재조명과 국내적 인식변화에 커다란 기여를 할 것으로 믿어 의심치 않습니다. 무엇보다 재일동포들의 모국사랑 정신이 계승되길 바라면서 일독을 권하는 바입니다.

강준영
KBS 한민족방송 '한민족하나로' MC
(한국외국어대 국제지역대학원 교수)

차례

추천사 조용병 신한금융지주회사 회장 4
　　　　강준영 KBS 한민족방송 '한민족하나로' MC 6

제1부 | 6.25와 올림픽, IMF 격동의 대한민국사 기로에서

01　세계최초의 해외국민 구국참전 13
　　재일동포 학도의용군 6.25참전

02　88서울올림픽 후원금 100억 엔(¥) 37
　　건국 이래 단일단체 최대성금

03　IMF위기 때 외화송금운동 55
　　궁지 몰린 조국에 15억 달러 송금

제2부 | 주일한국공관 10곳 중 9곳은 '재일동포'가 기증했다

04　일본 속 한국 땅을 개척한 사람들 67
05　방적왕 서갑호와 도쿄 주일한국대사관 75
06　미도스지에 태극기를~ 84
　　3년 모금으로 세운 걸작 오사카총영사관

| 제3부 | **재일동포 모국투자의 발자취** |

07 구로공단의 주인은 '재일동포'였다 — 97
　　대한민국 최초공단 탄생 비화

08 이희건과 신한은행 — 119
　　바다를 건너온 재일동포 금융대부 — 119
　　금융보국, 신한은행의 창업자 — 133
　　재일동포가 새긴 신한정신 — 142

09 한류 붐의 원조 '바이코리안 운동' — 157
　　재일동포 국산품 애용운동의 역사

| 제4부 | **무한애향**無限愛鄕 **팔도강산에 깃든 재일동포 흔적** |

10 건학의 동포들 — 167
　　인재육성에 앞장선 재일동포 이야기

11 제주도가 관광 1번지가 된 비밀 — 179
　　호텔 세우 김평진과 제주감귤 역사

12 진해군항제와 60만 새마음심기 — 194
　　대통령이 따라준 검정막걸리의 정체

13 재일한국인 모국기부 100년사 — 204
　　주고 또 준 나라사랑의 상면늘

14 재일동포와 새마을운동 — 222
　　재일모국공헌의 실제사례

| 제5부 | **자이니치 태극전사** |

15 모국을 향한 재일스포츠 명장면
    1948런던부터 2018평창까지   249

| 제6부 | **한국을 빛낸 100명의 재일동포** |

16 재일한국인 1등 훈장 공훈록
    재일독립운동 건국훈장 수훈자   273

참고문헌   289

에필로그 돌아오지 못한 부산항   293

| 제1부 |

6.25와 올림픽, IMF 격동의 대한민국사 기로에서

| 01 |

세계최초의 해외국민 구국참전
재일동포 학도의용군 6.25참전

> 무궁화 삼천리, 힘 있는 햇빛아래
> 건국의 종소리는 우리들을 부른다.
> 모여라 삼천만, 피 끓는 성자신손
> 약속하자 세계의 항구恒久평화를

일본 도쿄 한복판에서 대한민국 건국행진곡을 힘차게 부르는 78명의 청년들. 태극기를 휘감고서 우렁찬 밴드소리에 맞춰 합창하는 청년들의 얼굴은 하나같이 비장했다. 1950년 9월 7일, 도쿄시내 간다의 스루가다 이호텔東京都 千代田区 神田 駿河台町 앞에서 펼쳐진 재일동포 청년학도의용군의 6.25전쟁 출정식 풍경이다.

"한 쪽에서는 친구끼리 삼삼오오 모여 서로 어깨를 다독이며 기합을 넣어주었다. 다른 한 쪽에서는 가족이 모여앉아 흐느끼고 있었다. 지사서고리 차림의 어머니는 아들의 두 뺨을 부둥켜 잡고 말없이 눈물만 흘리고 있었다."

| 제1부 | 6.25와 올림픽, IMF 격동의 대한민국사 기로에서

출정자 가운데 한 명인 재일한국인 매체 〈신세계신문〉 기자 김성욱金聖郁은 취재수첩에 이날의 풍경을 이렇게 기록했다. 영영 돌아오지 못할 것만 같았기에 더욱 목 놓아 건국행진곡을 부른 재일동포 전사들, 결전을 각오했지만 가족과의 생이별은 말로 표현 못할 고통이었다.

전세戰勢가 가장 불리할 때 참전

이날 하루 6.25참전을 결행한 재일동포 젊은이들은 대학생 59명, 고등학생 2명을 비롯해 모두 78명이었다. 도쿄시내 거리 곳곳에 '축 입영'이라 쓰여진 플래카드가 나부끼는 가운데, 재일동포 가족친지들은 연신 태극기를 흔들면서 전쟁터로 향하는 아들형제의 모습을 한시도 눈에서 떼지 못하고 있었다.

"대한민국 만세, 만세, 만세!"
"만세삼창을 마치고나서 우리들을 태운 미군 트럭 4대가 서서히 움직이기 시작했다. 트럭 대열은 사이타마현 아사가埼玉県 朝霞에 있는 미군 제1기병사단 사령부 캠프드레이크Camp Drake를 향해 달려갔다."(학도의용군 이활남)

재일동포 출정당시 6.25전쟁의 전황은 바람 앞의 등불이었다. 압도적인 전력을 바탕으로 물밀 듯이 내려오는 북한군의 기세에 한국군은 압도당하고 있었다. 전쟁 발발 석 달도 채 안되어 적에게 대부분의 영토를 내준 아군에게 남은 땅이라곤 낙동강 하구자락의 경상도 일부뿐이었다.
한반도 전역이 공산화되기 직전의 절체절명의 순간, 바로 그때 일본에 살고 있는 동포 청년학도의용군들이 바다를 건너기 시작했다. 그리고 1950년 9월 13일 마침내 첫 출정 길에 올랐다. 이들은 요코하마항에서 미군 1천여 명과 함께 수송선 피닉스호LST-Phoenix에 승선했다. 조국 전장으로 향한 제1차 의용군은 도쿄 출정자 78명 가운데 69명이었다.

첫 전투 '인천상륙작전'

그러나 승선 순간까지도 재일동포 학도의용군들은 행선지를 모르고 있었다. 군복만 걸쳤을 뿐, 군번도 계급장도 없는 자원병 신세였기 때문이다. 미 제7사단에 배속된 무적無籍의 자원병. 그들의 신원을 알려주는 유일한 표식은 '일본에서 온 병사(S.V. From JAPAN)'란 문구가 박힌 견장 하나뿐이었다.

선상에서 의용군들은 대학에서 익힌 영어실력을 발휘해 미군병사들과 대화를 나누면서 전장이 어딘지 알아냈다. 요코하마 출항 이틀이 지나 도착한 조국, 그들은 곧바로 미 해병대와 함께 선발대로 작전에 투입됐다. 재일동포 학도의용군들이 치른 최초의 전투는 「인천상륙작전」이었다. 세계전쟁사에서 가장 드라마틱한 반격작전으로 꼽히는 전투에 참전한 것이다.

UN군 총사령관 더글러스 맥아더Douglas MacArthur가 지휘한 인천상륙작전의 성공으로 북한 인민군의 기세는 확 꺾였고, 아군은 6.25전쟁 발발 3개월 만에 처음으로 수세국면에서 벗어날 수 있었다.

그러나 이때까지 재일동포 학도의용군들은 푸대접을 받고 있었다. 미군의 눈에 그들은 군번조차 없는 무명의 이방인일 따름이었다. 그런데 함께 전투를 치르면서 미군의 시선이 달라지기 시작했다. 먼저 재일동포들이 전장에서 무모하다 싶을 정도로 용맹성을 발휘하는 모습에 놀랐다. 그리고 왜 그리 용맹하게 싸우는지 사연을 듣고 나서는 평가가 완전히 달라졌다.

"저희 재패니스 코리안은 침략자들로부터 조국을 지키기 위해 참전했습니다."

더욱이 참전자 대다수는 일본에서 대학을 다니고 있었다. 모두 국방의 의무가 유예되고 있음에도 자청해서 펜을 내려놓고 총을 들고 목숨을 걸었다. 이 사실에 미군들은 또다시 놀라지 않을 수 없었고, 재일동포 학도의용군의 애국심에 깊은 경외심을 보이기 시작했다.

한편 인천상륙작전으로 시작된 재일동포의 참전행렬은 계속되었다. 제2진 137명은 오사카와 나고야 지방 젊은이들로 편성됐다. 그들은 제1진과 마찬가지로 사이타마 아사가기지를 통해 조국전선으로 향했다. 제1진이 인천으로 떠난 이틀 뒤인 9월 15일 출정식을 갖고 사흘간 약식훈련을 소화한 다음에 승선절차를 밟았다.

규슈 및 기타 지방 젊은이로 편성된 제3진 151명은 오이타현大分県 벳푸에 있는 미 제8군단 제3사단 캠프 모리Camp Mori에 배속되었다. 규슈 출신이 98명, 기타 지방 출신이 53명이었다. 사세보항佐世保港을 출항해 부산으로 입항한 제3진은 6.25전쟁 최격전지인 원산상륙작전과 장진호 전투 등에 참전하면서 큰 시련을 겪었다. 이후로도 속속 조국전선에 뛰어들어 6.25전쟁에 참전한 재일동포 학도의용군은 일본 전역에서 모두 642명에 달했다.

◈ **인천상륙작전**: 1950.9.15 UN군이 인천에 상륙하여 6.25전쟁의 전세를 뒤바꾼 군사작전. 남진을 거듭하던 북한군은 인천상륙작전에 의해 보급선이 잘리면서 큰 타격을 입었다.

◈ **원산상륙작전**: 1950.10.26 UN군이 함경남도 원산에서 벌인 상륙작전. 아군이 6.25전쟁 주도권을 잡고 북진을 개시한 전투로 꼽힌다.

◈ **장진호전투**: 1950.11.26~12.11 함경남도 개마고원의 저수지 '장진호'에서 벌어진 전투. 북진하던 아군은 12만 명에 달하는 중공군의 인해전술에 휘말려 흥남으로 철수하고 말았다.

유일조국 대한민국 구출작전

그렇다면 재일동포들이 목숨을 내걸고 6.25전쟁 참전을 결행한 까닭은 무엇일까? 순전히 스스로의 안위만을 생각한다면 너무나 무모한 행동이다. 거기다 자원참전을 결행한 청년 대다수는 일본에서 대학과 고등학교에 재학 중인 유학생 신분이었다. 모국 한국의 문맹률이 80%가 넘었으니 자식을 보통학교(지금의 초등학교)에만 진학시켜도 '부모 도리는 다했다'고 여기던 시절이다. 혼치않은 해외유학생이 전장에서 목숨을 건다는 것도 상상하기 쉽지 않은 일이다.

이런 재일동포 대학생의 참전상황에 대헤 초대 문교부(지금의 교육부) 장관 안호상安浩相 박사는 증언했다.

"일본 전국각지에서 자발적으로 참전하겠다는 청년들이 모여들었다. 재일동포 청년들은 미군의 극동사령부인 맥아더 장군에게 참전시켜 달라고 청원하는 열성을 보였다. 문제는 지원자 대부분이 대학생이었다는 점이다. 일본에 다시 돌아올 수 있느냐? 또 돌아온다면 복학할 수 있겠는가? 그들은 이런 현실난관들에 대한 어떠한 보장도 받지 못했다. 그럼에도 불구하고 그들은 조국전선으로 향했다. -중략- 나중에 재일동포 학도의용군들은 일본 귀환 문제로 많은 어려움을 겪어야만 했다."(재일동포 6.25참전사)

안호상 박사의 회고처럼 재일동포 학도의용군들은 미래에 대한 보장을 하나도 받지 못한 채 현해탄을 건너왔다. 지금도 그렇지만 해외에 거주 중인 국민은 병역의무가 자동 유예되고 있었다.

이처럼 재일동포 학도의용군들은 안전지대 일본을 떠나 꽃다운 청춘을 조국에 바쳤다. 창창한 미래, 청춘의 꿈을 접고 주저없이 대학 배지를 내던져버렸다.

'망국亡國의 고통' 다시 겪지 않으리

참전 청년들은 조국전선으로 달려간 이유로 두 가지를 꼽았다. 일제로부터 겪은 '망국亡國의 고통'을 두 번 다시 겪지 않기 위해서였다는 것. 그리고 비록 건국한 지 2년밖에 안된 신생국이지만 자신들이 믿고 의지하는 조국은 오로지 대한민국이라는 것이었다.

"(일제강점기에) 일본인들은 우리를 인간취급도 하지 않았습니다. 괄시를 참 많이 받았죠. 그래서 누가 가르쳐 주지 않았어도 조국이 얼마나 소중한 지를 몸서리치게 절감했습니다. 자칫 나라가 없어질 판국에 다른 생각을 할 겨를이 있었겠습니까. 어떻게 하나 걱정을 하던 차에 (6.25전쟁)

자원병 모집소식을 들었습니다. 그 길로 친구들과 함께 자원병을 지원했죠."(송동원宋東源)

"당시 재일동포 유학생 사이에서는 나라가 망할지도 모르는 데, 속 편하게 공부는 무슨 공부냐는 분위기가 압도적이었습니다. 우리는 일본 땅에서 나라 없는 국민으로 살아본 서러움과 고통을 겪어봤으니까요. 그 때문에 누가 강요한 것도 아니었지만, 너도 나도 의용군에 지원했던 겁니다."(유승호柳升鎬)

저마다 동기와 사연은 달랐다. 가문의 3대 독자 이활남李活男은 일본에 홀아버지와 정혼자 세이코를 남겨둔 채 미군 트럭에 올랐다. 게이오대학 기계공학과를 다니던 양옥룡梁玉龍은 누나와 일본인 교수들의 끈질긴 만류를 뿌리쳤다. 메이지대학 신입생인 조영진趙英振은 하숙집 짐 정리도 못한 채 자원 참전했다. 신세계신문 기자 김성욱金聖郁은 학도의용군 취재를 하던 중에 스스로 부끄럽다는 생각이 들어 입대를 결심했다.

안정된 직장인 대형병원과 자동차회사의 촉망받는 직원이었던 강대윤姜大允과 조종규曺宗奎는 고향에 계신 부모님 안부가 걱정되어 참전을 결행했다. 오사카에서 반공활동에 열심이던 조용갑趙鏞甲은 아들 같은 조카 만철滿鐵을 이끌고 동반 입대했다.

연령대도 폭넓었다. 이제 갓 소년티를 벗기 시작한 18세 김교인金敎仁과 조승배趙承培도 있었지만, 이 둘의 아버지뻘인 45세 김순룡金順龍도 있었다. 저마다 뭉클한 사연들을 가슴에 묻어둔 채 조국 전장으로 향했다. 갑자기 참전을 결행하는 바람에 어머니가 무궁화 꽃수를 그려 넣은 천인침千人針도 챙기지 못했다.

천인침은 2차 세계대전 때 일본에서 유행한 풍습으로, 참전자의 무사 귀환을 기원하면서 여러 사람干人이 무명천에 붉은 실로 한 땀씩 매듭을 놓아서 만든 수다. 천인침은 강제징병이 이뤄진 조선에서도 유행해 전국의 공립여고에서 여학생들이 천인침을 만들기도 하였다.

재일민단 의용군 모집본부

6.25 재일동포 학도의용군 결성에 창구역할을 한 민족단체가 있었다. 한국지지 재일동포 단체인 재일본대한민국민단(이하 재일민단, 당시 재일본대한민국거류민단)이다. 1950년 8월 8일 재일민단은 도쿄중앙본부에 자원병 지도본부(본부장 김광남金光男)를 설치하고 자원병 모집에 나섰다.

그런데 의용군 결성의 불씨를 지핀 건 18세 동포여성이었다는 일화가 내려오고 있다. 이 여성이 북한의 남침뉴스를 접하고 맥아더 사령관에게 편지를 보내 조국참전을 호소했다는 것이다.

"제 조국은 제 손으로 지키고 싶습니다. 참전할 방도를 마련해 주십시오."

이 사연이 일본의 신문, 라디오로 전파를 타면서 재일동포사회는 크게 술렁였다. 시집도 가지 않은 소녀도 참전결의를 보이는데, 어찌하여 장정들이 가만있느냐 '남자의 용기 상실'이란 질책이 빗발쳤다.

어찌됐건 18세 소녀의 참전 호소문이 알려지고 오래지 않아 의용군 모집조직이 만들어졌다. 재일민단은 전국 산하조직에 '자원병 지도요령'을 만들어 배포했으며, 주일한국대표부의 김용주金龍周 공사는 이승만 정부와 맥아더 사령부에 재일동포의 6.25참전 승낙을 요망하는 활동을 펼쳤다.

이러한 동시다발적인 청원에도 미 극동군 총사령부(GHQ)와 맥아더 사령관은 꿈쩍도 하지 않았다. 애초 GHQ는 신원검증이 어렵다는 판단에서 재일동포 참전에 반대하는 기류가 강했다. 참다못한 동포 청년들은 답답한 마음에 GHQ 청사 앞에서 피켓시위를 벌이고 개인적으로 탄원서를 제출했다. 일부는 밀항을 해서라도 조국전선으로 가겠다는 결의를 보였다. 재일민단도 황소고집이었다. 또다시 의용군의 필요성을 정리한 격문檄文을 만들어서 산하조직으로 내려 보내며 자원병 모집을 이어나갔다.

재일동포들의 눈물겨운 노력이 빗발치자, 마침내 GHQ는 참전을 허가하기에 이른다. 그렇게 일본 전국에서 의용군에 자원한 동포들은 약 1100명, 이 가운데 신체검사와 신원조사를 통과한 최종 합격자는 642명이었다. 자원자 가운데는 여성들도 있었지만 '여성은 입대불가'란 GHQ의 방침을 넘지는 못했다.

재일의용군부대 '3.1독립대대'

다시 6.25에 참전한 재일동포 학도의용군 이야기로 돌아가 보자. 재일의용군들이 배속된 부대는 미 제7사단 제17연대와 제31연대, 제3사단 제7연대와 제15연대, 제8군 제6보급부대와 제45부대, 제60부대, 제92화기중대, 그리고 한국군 육군 전투부대 등이다. 이 중에는 38도선을 넘어 북진작전에 투입된 전투부대도 여럿 있다. 규슈에서 출정한 제3진을 비롯해 재일동포 학도의용군 다수가 북한 지역이 평양과 성흥을 지나서 신의주, 백두산 기슭까지 진격해갔다.

후방부대에 머물던 의용군들은 미군 지휘부에 '최전방에서 싸우게 해

달라'며 요구하는 한편 재일동포 단독부대의 창설을 시도했다. 미군은 재일의용군의 애국심에 감동하고 있었다. 그러던 중 부대창설을 돕는 이가 나타났으니 지미 고자와Jimmy S.Gozawa 중위였다. 그는 일본계 2세 미국인으로서 누구보다 재일동포의 난처한 입장을 잘 이해하는 사람이었다. 고자와 중위는 미군 고위 장교들을 개별적으로 접촉해서 재일동포 부대 창설의 필요성을 설파했다.

마침내 1950년 11월 미 제6여단장 조지 스튜어트 장군이 부대 창설을 승인했다. '3.1독립 보병대대'다. 부대 이름은 "3.1만세운동의 독립정신을 계승한다"는 의미를 담았다. 편제는 중대 2개와 소대 4개, 분대 16개였으며, 소대 지휘는 미군 하사관들이 맡았다. 3.1독립대대의 A중대(중대장 정완조鄭完朝)는 160명, B중대(중대장 공태용孔泰瑢) 161명으로 대대원 총원은 321명이었다. 메이지대 재학 중에 참전한 조승배趙承培씨는 당시를 똑똑히 기억해냈다.

"3.1독립대대의 훈련교관은 한국군이 맡았습니다. 워낙 오래 전 일이라 이름이 정확히 기억나지 않는데 신申이란 성을 가졌고 계급은 소위였습니다. 우리는 신 소위 지휘아래 2주일간 훈련을 받았습니다. 우리말에 서툰 우리를 위해 고자와 중위는 일본어로 된 군사수첩까지 만들어 주었죠."(2009년 10월 인터뷰)

그러나 실전배치를 고대하며 훈련하던 의용군들에게 날벼락 같은 소식이 전해졌다. 중국 공산군이 6.25에 개입하면서 아군의 북진에 제동이 걸렸고, 그 바람에 3.1대대 활용계획도 백지화되어 버린 것이다. 중공군 60만 대군의 참전으로 전황은 올라갈 수도 내려갈 수도 없는 답보상태에 빠졌다. 이때 미군은 3.1대대만 해체한 것이 아니라 6.25에 참전 중인 재일동포 의용군을 '전원 철수대상'으로 지정해버린다.

이는 재일의용군들로선 도저히 수긍할 수 없는 조치였다. 그들에게 전쟁의 종지부는 대한민국이 승리를 거두는 날이었기 때문이다. 미군으로부터 방출통보를 받은 200여 명의 재일의용군은 일본 귀환을 거부하고 한국군으로의 재입대를 결정한다.

"퇴각하는 미군부대 일부는 작전상 일본으로의 귀환을 결정했다. 그런데 이 과정에서 귀환을 거부한 재일동포 의용군들이 속출했다. 인천 부평에 위치해 있던 미 제3병참 기지사령부도 일본 귀환대상이었다. 이 부대 소속 의용군들은 강일룡姜一龍, 곽도용郭道容을 대표로 뽑아 미군에게 한국군으로의 편입을 희망한다는 의사를 전달했다. 수차례 추가 접촉을 가진 뒤에야 비로소 우리들의 국군 편입이 결정됐다. 의용군들은 1950년 11월 28일 저녁, 서울 남대문 근방에 있던 육군 제1보충대대(서울남산초등학교 자리)로 이동했다."(1994년 11월 육군본부 '한국전쟁 시 학도의용군')

일본으로 귀환된 재일학도의용군들은 미군의 일본 철수작전을 후방 전투지 이동으로 착각했다. 인천항을 출항한 배가 당도한 곳은 기타큐슈의 모지항北九州 門司港이었다. 이어서 고쿠라小倉에 있는 미 제24사단 보충대로 이송되었고, 거기서 해산명령이 떨어졌다.

'즉시 제대! 귀화 명령!'

취소를 촉구해봤으나 소용없는 일이었다. 명령에 살고 명령에 죽는 군

대규칙을 뒤엎을 수는 없었다. 해산당한 의용군들은 얼마 뒤에 도쿄로 집결했다. 재일민단 중앙본부와 주일한국대표부를 찾아가 자초지종을 설명하고, 다시 조국전선으로 보내줄 것을 청원했다.

해법은 하나뿐 한국군으로의 소속 변경이었다. 다시 바다를 건너올 때에는 미군 수송선이 아니라 대한민국 국적의 한국해운공사 소속 화물선을 탔다. 부산항에 도착하자마자 한국군 제2 육군훈련소에 입교해 하사관 훈련을 받았다.

두 달 전 인천상륙작전 때 'From JAPAN' 견장을 찬 무명용사에 불과했던 재일의용군이 어엿한 대한민국 군인으로 거듭난 것이다. 일본으로 귀환됐다가 자청해서 다시 현해탄을 건너와 전쟁의 포화 속으로 뛰어든 재일의용군 출신자는 모두 58명이었다.

재일동포 학도의용군의 활약상

한국군으로 다시 태어난 재일의용군들의 활약상은 눈부셨다. 대표적인 인물이 육군종합학교 출신인 이활남李活男, 윤용근尹龍根, 김성욱金聖郁 등이다. 1951년 3월 10일 육군소위로 임관한 이활남은 육군 3사단 제1중대에 배속됐다. 대전차 공격부대였던 1중대에서 이 소위는 강원도 팔왕산전투와 현리전투에서 북한군을 궤멸시키는 전공을 세웠다. 이 소위의 활약상은 육군본부가 발간한 '학도의용군'에 구체적으로 기술되어 있다.

"이따금 북한군들이 피난민으로 위장하고 아군 진지에 나타났다. 모두가 망설이는 가운데 소대장이던 이활남 소위가 피난민들에게 접근하였다. 첫 눈에 보아도 대부분이 겁에 질린 표정이었다. 약간의 침묵이 흐른 뒤 피난민 가운데 한 노인이 이 소위 앞으로 다가왔다. 노인은 5리(=2km) 쯤 되는 곳에 200~300명의 북한군이 아군 쪽으로 다가오고 있다고 말했다. 이 소위는 노인에게 감사를 표하고 매복하던 진지로 돌아왔다."

이활남이 구한 정보를 갖고 아군은 적군 수백 명을 궤멸시킬 수 있었다. 육군 제3사단 22연대 3대대에 배속된 윤용근 소위와 육군 제3사단 18연대 1대대에 배속되었던 김성욱 소위는 창촌리전투, 가리봉전투, 노인봉전투에서 전투를 치렀다. 유승호柳升鎬 소위와 조만철趙滿鐵 소위는 각각 제9사단 30연대 1대대, 제1사단 9연대 소속으로 북한과 중국 연합군과의 전투에서 승전보를 울렸다.

유승호의 활약상도 육군본부 기록에 남아있다. 제3소대장을 맡은 유 소위는 강원도 홍천 매봉산 1103고지전에서 대원들의 엄호사격을 받으며 적진으로 돌진했다. 그 덕분에 적과 백병전을 치렀을 정도로 치열한 고지전에서 아군은 승리할 수 있었다.

642명 중 135명이 희생

그러나 이처럼 용맹성을 발휘한 재일동포 학도의용군의 인명 피해는 막심했다. 특히 북진작전에 투입된 의용군 피해가 컸다. 미군 제7사단에 배속된 120여 명의 의용군 가운데 40명, 제3사단에 배속된 52명 가운데 18명만이 살아서 돌아왔다. 장진호전투, 흥남철수작전, 1.4후퇴까지 이어진 한 달반의 전투 동안 110명이 넘는 재일의용군들이 전사 또는 행방불명이 됐다.

6.25전쟁은 '한반도 전토全土가 피로 물들었다'고 불릴 만큼 참혹했다.

그 참혹한 전쟁의 포화 속에서 재일의용군들은 최전방 격전지들을 누볐다. 인천상륙작전, 9.28서울수복, 원산상륙작전, 장진호전투, 흥남철수작전, 6.25전쟁 최대격전장이었던 중부전선의 백마고지와 김일성고지, 김화지구 전투 등이다.

52명 전사, 83명 행방불명

6.25전쟁 때 재일동포 학도의용군이 입은 인명피해다. 청춘을 오롯이 조국에 바친 642명 가운데 135명이 희생됐다. 5명 중 1명꼴로 목숨을 잃은 셈이다.

살아남은 이들의 앞날도 순탄치 못했다. 265명은 미군의 구명으로 일본으로 되돌아갔지만, 나머지 242명은 부모형제와 처자식과 생이별을 해야 했다. 다수의 미귀환자 발생은 일본 정부가 그들의 입국을 불허했기 때문이다. 1952년 4월 샌프란시스코강화조약 체결로 국권을 회복한 일본은 재일의용군들을 무단출국자로 규정했다. 일본 정부로부터 허가받지 않고 임의 출국했기 때문이란 것이다.

국내에 남은 의용군들은 말로 표현할 수 없을 정도로 지독한 고생을 했다. 일본에서의 대학 학벌과 직장 경력은 쓸모가 없었다. 영어를 할 수 있는 몇몇은 미군부대 군무원이 되기도 했으나 다수는 생활고에 시달렸다. 무엇보다 그들을 제일 힘들게 한 건 가족과의 생이별이었다.

국립현충원 제16묘역

호국영령들이 잠들어 있는 서울 동작동 국립현충원. 이곳 제16묘역에 가면 6.25전쟁 때 목숨을 잃은 재일동포 학도의용군들을 만날 수 있다.

16묘역에는 50명이 잠들어 있다. 의용군 동지로 장교였던 정달문 육군중위와 박두원 공군대위는 바로 옆의 제15, 제17묘역에 잠들어 있다. 그리고 위패 봉안관에는 끝끝내 돌아오지 못한 행방불명 동포 희생자들의 이름이 위패로 새겨져 있다.

부름을 받은 적도 병역의 의무도 없었지만, 재일동포 청년학생들은 남침당한 조국을 구하기 위하여 한달음에 참전을 결의했다. 오로지 '대한민국을 구하겠다'는 일념뿐이었기에 펜 대신 총을 들 수 있었다. 꽃다운 청춘을 조국에 바친 그들이 다짐한 말은 "죽어서라도 보국報國하겠다"였고, 서로를 향해 부른 호칭은 '결사병決死兵'이었다.

그러나 현충원 16묘역은 언제나 을씨년스럽다. 가족이 일본에 살다보니 다른 묘역에 비해 찾는 발길이 뜸한 편이다. 꽃다발 한 송이 찾아보기 어려운 그곳에서 시인 이은상李殷相이 쓴 헌시만이 쓸쓸이 참배객을 맞이하고 있을 따름이다.

> 내 나라 구하려고 피를 뿌리신 젊은이들
> 역사의 책장 위에 꽃수를 놓으셨네.
> 조국의 포근한 흙 속에 웃으며 잠드옵소서!

6.25출정 재일동포 학도의용군(1950.9)

6.25출정 재일동포 학도의용군 환송행렬(1950.9)

모국으로 송환되는 재일동포 학도의용군 유해 51위
(1963.11)

재일학도의용군 6.25참전기념비
(2009.9, 인천수봉공원)

서울현충원 재일학도의용군 묘역을 참배하는 재일민단 간부들(2011)

만세 부르는 재일동포 학도의용군들(2006.9)

재일동포 학도의용군의
'FROM JAPAN' 군복 견장(1950.9)

재일동포 6.25참전은
세계최초의 재외국민 참전

3차 중동전쟁 이스라엘보다 17년 앞섰다
美CBS 6.25때 "코리안 유령부대가 나타났다"

제3차 중동전쟁

애국심 강한 민족으로 유대민족을 꼽는 이가 적지 않다. 그중 1967년 6월 5일 발발한 제3차 중동전쟁 때 해외 이스라엘인의 참전은 전설처럼 내려온다. 당시 뉴욕 케네디공항에서 커다란 배낭을 맨 채 귀국티켓을 끊고 대기 중인 젊은이들의 모습은 세계인의 이목을 끌었다. 배낭 맨 젊은이들을 향해 미국언론은 '세계 최초의 해외국민 참전'이라는 기사를 대대적으로 쏟아냈다.

'6일 전쟁'으로 불린 이 전쟁에서 이스라엘은 단 엿새 만에 자신보다 40배나 덩치 큰 아랍제국(이집트, 시리아, 요르단 연합국)을 굴복시켰다. 그때 남은 전설적인 무용담이 재미이스라엘인의 참전이야기다.

그들의 참전은 간단한 메시지로부터 비롯됐다. 전쟁이 임박하자 이스라엘 국방장관 모세 다얀Moshe Dayan이 방송에 출연해 "조국을 위해 싸울 자원병이 필요하다"고 호소한 것이다. 이 한 마디로 해외이스라엘인의 참전은 현실로 바뀌었다.

그러나 이스라엘이 세계최초의 해외국민 참전을 이룬 나라란 보도는 명백히 오보다. 최초는 바로 대한민국이다. 642명의 재일동포 학도의용군들이 이스라엘보다 17년 앞서 나라를 구하기 위해 목숨을 걸었기 때문이다.

"코리안 유령부대원들"

6.25전쟁 때 재일한국인의 참전소식을 타전한 언론은 오보의 진원지 미국언론이었다. 1952년 9월 29일 미국 CBS방송은 재일동포 학도의용군들의 활약상을 '한국전쟁에 출현한 유령부대(도쿄지국장 조지 하먼)'란 타이틀을 내걸고 보도했다.

"'유령부대'가 한국전쟁에 나타나 국제연합군과 함께 싸우고 있다고 합니다. 그들의 정체는 일본에서 온 코리언KOREAN들입니다. 도쿄의 UN군 사령부는 이들의 존재를 부정하고 있습니다만. 부산과 수원에 파견된 CBS 특파원들은 이 유령부대가 국적 불명의 동양인들로 편성돼 있음을 확인했습니다. 특파원들이 조사한 바에 따르면, 이 유령부대원들은 일본에서 자라고 일본에서 교육과 훈련을 받은 코리언들입니다. 이들에 대한 군사훈련은 인천상륙작전 이전에 미군에 의해 실시됐다고 합니다."(재일동포 6.25전쟁 참전사)

재일동포 학도의용군의 6.25전쟁 참전 일지

1950. 6. 25.	북한 인민군의 불법 남침
1950. 8. 8.	재일민단 '자원군지도본부'(본부장 김광남) 설치
1950. 9. 15.	재일학도의용군 제1진 인천상륙작전 참가
1950. 9. 24.	제2진 인천에 추가 상륙
1950. 9. 27.	제3진 부산 입항, 미 7사단과 함께 원산상륙작전 참가
1950. 10. 31.	재일학도의용군 단독부대 '3.1독립대대' 창설
1950. 11. 12.	미 제3사단 배속 학도의용군, 장진호 전투 참가
1950. 12.	약 200명 재일학도의용군 대한민국 국군 편입 임진강작전, 고랑포작전, 흥남철수작전 참전
1951. 2. 23.	58명 재일학도의용군 재입국, 육군 제2훈련소에 입소
1951. 3. 10.	30명 재일학도의용군, 육군종합학교 제22기 소위 임관
1951. 5.	중동부 춘계공세 작전 참전
1951. 10.	중동부 지구 작전(일명 김일성고지 탈환작전) 참전
1951. 11.	재일학도의용군 중 일부, 육군 항공조종 장교로 임관
1952. 5.	일본정부, 재일학도의용군 일본 귀환 불허조치
1952. 10.	백마고지 전투 참전
1953. 3.	저격능선 전투, 금화지구 전투 참전
1953. 7. 27.	6.25전쟁 휴전협정 체결 642명 재일학도의용군 중 전사 또는 실종자 135명, 일본 귀환자 265명, 국내 잔류자 242명

일본 지역별 출전현황

지역	인원(명)	지역	인원(명)
홋카이도(北海道)	13	아키타현(秋田県)	7
미야기현(宮城県)	24	이와테현(岩手県)	1
도쿄도(東京都)	139	가와사키시(川崎市)	27
요코하마시(横浜市)	5	지바현(千葉県)	23
군마현(群馬県)	8	사이타마현(埼玉県)	5
아이치현(愛知県)	19	시즈오카현(静岡県)	7
나라현(奈良県)	6	기후현(岐阜県)	3
나가노현(長野県)	2	니이가타현(新潟県)	9
후쿠이현(福井県)	7	야마나시현(山梨県)	2
시가현(滋賀県)	6	오사카부(大阪府)	61
교토부(京都府)	19	효고현(兵庫県)	24
야마구치현(山口県)	13	오카야마현(岡山県)	18
히로시마현(広島県)	14	시코쿠(四国)	17
나가사키현(長崎県)	20	오이타현(大分県)	3
후쿠오카현(福岡県)	78	구마모토현(熊本県)	7
사가현(佐賀県)	9	미야자키현(宮崎県)	3
와카야마현(和歌山県)	7	기타	36
합계		642	

6.25 재일동포 학도의용군 연령

연령(세)	인원(명)	연령(세)	인원(명)	연령(세)	인원(명)	연령(세)	인원(명)
18	2	24	81	30	17	36	3
19	42	25	59	31	7	37	2
20	53	26	45	32	7	39	4
21	47	27	27	33	9	40	3
22	85	28	26	34	7	42	1
23	80	29	24	35	10	45	1
합계				642			

재일동포 학도의용군 참전자 명단

강공래(姜孔來)	강내석(姜乃石)	강대국(姜大掬)	강대용(姜大龍)	강대윤(姜大允)	강문휴(姜文休)
강삼제(姜三濟)	강수준(姜秀俊)	강신홍(姜信洪)	강영석(姜泳錫)	강영용(姜永龍)	강원아(姜元兒)
강위수(姜渭洙)	강일룡(姜一龍)	강재명(姜在明)	강지용(姜之龍)	강진식(姜珍植)	강춘식(姜椿植)
강해석(姜亥石)	강화용(姜化龍)	강여춘(康麗春)	강재오(康在伍)	강준명(康俊明)	강희수(康喜洙)
고옥진(高玉鎭)	고희목(高熙穆)	곽도용(郭道容)	곽동의(郭東儀)	곽석용(郭石龍)	곽정길(郭正佶)
곽한영(郭漢永)	곽해면(郭海勉)	곽황영(郭皇永)	공태용(孔泰瑢)	공형근(孔亨根)	권동국(權東國)
권순겸(權順謙)	권양필(權良弼)	권종호(權鍾浩)	권창winner(權昌燊)	구일영(具一榮)	구재회(具載會)
김갑도(金甲度)	김강운(金岡雲)	김경덕(金敬德)	김경부(金慶夫)	김경원(金景元)	김계순(金桂淳)
김교인(金敎仁)	김광래(金光來)	김광식(金光植)	김권문(金權文)	김귀수(金貴守)	김군복(金君福)
김규봉(金圭奉)	김규상(金圭相)	김금태(金金泰)	김기근(金琪根)	김기범(金基範)	김기수(金基守)
김기준(金基俊)	김기진(金基鎭)	김기출(金氣出)	김낙선(金洛善)	김덕배(金德培)	김덕보(金德甫)
김덕수(金德守)	김덕환(金德煥)	김도운(金都運)	김동규(金東圭)	김동민(金東民)	김동수(金東洙)
김동순(金東淳)	김동식(金東植)	김동신(金東信)	김동현(金東賢)	김두광(金斗光)	김두원(金斗元)
김만진(金萬眞)	김문영(金文榮)	김병구(金炳九)	김병국(金昞國)	김병기(金炳基)	김병남(金炳南)
김병록(金炳錄)	김병익(金炳翼)	김병지(金秉池)	김병호(金秉鎬)	김복돌(金福乭)	김복섭(金福涉)
김봉상(金鳳相)	김봉서(金鳳瑞)	김봉순(金鳳順)	김부근(金釜根)	김부사(金富嗣)	김부인(金富仁)
김사성(金思成)	김삼영(金三永)	김상권(金尙權)	김상근(金相斤)	김상봉(金相鳳)	김상부(金相扶)
김상성(金相成)	김상수(金尙壽)	김상택(金相澤)	김상학(金祥鶴)	김쌍수(金雙秀)	김석기(金錫基)
김선수(金善洙)	김성모(金性模)	김성무(金聖務)	김성용(金性龍)	김성욱(金聖郁)	김성환(金星煥)
김세창(金世昌)	김수배(金守培)	김순용(金順龍)	김시계(金始啓)	김암이(金岩伊)	김약서(金約西)
김양석(金揚錫)	김연호(金連鎬)	김연홍(金連洪)	김영수(金英秀)	김영수(金永洙)	김영수(金永水)
김영식(金永植)	김영옥(金永玉)	김영은(金永銀)	김영진(金永鎭)	김영진(金泳鎭)	김완기(金完基)
김용휘(金容輝)	김용선(金容善)	김용철(金容鐵)	김용출(金容出)	김용태(金龍泰)	김우준(金禹俊)
김운태(金運太)	김윤식(金潤植)	김윤옥(金允玉)	김의경(金義卿)	김인무(金仁賦)	김자원(金子元)
길잣지(佶作之)	김잣옥(佶童玉)	김 정(金 晸)	김정규(金楨圭)	김정두(金正斗)	김정식(金貞植)
김정주(金政柱)	김정현(金定玄)	김정행(金正行)	김재동(金在東)	김재봉(金在鳳)	김재생(金載生)
김재석(金在錫)	김재원(金在源)	김재진(金在鎭)	김재하(金在河)	김종걸(金鍾杰)	김종만(金鍾萬)
김종윤(金鍾閏)	김종한(金鍾漢)	김주년(金周年)	김진목(金鎭睦)	김진성(金鎭成)	김진수(金鎭洙)
김진수(金震洙)	김진화(金珍和)	김차열(金且烈)	김창구(金昌九)	김창수(金昌洙)	김철식(金轍植)
김철호(金喆鎬)	김청규(金淸奎)	김춘배(金春培)	김충일(金忠一)	김타관(金他官)	김탁석(金拓錫)
김태봉(金太鳳)	김태선(金泰善)	김태수(金泰守)	김태윤(金泰閏)	김태원(金泰元)	김태인(金泰仁)
김태진(金泰鎭)	김판덕(金判德)	김필형(金弼炯)	김학봉(金學鳳)	김학중(金學仲)	김현영(金顯英)
김형권(金炯權)	김형만(金亨萬)	김환식(金環植)	남궁용(南宮湧)	남정희(南庭喜)	남지현(南知鉉)
남창태(南昌泰)	나일상(羅日相)	나질봉(羅侄奉)	노개동(盧介東)	노병렬(盧炳烈)	노수룡(盧洙龍)
노황우(盧皇羽)	도기찬(都基讚)	도상재(都相在)	도진춘(都鎭春)	명덕일(明德一)	문만복(文萬福)
문성환(文性煥)	문영한(文英漢)	문정석(文貞碩)	문태순(文泰舜)	문호균(文浩均)	박경수(朴景洙)
박군칠(朴君七)	박귀진(朴貴鎭)	박기안(朴基安)	박기하(朴奇夏)	박노식(朴魯植)	박대벽(朴大闢)

박대원(朴大元)	박덕근(朴德根)	박덕철(朴德喆)	박도학(朴道學)	박동근(朴東根)	박만수(朴萬洙)
박명삼(朴命三)	박명학(朴命學)	박명환(朴明煥)	박두원(朴斗元)	박두환(朴斗煥)	박병헌(朴炳憲)
박복이(朴福伊)	박봉달(朴鳳達)	박봉민(朴鳳珉)	박상문(朴相文)	박상복(朴相福)	박석태(朴錫泰)
박성부(朴性夫)	박수길(朴洙吉)	박수영(朴秀榮)	박연규(朴年圭)	박연식(朴蓮植)	박영사(朴榮士)
박영철(朴英哲)	박영훈(朴英勳)	박완열(朴完烈)	박용길(朴龍吉)	박용문(朴龍文)	박용출(朴龍出)
박용태(朴龍泰)	박운욱(朴運旭)	박원상(朴元相)	박재해(朴載海)	박재봉(朴在鳳)	박재하(朴在夏)
박재호(朴在浩)	박정문(朴正文)	박정수(朴正守)	박종섭(朴鐘燮)	박종수(朴鐘琇)	박종호(朴鐘昊)
박종희(朴鐘熙)	박주만(朴柱萬)	박진우(朴珍雨)	박찬식(朴讚植)	박청남(朴晴男)	박충하(朴忠夏)
박태현(朴太鉉)	박해열(朴海烈)	박효재(朴孝在)	박휴수(朴休洙)	방영욱(方永旭)	배광도(裵光道)
배기흡(裵基洽)	배대규(裵大圭)	배명석(裵命碩)	배명희(裵明熹)	배명암(裵明巖)	배수만(裵守萬)
배영주(裵英珠)	배칠성(裵七星)	변재본(卞在本)	백기영(白琦營)	백남운(白南雲)	백남표(白南彪)
백연길(白連吉)	백영근(白英根)	백옥근(白玉根)	백한수(白漢洙)	백형윤(白亨閏)	사성환(史成煥)
서규석(徐奎錫)	서기순(徐崎淳)	서병곤(徐秉坤)	서병철(徐秉喆)	서상원(徐相源)	서성석(徐聖錫)
서영호(徐永浩)	서재복(徐在福)	서점석(徐点碩)	서정목(徐廷穆)	설연호(薛然浩)	설인호(薛仁昊)
성재숙(成在淑)	손상달(孫相達)	손상홍(孫尙洪)	손일출(孫日出)	손찬순(孫讚淳)	손판용(孫判用)
손호준(孫鎬俊)	송동원(宋東源)	송두경(宋斗景)	송 부(宋 阜)	송영석(宋榮碩)	송의재(宋義在)
송이택(宋二澤)	송임출(宋任出)	송재옥(宋宰玉)	송진호(宋鎭浩)	송태주(宋台佃)	신 현(申 賢)
신광순(申珖淳)	신도광(申道光)	신동원(申東元)	신병화(申炳和)	신상봉(申祥鳳)	신성백(申聖伯)
신신우(申信宇)	신은득(申殷得)	신인섭(申寅燮)	신정희(申正熙)	신진갑(申盡甲)	신철용(申鐵用)
신효갑(申孝甲)	신계선(辛啓善)	신명개(辛命介)	신영옥(辛榮玉)	신영일(辛永日)	신임출(辛任出)
신효근(辛孝根)	심승혁(沈承赫)	심우택(沈佑澤)	심재원(沈載元)	안광순(安洸淳)	안기백(安基伯)
안문관(安文官)	안상봉(安相鳳)	안성민(安成玟)	안수상(安壽商)	안인철(安仁哲)	양도승(梁道承)
양홍규(梁鴻圭)	양옥룡(梁玉龍)	양유석(楊有石)	양태근(楊泰根)	엄강영(嚴康永)	연규옥(延圭玉)
오계록(吳啓錄)	오동수(吳東洙)	오만동(吳萬東)	오병윤(吳炳允)	오세원(吳世元)	오인성(吳寅成)
왕정남(王正男)	용한문(龍漢文)	우인기(禹仁基)	우지식(禹祗基)	위재연(魏在連)	위홍렬(魏弘烈)
유동안(劉東安)	유삼웅(劉三雄)	유선복(劉善福)	유찬호(劉燦鎬)	유신오(兪信吾)	유진호(兪鎭好)
유창화(兪昌和)	유광식(柳光植)	유봉상(柳鳳相)	유성철(柳聖喆)	유승호(柳升鎬)	유유욱(柳允玉)
유재만(柳再萬)	유한정(柳漢正)	윤기봉(尹起奉)	윤명근(尹命根)	윤석연(尹錫淵)	윤석하(尹錫河)
윤순현(尹鶉鉉)	윤양중(尹良重)	유영길(尹萃吉)	윤율근(尹龍根)	윤장원(尹章源)	윤정한(尹廷漢)
윤호태(尹鎬泰)	이갑수(李甲洙)	이강준(李康俊)	이강호(李康浩)	이광락(李光洛)	이규달(李圭達)
이근생(李根生)	이근세(李根世)	이금룡(李金龍)	이기상(李基庠)	이기수(李基秀)	이기오(李起五)
이기홍(李基洪)	이 길(李 吉)	이길문(李吉文)	이도술(李道述)	이도하(李道河)	이동국(李東國)
이동규(李東圭)	이동진(李東鎭)	이득룡(李得龍)	이말학(李末學)	이명규(李明奎)	이명근(李明根)
이명섭(李明燮)	이민희(李珉熙)	이백락(李白洛)	이범재(李凡載)	이봉남(李奉男)	이봉수(李鳳洙)
이봉수(李鳳壽)	이상근(李相根)	이상복(李商福)	이상봉(李相鳳)	이상렬(李相烈)	이상진(李相珍)
이상태(李相台)	이석용(李錫鏞)	이석호(李錫皓)	이선기(李仙基)	이성근(李聖根)	이성근(李成根)
이수덕(李壽德)	이수일(李秀一)	이승구(李昇九)	이양모(李良毛)	이연주(李連周)	이영근(李榮根)

이영식(李榮植)	이완공(李完功)	이용홍(李龍洪)	이원길(李源吉)	이윤영(李尹泳)	이이도(李利道)
이의구(李義求)	이의도(李義道)	이인기(李麟基)	이재근(李在根)	이재도(李在道)	이재천(李宰天)
이정만(李正萬)	이정선(李正善)	이종록(李鐘祿)	이종림(李鐘林)	이종범(李鐘範)	이종수(李鐘洙)
이종순(李鐘舜)	이종식(李宗植)	이종준(李鐘俊)	이종필(李鐘弼)	이종호(李鐘浩)	이주만(李柱萬)
이준복(李準馥)	이진우(李振雨)	이창만(李昌萬)	이창진(李昌鎭)	이천희(李千喜)	이철우(李哲雨)
이철재(李哲在)	이춘생(李春生)	이태수(李泰洙)	이학구(李鶴九)	이한일(李漢逸)	이형종(李瀅鐘)
이호일(李皓一)	이활남(李活男)	이홍우(李洪雨)	이훈규(李勳圭)	임기순(林奇順)	임두흥(林斗洪)
임성섭(林晟燮)	임영찬(林永贊)	임장연(林長淵)	임종안(林鐘安)	임진택(林震澤)	장경섭(蔣經燮)
장기성(張基成)	장내준(張乃俊)	장달봉(張達奉)	장덕준(張德俊)	장동철(張東哲)	장만복(張晩福)
장사학(張師學)	장삼달(張三達)	장옥기(張玉基)	장석위(張渭錫)	장정부(張正夫)	장중동(張重東)
장진수(張軫銖)	장창호(張昌浩)	전영만(全永萬)	전일남(全日南)	전태인(全泰仁)	전한덕(全漢德)
전봉락(田鳳樂)	정경천(丁敬天)	정금준(丁今準)	정학수(丁鶴秀)	정광묵(鄭匡默)	정귀성(鄭貴成)
정귀환(鄭貴煥)	정기연(鄭琪連)	정남룡(鄭南龍)	정달문(鄭達文)	정동화(鄭炯和)	정명환(鄭明煥)
정봉수(鄭鳳洙)	정상옥(鄭相玉)	정석수(鄭石守)	정수치(鄭守治)	정영근(鄭永根)	정영달(鄭永達)
정완조(鄭完朝)	정우식(鄭又植)	정인술(鄭仁述)	정정윤(鄭貞允)	정주화(鄭朱和)	정준문(鄭埈汶)
정준호(鄭俊鎬)	정준화(鄭準和)	정창규(鄭昌圭)	정충모(鄭忠謨)	정태진(鄭泰進)	정태희(鄭泰熙)
정해당(鄭海堂)	정해붕(鄭海鵬)	정 현(鄭 顯)	정형근(鄭亨根)	제종모(諸宗模)	조권형(趙權衡)
조규섭(趙圭燮)	조기남(趙基南)	조기옥(趙基玉)	조도수(趙道守)	조만철(趙滿鐵)	조명석(趙命錫)
조병순(趙炳淳)	조상규(趙尙奎)	조승배(趙承培)	조영진(趙英振)	조용갑(趙鏞甲)	조용세(趙龍世)
조인석(趙仁石)	조지수(趙沚洙)	조휘성(趙彙聖)	조규준(曺圭俊)	조달승(曺達承)	조종규(曺宗圭)
조행기(曺幸棋)	주구석(周九錫)	주수회(周洙會)	지석진(池碩鎭)	지윤답(池潤畓)	지임종(池任鍾)
진귀춘(陣貴春)	진점식(陣点植)	진성룡(晋成龍)	진재식(秦在植)	차부근(車富根)	차용문(車龍文)
채창수(蔡昌洙)	최광선(崔光善)	최길웅(崔吉雄)	최덕순(崔德淳)	최덕호(崔德浩)	최동만(崔東萬)
최병일(崔秉一)	최병종(崔丙宗)	최상오(崔翔吾)	최상휴(崔相休)	최석수(崔碩樹)	최성규(崔成奎)
최성원(崔成源)	최선출(崔선出)	최송순(崔松淳)	최수후(崔順洪)	최야지(崔舊鎭)	최엽소(崔燁昭)
최 영(崔 榮)	최영준(崔泳俊)	최영태(崔泳泰)	최용규(崔容奎)	최용덕(崔用德)	최용수(崔用守)
최인준(崔仁俊)	최재중(崔在重)	최종화(崔鍾華)	최춘길(崔春吉)	최해몽(崔海夢)	최화춘(崔華春)
천덕표(千德杓)	천명룡(千明龍)	천소삼(千昭三)	하재수(河在壽)	한동일(韓東日)	한동춘(韓東春)
한병규(韓炳奎)	한병용(韓炳鎔)	한상기(韓相基)	한선동(韓善同)	한영교(韓英敎)	한윤표(韓潤杓)
한종호(韓鍾浩)	한창규(韓昌圭)	한창운(韓昌雲)	한형우(韓亨愚)	한희효(韓熙孝)	허명묵(許明默)
허순철(許淳哲)	홍경학(洪景學)	홍경학(洪敬鶴)	홍기성(洪起成)	홍순경(洪淳慶)	홍정관(洪正官)
홍조학(洪朝鶴)	홍준언(洪俊彦)	황규헌(黃圭軒)	황기신(黃琦信)	황봉조(黃鳳祚)	황순억(黃舜億)
황순언(黃淳彦)	황성환(黃聖煥)	황일근(黃一根)	황정재(黃貞在)	황태용(黃泰龍)	황평길(黃平吉)

자료: 재일동포모국공적조사위원회

| 02 |

88서울올림픽 후원금 100억 엔(¥) 건국 이래 단일단체 최대성금

올림픽공원 그곳에 가면

서울올림픽공원은 88서울올림픽을 계기로 탄생한 시민공원이다. 송파구 방이동에서 강동구 성내동까지 44만 평 부지위에 세워진 공원은 여의도 면적의 6분의 1에 달할 정도로 광대하다.

공원은 볼거리로 넘쳐난다. 88호돌이 열차를 타고 순회하다보면 군데군데 봉긋 솟은 구릉이 보인다. 삼국시대 서울이 백제도읍이었음을 말없이 증명하는 몽촌토성(사적 제297호)이다. 지구촌의 평화를 기원하며 세운 세계평화의 문, 각종 스포츠경기장, 호텔 겸 청소년수련시설인 올림픽파크텔도 만날 수 있다. 40년 전 전구팔도에서 가져다 심은 각양각색의 나무들은 울창한 숲을 이루며 공원자체가 거대한 수목박물관으로 변해 있다.

이처럼 볼거리 가득한 서울올림픽공원, 그 안을 들여다보면 재일동포 성금으로 지어진 시설이 즐비하다는 사실을 발견할 수 있다. 한류스타들의 단골 콘서트장 올림픽체조경기장, 개장 당시 아시아 최대 규모를 자랑한 올림픽수영경기장, 올림픽테니스경기장 등이다. 대한체육회 본부건물인 88올림픽회관, 청소년수련시설 겸 호텔인 올림픽파크텔, 공중화장실 2개소도 있다.

88서울올림픽 때 성공의 한 축을 담당한 이들이 바로 재일동포인 것이다. 당시 재일동포가 낸 올림픽 후원금은 총 100억 엔(약 541억 원). 대한민국 건국 이래 사상 최대 성금액수였다.

88서울올림픽 재일한국인후원회

재일동포사회는 재일민단(재일본대한민국민단)을 중심으로 뭉치는 것이 전통이다. 88서울올림픽 성금모금 캠페인 때도 그랬다. 재일민단이 모금활동을 위해 가장 먼저 행한 일은 '88서울올림픽 재일한국인후원회'의 결성이었다.

재일동포사회는 후원회 결성 이전부터 올림픽에 뜨거운 관심을 갖고 있었다. 1981년 9월 30일 독일 바덴바덴 국제올림픽위원회IOC 총회에서 '서울 개최' 낭보가 전해지자마자, 재일민단은 장총명張總明 단장 명의의 담화문을 발표했다. 88서울올림픽에 대한 총력지원 결의는 이때부터 시작되었다.

"서울올림픽 개최 결정은 우리나라의 국력이 세계적으로 평가된 것입니다. 특히 분단국의 개최 결정은 우리나라의 평화통일에 대한 호소가 결실을 본 것으로 대단히 의미 있는 일입니다. 일본을 제외하고는 아시아에서 처음 열리는 서울올림픽을 훌륭하게 개최하기 위해 우리 70만 재일동포는 협력을 아끼지 않을 것입니다."

구체적인 행동으로 옮긴 건 이듬해인 1982년부터다. 그해 3월 재일민단은 도쿄중앙본부에서 제32회 정기중앙위원회를 열고 "모든 재일동포들이 참여하는 '올림픽후원회' 결성을 추진한다"는 내용의 결의문을 채택했다. 올림픽후원회의 발족은 같은 해 6월 온천휴양지로 유명한 아타미熱海의 뉴아카오호텔에서 이뤄졌다.

"역사적인 세계올림픽의 서울대회 성공을 위해 본단本團의 각급 조직은 총력을 기울여 후원하겠습니다."(1982년 6월 11일, 재일민단 전국지방단장회의)

후원회 회장에는 오사카흥은大阪興銀 이사장 이희건李熙健씨가 만장일치로 추대됐다. 이희건 씨는 앞서 1970년 오사카엑스포 때에도 후원회 회장을 맡아 모금운동을 성공리에 이끈 바 있다. 한 번 일을 맡으면 저돌적인 추진력으로 기어코 성공을 이끌어 내기로 정평이 난 인물이다. 이희건 씨는 88 서울올림픽 재일한국인후원회장에 추대된 다음달, 1982년 7월 7일 재일동포 경제인들과 함께 한국 최초의 민간자본은행 신한은행을 창립했다.

재일민단과 이희건의 의기투합

'88서울올림픽 재일한국인후원회'는 조직을 체계회하는 일부디 시작했다. 이를 위해 일본 전국에 흩어져 있는 동포 유지들을 네트워크로 묶는 작업을 벌였다. '올림픽 추진위원' 위촉이었다. 후원회에 1983년 4월까지 합류한 추진위원은 3천 명에 달했다.

후원회와 재일민단은 목표를 구체화하는 데도 박차를 가했다. 다음의 7개항을 사업목표로 설정했다.

- 올림픽 시설확충과 운영자금 지원
- 일본에서 대표선수 강화훈련 지원
- 우수한 재일동포 선수의 발굴 육성
- 1986년 아시아경기대회 및 88서울올림픽대회의 대대적인 참관
- 공산권 국가에 거주하는 해외동포 참관 지원 및 강화
- 일본국민에 대한 올림픽 참관 권유
- 올림픽 계몽 및 참관안내를 위한 홍보활동

두 단체는 모금활동의 효율성을 높이고자 역할을 분담했다. 재일민단은 도쿄의 중앙본부를 필두로 산하 48개 지방본부를 가동해 단체장과 개인 단원을 대상으로 모금활동을 벌였다. 후원회는 상공인 등 경제적 능력이 있는 동포들을 대상으로 삼았다. 조직력으로는 둘째가라면 서러운 재일민단과 돈 모으는 데 일가견이 있는 이희건 회장이 의기투합한 셈이다.

그 사이 재일민단 중앙단장은 장총명 씨에서 박병헌朴炳憲 씨로 바뀌었다. 재일민단의 새 리더 박 단장은 민단에서 오랜 세월 활동을 해왔기에 재일동포 사정을 속속들이 아는 사람이다. 이희건 회장은 함께 하면 뭐든 이룰 수 있을 것 같은 용기를 주는 사람이다. 각기 다른 장점을 가진 두 리더가 일본 전역을 누비고 다니기 시작했다.

"여러분! 서울올림픽은 우리 재일동포들에게 평생 한 번 맞이한 기회입니다. 조국의 영예를 위해서 88올림픽의 성공개최를 위해서 다 함께 협력합시다."

이-박 콤비가 얼마나 바삐 움직였는지는 당시 활동일지가 말해준다.

1984년 2월부터 5월까지 4개월간 주요일정은 이렇다. 2월에 오사카와 나고야, 교토 등 간사이지방, 3월에 도쿄와 가나가와, 이바라키 등 간토지방, 4월에 청와대와 내무부 등 한국의 주요 정부기관, 5월에 홋카이도… 거의 하루도 쉬지 않는 강행군이었다.

자이니치 호돌이 군단

재일민단은 88서울올림픽 화보를 제작해 전국의 재일동포 가정에 보내 홍보활동을 벌였다. 후원회는 일본사회를 상대로 한 올림픽 홍보에 열심이었다. 서울올림픽 마스코트인 '호돌이' 인형을 만들어 일본지방 곳곳에서 열리는 마쓰리まつり(축제)를 찾아다니며 배포했다. 동포들은 도쿄도지사와 오사카지사를 만날 때도 호돌이 복장을 하고 나타났다.

동에 번쩍 서에 번쩍하는 재일동포 호돌이는 일본에서 유명인사가 됐다. 마쓰리 현장에 떼로 출몰해서 서울올림픽 홍보캠페인을 벌이니 호돌이 출몰은 일본 뉴스의 단골 소재가 되었다. 1984년부터 1988년까지 해마다 재일동포들이 찾아다닌 일본의 지역 마쓰리는 총 14개 도시에 달했다.

그러나 이처럼 열성적으로 캠페인을 벌였음에도 모금실적은 생각보다 저조했다. 이희건 회장과 함께 재일동포 금융계에서 양대 산맥을 이루던 허필석許弼奭 도쿄상은東京商銀 이사장도 힘을 보탰지만, 웬일인지 동포들은 성금 내는 것을 주저하고 있었다.

이유를 알아보니 동포들은 본인이 낸 올림픽성금이 기부금으로 잡히지 않거나, 그로 인해 고액의 세금이 징수될 것을 우려하고 있었다. 더 나아가 혹시 세무조사를 받는 빌미가 되지 않을까 걱정이 이만저만이 아니었다.

실제로 일본 주류사회 일부에서는 '재일한국인들이 올림픽을 핑계 삼아 일본에서 번 돈을 한국으로 빼돌리려 든다'는 의심의 눈초리까지 보내고 있었다. 이 난관을 해결하지 못한다면 성금모금은 차질을 빚을 수밖에 없었다.

최선의 해법은 일본 정부로부터 88올림픽 성금에 대한 '기부금인정 및 면세免稅지정'을 받아내는 일이었다. 칼자루를 일본 정부가 쥐고 있었고, 그렇기에 교섭의 실타래가 쉽게 풀릴 리 만무했다. 일본 정부를 상대로 협상에 나선 박병헌 단장의 증언이다.

"(고민을 거듭한 끝에) 한일의원연맹의 권익현權翊鉉 회장과 김수한金守漢 의원에게 일본 정부에 기부금 전액 면제를 상담해달라고 부탁했습니다. 비공식적으로 당시 나카소네 야스히로中曾根康弘 총리, 다케시타 노보루竹下登 자민당 간사장, 아베 신타로安部晋太郎 외무대신에게 말이죠. 그러고 나서 며칠 후 권익현, 김수한 등으로부터 연락이 왔습니다. 일본 정치인들로부터 '일본의 법률문제가 있어서 매우 어렵다'는 비관적인 답변을 들었다는 겁니다."(박병헌 회고록)

오네가이시마스! 다이징大臣

그러나 재일동포들로선 거기서 포기할 수 없는 일이었다. 어떻게든 면세조치를 받아내야만 했다. 이 회장과 박 단장은 재차 한국 정치인과 관료들에게 일본 측과 '면세 교섭'을 추진할 것을 요청했다. 재일민단은 재일동포사회 대표로서 외무성, 국세청을 비롯해 일본 관계당국에 진정단을 보내 설득작업을 벌였다.

1984년 2월부터 재일동포들이 한국과 일본을 오가면서 부단히 노력한 끝에 드디어 일본이 움직일 기미가 감지됐다. 일본 당국이 국회에 재일한국인의 올림픽성금에 대한 면세문제를 안건으로 올린 것이다. 1986년 3월이었다.

일본 중의원 예산위원회 회의에 출석한 오오쿠라쇼大藏省(큰 곳간이란 뜻, 한국의 기획재정부에 해당)의 다케시타竹下 장관은 다음과 같이 대답했다.

"(일본 정부는) 재일한국인들의 서울올림픽 성금을 지정기부로서 면세하는 조치를 고려하고 있습니다."

그러나 이행은 차일피일 미뤄지고 있었다. 계절이 두 번 바뀌는 동안에도 가시적인 변화는 보이지 않았다. 예산담당 주무부처 장관의 발언이니까 금세라도 고시告示될 것만 같았지만, 동포들이 기다리는 희소식은 좀처럼 들려오지 않았다. 게다가 그 사이 주무부처인 대장성 장관이 다케시타에서 미야자와 기이치宮沢喜一로 교체되었다.

재일동포사회에서는 다시 불안한 기류가 흘렀다. 올림픽성금 면세조치가 물 건너갔다는 비관론이 고개를 들었다. 그해 11월 박병헌 단장은 중앙본부의 김치순金致淳 부단장과 함께 미야자와 장관에게 긴급면담을 신청했다.

"다이징大臣, 또 부탁드리러 왔습니다. 서울올림픽 기부금 문제입니다만. 다케시타 전 장관이 서울올림픽에 협조하는 의미로 기부금 면세조치를 해 주겠다는 말씀을 하셨습니다. 남북분단 아래에서 서울에서 열리는 올림픽은 우리 재일동포로선 조국의 축제이니 적극적으로 협력하고 싶습니다. 저희들의 뜻을 헤아리셔서 재일동포의 올림픽 기부금을 '지정기부'

로 조치해 주시기 바랍니다."(박병헌 회고록)

88올림픽성금 면세 결정

이날 만남은 말이 좋아 면담이지 담판하러 간 것이라고 박 단장은 돌아봤다. 그 자리에서 기어코 미야자와 장관으로부터 호의적인 반응을 이끌어냈다.

"여러분의 조국에 대한 성의와 정열을 높이 평가합니다. 서울올림픽 후원금에 대해선 세금을 거둘 생각은 없습니다."

이날 미야자와 장관은 담당국장을 배석시켜 '면세조치'의 진행상황을 물어봤다. 며칠 뒤인 1986년 11월 15일, 대장성 조치 162호가 고시됐다. 재일동포들이 학수고대하던 서울올림픽 성금에 대해 일본이 공식적으로 세금을 면제하겠다는 입장을 발표한 것이다.

성금 면세조치를 이끌어내기까지 많은 이들의 노력이 있었다. 오로지 재일동포의 힘만으로 일궈낸 건 아니다. 대일對日교섭에 한국 정부와 주일 한국공관 소속 외교관들, 한일의원연맹, 한일친선협회 등 각계각층이 측면 지원을 했다. 그 점에서 일본의 '재일동포 올림픽성금 면세결정'은 내외동포, 민관이 힘을 합하면 일본과의 교섭에서 성공을 거둘 수 있다는 좋은 선례로 남았다.

이때를 분기점으로 88서울올림픽 성금 캠페인은 새 국면을 맞이하게 된다. 역시 세금이 문제였다. 성금에 대한 불투명성이 사라지자, 일본 전국 곳곳에서 거액의 성금이 답지한 것이다. 세금부담이 없어진 효과는 생각보다 컸다. 이희건 후원회장은 새로 출발하는 마음으로 다시 전국의 경제인들을 찾아다니기 시작했고, 재일민단은 중앙본부와 지방조직을 24시간 풀로 가동할 정도로 연락이 많이 왔다.

1천 엔부터 3억 엔까지 노후자금 낸 한복집 사장도

올림픽성금을 낸 동포들에겐 저마다 사연이 있었다. 오사카 쓰루하시 시장에서 한복집을 하는 아주머니는 노후자금 1천만 엔을 기꺼이 냈고, 어떤 신혼부부는 자기들 결혼식에 들어온 축의금 전액을 성금으로 내놓았다.

단번에 2억, 3억 엔(¥)의 거액을 내서 눈을 휘둥그레지게 한 배포 큰 회사사장도 있었다. 그러나 한 끼 식사를 걱정할 정도로 가난한 동포들의 눈물 성금도 많았다. 도쿄중앙본부 소속 재일민단 간부가 들려준 고베神戶 양로원 방문 이야기가 그랬다.

"70대 중반쯤 되는 노인이 바지주머니에서 꼬깃꼬깃 접힌 1천 엔짜리 지폐를 빼내더니 제 손에 쥐어줍니다. 혼자 사는 분이었는데 두 손을 붙잡고서 '귀하게 써주세요'라고 말했어요. 돈을 받기가 어찌나 민망하던지 몸 둘 바를 몰랐습니다."(2007년 9월 인터뷰)

김영재金英宰 당시 재일대한체육회 회장은 동포경제인의 성금기탁 분위기에 대해 다음과 같이 말했다.

"일반적으로 성금을 내라는 말을 들으면, 어떻게든 적게 내려하는 게 예사입니다. 그런데 희한하게도 88올림픽 성금을 모을 때는 회피하는 분도 '금액을 줄여달라'고 흥정하는 분도 드물었습니다. 후원회의 이희건 회장으로부터 전화를 받으면 '이제 내 차례구나' 했어요. 그러면서 '나는 얼마요?'라 되물었습니다. 심지어 기다리는 걸 참지 못해 이 회장에게 전화를 걸어 '나는 왜 빼느냐'며 항의 아닌 항의를 하는 분까지 있었습니다."(2007년 10월 인터뷰)

저금통 털어 16억4천만 원

재일동포 올림픽 성금스토리에서 빼놓을 수 없는 이야기가 우먼파워다. 어머니 조직인 재일본대한민국부인회(재일부인회)는 재일한국인후원회와는 별개로 모금운동을 전개했다. 재일부인회가 올림픽 후원을 결의한 것은 1981년 11월 22일이었다. 이날 도쿄 미나토구의 재일민단 건물에서 열린 회의석상, 배순희裵順姬 부인회장이 화두를 던졌다.

"여러분도 아시다시피 얼마 전 서독 바덴바덴에서 1988년 하계 올림픽 개최지로 조국의 수도 서울이 결정됐습니다. 우리 재일동포 부인들도 앞장서서 뭔가 해야 하지 않겠습니까?"

갖가지 제안들이 쏟아졌다. 그때 한 부인회원이 번뜩이는 아이디어를 냈다.

"우리 부인들은 매일 '가이모노'(시장보기)를 가잖아요. 그때마다 오쓰리おつり(잔돈)가 생깁니다. 그 동전들만 꾸준히 모은다면 나중에 틀림없이 큰 금액이 될 것입니다. 여러분 어떻습니까. 집집마다 저금통을 두고 '하루에 10엔(¥)씩' 모아보는 게……"

생활의 지혜가 넘치는 제안이었다. 여기저기에서 "나루호도"(과연)가 연발했다. 회의장은 손뼉소리와 웅성거림으로 도떼기시장 같았다. 재일동포 부인들의 「서울올림픽 1일 10엔 모금」 캠페인은 그렇게 시작됐다. 부인회의 모금활동은 올림픽이 치러진 1988년 여름까지 장장 7년 동안 이어졌다.

십시일반의 힘은 놀라웠다. 각 집마다 한푼 두푼 모은 돼지저금통들을 한 데 모으자, 깜짝 놀랄 금액이 만들어졌다. 원화로 바꿨더니 자그마치 16억4천만 원. 동전을 모으자는 취지와 어긋나게(?) 거액의 성금용 비자금을 조성했다가 남편에게 들통 난 부인도 나왔다.

"죄인처럼 주눅 들어 있던 부인을 남편이 허허 웃으면서 '잘했다'고 격려했다고 합디다."(2007년 6월 인터뷰, 박병헌)

푸세식을 치워라

자이니치 우먼파워는 대단했다. 수천 명의 부인이 7년 동안 하루하루 정성으로 모은 결과물은 다음과 같다.

경주 불국사, 강릉 경포대, 강화도 전등사, 서귀포 천지연폭포, 양산 통도사, 그리고 서울 올림픽공원 2개소⋯ 제일동포 부인들은 10엔 성금으로 내국인은 물론 외국인 관광객들이 즐겨 찾는 명승지 14곳의 화장실을 전면 개조했다.

그렇다면 성금을 더욱 폼 나는 곳에 낼 수도 있었을 텐데, 동포 부인들은 어찌하여 화장실 개조에 두 팔을 걷어붙였을까. 오늘날에는 전국 어디를 가나 공중화장실은 수세식 좌변기에 냉난방이 기본이다. 하지만 80년대까지만 해도 한국의 공중화장실은 재래식 화장실이 태반이었다. '푸세식'이라는 애칭도 있었으나, 화장실이라 하면 냄새 나고 더럽고 불쾌한 이미지였다.

'생활의 달인' 부인들은 꼭 필요하지만 정작 놓치고 있는 한국의 화장실 문제를 콕 집어냈던 것이다. 모국에 갈 때마다 가장 큰 불편사항도 화장실이었다. 올림픽을 보기 위해 한국을 찾은 외국인들에게 보여주기 낯부끄러운 그곳을 "어머니의 힘으로 고쳐보자"고 나선 것이다.

재일동포 부인의 성금으로 단장한 화장실은 온수가 콸콸 나오고, 냉난방이 완비된 당대 최신식 화장실이었다. 일약 세간의 구경거리가 됐다. 그보다 먼저 재일동포 부인들은 또 다른 '화장실 이벤트'로 세간의 이목을 집중시킨 경력이 있다. 1986년 제10회 서울아시아경기대회 때다. 이에 발맞춰 재일본대한부인회는 일본에서 이동식화장실 400개(남성용 180개, 여성용 220개)를 구입해 모국에 기증했다.

"컨테이너에 실린 이동식화장실이 하역되던 날, 부산항에 구경꾼들이 구름처럼 몰려들었습니다. '움직이는 화장실'을 두 눈으로 직접 보겠다고 찾아왔던 겁니다."(2011년 6월 인터뷰, 오기문 전 재일본대한부인회 회장)

조국 향한 마지막 봉사

재일동포들에게 88서울올림픽은 너무나도 각별했다. 그들에게 올림픽 유치는 크나큰 자랑거리였다. 오랜 세월 일본 땅에서 식민지 출신 이등국민이라는 괄시를 받으며 살아왔다. 그럼에도 큰 소리 칠 수 없었던 건, 조국이 늘 가난했고 국력이 약했기 때문이다.

스포츠제전에서 한국은 굴욕을 맛본 전력이 있다. 1970년 서울아시아 경기대회를 유치해 놓고 경기장과 호텔을 지을 형편이 못된다고 판단해, 스스로 개최포기를 선언한 것. 그때 아시안게임이 태국 방콕으로 넘어가던 굴욕을 재일동포들은 생생히 기억하고 있었다.

그랬던 조국이 세계 최고의 스포츠제전 올림픽을 개최한다고 하니, 그 감격은 이루 말로 표현할 수 없을 정도였다. 우리나라 애경사 때마다 팔을 걷어붙였던 재일동포들은 이번에도 가만히 있을 수 없었다. 그래서 성금 캠페인을 시작한 것이다.

"조국의 올림픽에 후원하는 일은 힘든 일본생활 속에서 모은 돈을 유용하게 쓸 수 있는 기회입니다. 저 같은 1세들에게는 조국을 위해 할 수 있는 마지막 봉사의 기회입니다."(오사카 1세 동포, 1988년 8월 31일자 '동화신문' 인터뷰)

재일동포 541억 원, 재미-유럽동포 6억 원

남녀노소 불문하고 재일동포의 일치된 마음은 조국의 축제를 성공시키는 데 정성을 보태는 일이었다. 그렇게 88서울올림픽 성금캠페인에 참여한 재일동포는 10만 명을 웃돌았다.

1987년 11월 30일 서울 중구 소공동의 롯데호텔 본점, '서울올림픽후원사업 회의'가 열렸다. 이 자리에서 이희건 재일한국인후원회장은 재일동포를 대표해 박세직朴世直 서울올림픽조직위원장에게 성금 300억 원을 전달했다.

현장에 있던 250명의 재일동포들은 감격에 젖은 나머지 눈물을 글썽이고 있었다. 조국을 위해 본인도 힘을 보탰다는 기쁨을 주체할 수 없었다. 타향살이의 설움이 눈 녹듯 사라지는 후련함을 느꼈다.

　재일동포들의 모금캠페인은 그걸로 '끝'이 아니었다. 목표치는 이미 초과달성했다. 일본정부의 올림픽성금 면세조치 시한도 11월 14일부로 마감됐다. 이쯤 되면 후원회는 문을 닫아야 한다. 그러나 멈출 수가 없었다. 이후로도 후원회와 재일민단에 성금을 내고 싶다는 문의가 빗발친 것이다.

"지금 내도 접수를 받아줍니까"
"지난번에 냈는데 또 내려면 어떻게 해야 합니까"

　조국의 축제 올림픽에 동참하고 싶은 재일동포 열망은 그만큼 컸다. 이희건 회장과 박병헌 단장은 동포들의 뜻을 받아들여 일본 정부와 면세조치 연장교섭에 들어갔다. 그 결과 면세기한을 종전보다 1년 추가연장하기로 합의했다.

　7개월이 지난 1988년 6월 16일, 재일민단은 전국지방단장회의를 서울 용산구 한남동에 있는 하얏트호텔에서 개최했다. 회의의 하이라이트는 오전 11시에 열린 '제2차 올림픽 성금전달식'이었다. 재일동포 141명이 참가한 가운데 추가로 210억 원을 서울올림픽조직위원회에 전달했다.

　3차 올림픽성금은 세계 장애인의 축제인 패럴림픽Paralympics 기간인 그해 10월 18일에 전달됐다. 14억4천만 원이었다. 이로써 「88서울올림픽 재일한국인후원회」가 대한민국에 기탁한 올림픽성금은 세 차례에 걸쳐 총액 524억5,665만4,879원이었다.

　후원회와는 별도로 재일본대한부인회는 1일10엔(¥)모금운동을 통해

화장실 개조비용으로 15억3천만 원을 기부했다. 1988년 10월에는 부인회원 500명이 패럴림픽 참관을 겸해 정부에 현금 1억1천만 원과 장애인용 휠체어 30대를 기증했다.

이에 따라 재일동포의 88서울올림픽 성금은 재일한국인후원회 및 재일부인회 모금액을 합해 약 541억 원에 달했다. 엔화로 100억 엔(¥)이었다.

재일동포 88올림픽성금은 대한민국 건국 이래 민간이 캠페인으로 정부에 낸 단일 성금 가운데 최대 규모. 그때 일본을 제외한 미국, 유럽 등 다른 해외동포사회 전체가 낸 올림픽성금은 6억 원이었다. 541억 원과 6억 원, 재일동포사회의 올림픽 열의가 얼마나 뜨거웠는지 실감할 수 있을 것이다.

88의 감동은 그대로인데
망각해버린 재일동포의 기여

88서울올림픽(1988.9.17~10.2)은 숱한 화제를 뿌렸다. 1980모스크바, 1984LA로 이어진 반쪽짜리 올림픽시대에 종지부를 찍은 올림픽이었다. 흩어졌던 동서진영이 다함께 모여 '손에 손잡고Hand In Hand'를 합창한 올림픽, 지구촌 대화합의 역사를 한국이 일궈냈다. 굉활한 그라운드에 굴렁쇠를 굴리며 홀로 등장한 소년부터 4강 쾌거를 이룬 팀코리아의 연이은 승전보까지 생각만으로도 기분 좋아지는 이야기로 넘쳐난다.

무엇보다 서울올림픽이 한국에 남긴 강력한 유산은 자신감이었다. 올림픽을 통해 한국인들은 '우리도 세계일류'라는 걸 실감하고 선진국 진입이라는 더 높은 목표를 향해 달리기 시작했다. 그렇기에 강산이 바뀌어도

재일동포의 88서울올림픽 후원활동

「88서울올림픽 재일한국인후원회」 후원금	
1987.11.30	300억 원
1988. 6.16	210억1,841만6,000원
1988.10.18	14억3,824만6,879원
합계	524억5,665만4,879원

「재일본대한부인회」 후원금
'1일 10엔 모금'운동 16억4,000만 원
장애인용 휠체어 30대
기탁 성금총액 약 541억 원(100억 엔)

88의 감동은 전승되고 있다. 시설도 그대로다. 공원도 경기장도 올림픽파크텔도 리모델링했을 뿐, 여전히 시민 레저공간으로 사랑받고 있다.

그러나 88서울올림픽 때 재일동포가 행한 나라사랑은 기억의 저편으로 사라져버린 듯하다. 조국의 성공을 응원한 10만 명의 재일동포들, 이제라도 그들을 기억해야 하지 않을까.

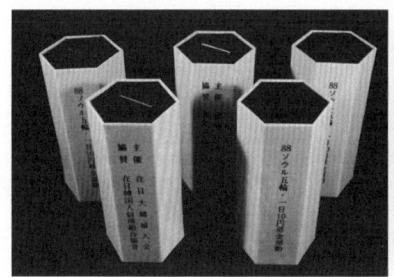
'하루에 10엔씩' 재일부인회의 후원 저금통 (1985)

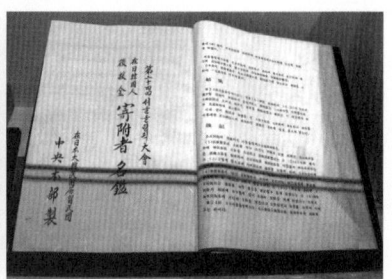
88서울올림픽 재일동포 기부자 명부(2008)

88서울올림픽 재일동포 후원비 제막(1988.10)

88서울올림픽 재일한국인후원회 결성식(1982.6)

88서울올림픽 재일한국인후원회 현판식(1983.5)

88올림픽 축하 재일동포
호돌이대행진(1988.08, 서울)

| 03 |

IMF위기 때 외화송금운동
궁지 몰린 조국에 15억 달러 송금

6.25동란 이래 최대 국난

산산조각 난 '한강의 기적'

아시아의 네 마리 용 가운데 으뜸인 한국이 몰락했다

달랑 2개월 치 이자 외환보유고 39억 달러

1997년 겨울 대한민국을 강타한 IMF외환위기 당시 기사 제목들이다. 거침없이 성장가도를 달리던 한국경제의 추락은 일대 쇼크였다. 선진국 진입을 코앞에 두고 있었기에 그 충격파는 더욱 강하게 다가왔다.

상황은 심각했다. 뉴스들은 국민들의 귀를 의심케 했다. 가장 강한 울림의 뉴스는 외환보유고가 39억 달러까지 내려갔다는 소식이었다. 2개월 치 외채 이자분이다.

그렇다면 앞으로 만기가 도래하는 외채를 갚을 길이 막막했다. 채무 불이행을 넘어 최악의 경우 '국가부도'를 의미하는 모라토리움 Moratorium(채무지불유예)을 선언하게 되리라는 비관론마저 나돌았다.

급기야 한국 정부는 그해 11월 21일, 국제통화기금IMF에 구제금융을 신청했다. 국제기구로부터 긴급자금을 수혈 받기로 한 치욕의 날이다. 39억 달러는 밑바닥이 드러난 한국경제의 치부恥部를 보여준 상징적 수치였다.

IMF자금 55억6천만 달러가 한국으로 들어온 건 12월 5일이었다. 그러나 발등의 불만 겨우 껐을 뿐 위기는 이제부터 시작이었다. 한 치 앞도 내다보기 어려운 절체절명의 순간에 한국이 가장 필요한 건 외화확보였다. 가능한 많은 외화를 끌어와야 했다.

모국에서 날아든 날벼락 같은 비보悲報에 재일동포사회도 큰 충격에 휩싸였다. "이러다 우리나라 망하는 것 아니냐"며 걱정하는 목소리가 여기저기서 터져 나왔다. 이때 혼란스런 상황을 잠재우는 단호한 움직임이 나타났다.

IMF수혈 받던 날 "총력으로 위기타개"

주도자는 재일본대한민국민단(재일민단)이었다. 12월 5일 신용상辛容祥 재일민단 중앙단장은 재일동포들에게 함께 모국의 위기를 타개하기 위해 총력을 기울이자는 취지의 긴급성명을 발표했다. 바로 한국 정부가 IMF로부터 1차 구제금융을 받던 날, 제2의 국치일國恥日로 불렸던 그날이다.

'조국의 금융위기에 즈음하여 재일동포에게 호소한다!'는 제목의 성명서에는 한국의 긴박한 상황과 재일동포의 조국관이 잘 묘사되어 있다.

「(IMF구제금융으로) 우리나라 경제질서는 뿌리부터 뒤엎어졌다. 한마디로 우리는 경제적 주권을 소실한 상태에 처했다. 앞으로 우리나라는 저성장정책에 따라 높은 실업률과 물가상승의 진통을 겪을 것임이 자명하다.

지금은 누구를 탓할 여유조차 없다. 우리는 시급히 경제의 자주성을 되찾아야 한다. -중략- 이러한 본국의 경제위기에 해외국민인 재일동포는 본국 국민과 함께 고통의 일단을 같이 감내하며 경제난국 타개에 동참할 것을 다짐한다. 다시 한번 재일동포들에게 호소한다. 조국이 난국에 처해 있을 때야말로 우리(재일동포)는 더욱 일치단결하여 뜨거운 애국애족 정신을 발휘, 본국의 경제위기 타개에 역량을 총결집하자!」(1997년 12월 5일 재일민단 긴급성명)

재일민단은 슬로건으로 그치지 않았다. 구체적인 긴급대응책도 함께 내놓았다. 재일동포들에게 제시한 긴급행동지침은 5개항이었다.

첫째, 재일동포기업들의 본국투자를 더욱 활발히 추진한다.
둘째, 재일동포 각자가 외화예금 은행구좌를 1세대 당 1통장(일화 10만엔)이상 개설해, 본국으로 외화를 송금한다.
셋째, 정부가 발행하는 외화표시채권을 적극적으로 구입한다.
넷째, 일용품을 비롯해 보다 많은 국산품을 애용한다.
다섯째, 해외여행은 자숙하고 일본인들과 재일동포들의 본국여행을 적극 권장한다.

이 가운데 핵심은 '일본 엔화 송금 캠페인'이었다. 재일민단은 성명을 발표한 직후, 도쿄에 있는 국내은행 지점들을 찾아가 캠페인에 대해 알리고, 공동대책 회의를 열자고 제안했다. 재일동포 대표단과 국내 은행 관계자들은 12월 8~15일까지 1주일동안 도쿄의 민단중앙본부에서 세 차례 실무회의를 개최했다.

핵심과제는 어떻게 하면 '재일동포들의 송금 참여를 늘릴 수 있을 것인가'였다. 이를 위해 재일민단은 국내은행들에게 송금 수수료를 면제해달라고 부탁했다. 은행들도 이에 화답해 한국본점의 승인을 받았다. 이때 합의의 골자는 엔화송금 캠페인 기간 4개월 간(1997년12월~1998년3월) 재일동포들이 외화예금통장으로 엔화를 송금할 경우에는 수수료 전액 면제, 한국의 원화구좌로 송금할 경우엔 200만 엔(¥) 한도에서 수수료를 면제한다는 것이었다.

'1가구 10만 엔 송금운동'

그런데 예기치 못한 변수가 있었다. 재일동포 가운데 엔화를 한국으로 송금하는 방법을 모르는 동포가 의외로 많았던 것. 모국과 왕래가 적거나 사정에 밝지 않은 동포들은 한국의 통장을 갖고 있지 않은 경우가 태반이었다. 또한 엔화를 본국으로 송금하려면 '외화예금 통장'을 이용해야 하는데, 이 통장을 갖고 있는 동포도 적었다.

재일민단은 이런 사정을 캐치해 신속 대응했다. 12월 20일자로 '외화송금 요령' 안내문을 만들어 일본 전국의 40만 단원 가정에 발송했다. 안내문에는 ▲외화통장 개설신청서 작성법 ▲외화송금 방법 ▲신청서 기입사례 등 초보자도 그대로 따라하면 만들 수 있도록 상세한 설명을 붙였다.

재일동포사회의 반응은 뜨거웠다. 1998년 1월말 기준 재일동포들이 한국에 송금한 엔화 총액은 139억1,300만 엔에 달했다. 재일민단이 당초 목표치로 삼았던 120억 엔을 훌쩍 뛰어넘는 액수다. 캠페인 개시 단 한 달 만에 목표를 초과 달성한 것이다.

재일동포들은 그걸로 만족하지 않았다. 재일민단은 1998년 3월로 설정한 송금시한의 변경을 추진했다. 다시 회의를 열고, 일본에서의 외화 송금 캠페인을 한국이 IMF체제를 졸업할 때까지 무기연장하자고 결의했다.

동포기업인 단체인 재일한국상공회의소(재일한상)도 IMF위기 극복에 독자적인 방식으로 호응했다. 전국 16개 지방본부와 1만개 기업을 회원사로 거느린 재일한상은 회원들에게 통지문을 발송했다.

첫째, 회원 경영회사의 사원 여행지로 한국을 이용할 것
둘째, 본국(모국) 투자를 더욱 활발히 할 것
셋째, 본국 사회복지시설에 가능한 한 많은 기부를 할 것

사실상 반강제 지침이었다. 하지만 재일한상 회원사 가운데 불만이나 민원을 제기한 데는 한군데도 없었다.

개인 송금액 781억 엔
국채 300억 엔 매입에도 앞장

재일동포들의 「1가구 10만 엔 모국송금 캠페인」은 대성공을 거뒀다. 1997년 12월부터 1999년 1월까지 재일동포들이 한국으로 송금한 엔화는 총액 780억6,300만 엔(당시 미화 10억 달러)에 달했다. 캠페인에 협력한 한국계 은행은 신한은행, 한국외환은행, 국민은행 등 총 18개 일본지점이었으며, 계좌 수로는 총 4만8천 명이 동참했다. 재일민단의 슬로건인 「1가구 10만 엔」을 기준으로 보면, 78만 명이 동참한 꼴이다.

한편 당시 김대중金大中 정부는 1998년 3월 일본에서 300억 엔 규모로 엔화베이스 국채를 발행했다. 당시 정부는 적극적인 홍보활동을 펼치지

는 않았지만, 재일민단 측에 애국심으로 국채를 매입해줄 것을 호소했다. 재일동포들은 조국의 부름에 호응해 대한민국 국채 매입에도 앞장섰다. 이 시기 롯데그룹의 창업자인 신격호辛格浩씨는 개인재산 1천만 달러(1998.1.17)를 비롯해 일본 금융사로부터 차입한 5억 달러를 한국으로 송금했다.

IMF위기 때 확인된 재일동포들의 송금액(780억6,300만 엔)은 어디까지나 공식집계 금액일 따름이다. 정부가 일본에서 발행한 엔화국채의 재일동포 매입실적, 모국투자 동포기업의 외화 예금, 미국 달러화로 송금하거나 일본국적자 이름으로 송금한 경우 등은 집계에서 누락되어 있다. 동포들이 한국 주식을 매입할 경우 외국인 투자로 잡히고, 동포들이 국내에 들어와 쓰는 여행경비도 통계에서 빠진다. 예를 들어 롯데그룹의 신격호씨처럼 법적으로 외국인인 경우에는 이 사람이 한국에 송금하는 외화는 전액 외국인 송금으로 잡힌다.

여행업계에서는 재일동포 방한자 수를 일본인 방한객 220만 명(90년대 말 기준)의 10분의 1 정도로 잡는다. 이를 기준으로 하면 연간 재일동포들이 모국을 방문하는 횟수는 최소 20만 건이다. 동포 한 사람이 국내에 와서 쓰는 경비는 1회당 20만 엔 정도로서, 이를 연 단위로 바꾸면 440억 엔 이상이란 수치가 도출된다. 즉 한국 입장에서는 재일동포들이 한국에 오는 것만으로 상당한 외화를 유치하는 효과를 누리게 된다.

일례가 있다. 1998년 3월 서울을 찾은 재일민단 시가현 부인회는 작정하고 쇼핑을 했다. 참가자 중 한 명인 박선악朴善岳(후일 재일본대한부인회 회장)씨는 말한다.

"지방 회원이니까 참가자 수가 많지는 않았습니다. 20명 쯤 됐어요. 부인들은 어려운 모국을 돕는 길은 열심히 쇼핑을 하자, 그게 애국이라고 생각했습니다. 그때 서울에서 2박3일간 머무는 동안 우리들이 쇼핑한 금액을 합산해보니 1천만 엔이 넘었습니다."(2007년 3월 인터뷰)

「금모으기 운동」과 비교해보니

한편 IMF위기 때 국내에서도 '대한민국 구하기 캠페인'이 대대적으로 펼쳐졌다. 국민들이 자기 손으로 나라 빚을 갚겠다며 앞장선 「금모으기운동」이었다. 아들 손주의 백일반지, 돌 반지부터 장군 취임 때 받은 퇴역장성의 10돈 짜리 '금별', 금은방 주인이 통째로 들고 나온 장사용 금붙이까지 눈물 나는 사연이 넘쳐났다. 그렇게 애국의 마음으로 「금모으기운동」에 동참한 우리나라 국민은 350만 명에 달했다.

"범국민 '금모으기 운동'으로 모은 금을 수출한 대금 19억9천만 달러가 유입됐다."(1998년 9월 1일, 한국은행 보도자료)

IMF위기 때 범국민캠페인으로 모은 외화가 20억 달러였음을 감안하면, 재일동포가 15억 달러를 한국에 송금했다는 사실은 모국을 향한 그들의 마음을 보여준다. 당시 재일동포사회의 분위기에 대해 배철은(裵哲恩) 전 민단신문 편집장은 이렇게 돌아봤다.

"곁에서 못 먹고, 울고 있는 조국의 형제자매들을 모른 척 할 수는 없지요. 엔화 송금 캠페인이 벌어진 뒤 한국에서 금모으기 운동이 펼쳐지고 있다는 소식이 전해지자, 이번에는 민단 사무실에 금붙이를 들고 찾아오는 동포들이 줄을 섰습니다."

IMF위기 때 재일민단의 대응일지

1997년 12월 5일	재일민단 중앙집행위원회「全 재일동포 IMF외화송금운동」긴급호소문 신용상 중앙단장 호소문 발표 및 기자회견
1997년 12월 8, 12, 15일	재일민단과 국내은행 일본지점 합동 대책회의 개최
1997년 12월 20일	재일민단, 일본 전국 40만 단원에「외화예금구좌 개설안내문」발송
1998년 1월 9일	재일민단 중앙본부, IMF외환위기 타개지원 대책회의 신용상 중앙단장 제2차 긴급호소문 발표
1998년 1월 14일	신용상 재일민단 중앙단장 제3차 긴급호소문 발표 "모국의 경제난국 타개에 재일동포의 역량을 총결집하자"
1998년 3월 11일	재일민단 제49기 정기중앙위원회 결의 "재일동포 외화송금운동, IMF위기극복 때까지 무기한 연장"

IMF위기 때 외국인들은 한국에서 투자금 회수에 바빴다. 한국의 외환보유고가 39억 달러로 바닥을 드러내고, IMF에 구제금융을 신청했다는 소식이 나왔을 때다.

그때 외국인과 정반대 행동을 한 이들이 재일동포다. 마찬가지로 외국을 근거지로 갖고 있음에도 재일동포들은 단돈 1엔이라도 더 한국에 보내려 노력했다. 곤경에 처한 조국을 살려보겠다는 간절함이 있었기 때문이다.

재일동포 외화송금운동 국내지 보도
(1997.12.27 중앙일보)

재일민단의 IMF위기 극복 호소문
(1998.1)

재일민단의 외화예금 개설안내문
(1997.12)

재일동포 외화송금운동 결의 보도
(1997.12.6 통일일보)

IMF위기 때 재일민단의 '1가구 10만엔 이상' 송금운동

IMF위기 때의 구직박람회(1999.12, 서울)

| 제 2 부 |

주일한국공관 10곳 중 9곳은 '재일동포'가 기증했다

| 04 |

일본 속 한국 땅을 개척한 사람들

공관기증 프롤로그
9곳 주일공관 약사

"일본에 있는 대한민국 공관 10곳 가운데 9곳을 재일한국인이 세웠다는 사실을 아십니까?"

재일동포 공관기증의 역사는 1962년 8월 오사카 동포기업인 서갑호 씨가 도쿄의 저택을 정부에 기증하면서부터 시작되었다. 일본 수도 도쿄에서도 일등지로 꼽히는 아자부의 1만218㎡(3,091평)에 달하는 서갑호 부지는 오늘날 주일한국대사관이 되어 태극기를 휘날리고 있다.

서갑호 씨의 기증이 마중물이 되어, 60~70년대 재일동포들은 오사카, 요코하마, 나고야, 고베, 후쿠오카, 삿포로, 센다이, 시모노세키(훗날 히로시마로 이전) 등지에서 공관 건설을 위해 두 팔을 걷어붙였다. 마치 들불처럼 일본 전역으로 번져 나가 공관기증 붐이 일어난 것이다.

재일동포의 모국사랑을 단적으로 보여주는 생생한 증거인 '주일 대한민국 공관들'. 세계사적으로도 해외국민이 9개소에 달하는 자국의 공관을 기증한 일은 유례를 찾을 수 없다. 재일동포들이 기증한 한국 공관의 가치는 현 시세로 2조 원을 상회하고 있다.

그렇다면 재일동포가 모금운동이나 개인 차원으로 기증한 9개 주일공관의 건립에는 어떤 사연들이 숨어 있는 것일까. 간략하게 그 경위부터 살펴보도록 하자.

◈ **도쿄** 東京

1949년 1월	주일본대한민국대표부 개설. 도쿄 긴자 핫토리빌딩 4층(東京都 中央区 銀座 4-5-11 服部 4F)에 입주. 대표부 임차비를 고베 기업인이자 오사카 백두학원 창립자 조규훈曺圭訓씨가 1300만 엔을 지원하여 부담. 그 이전부터 도쿄 기업인 이원만李源萬씨가 도쿄 마루노우치의 본인소유 건물을 임차해주는 등 재일동포 자산가들이 꾸준하게 한국 대표부에 재정적 지원을 했음.
1951년 10월	주일본대한민국대표부, 현 주일본대한민국대사관 소재지인 미나미아자부 1번지(구주소: 東京都 港区 麻布竹谷町 1-5)로 이전. 서갑호 씨가 본인 소유 부지 및 2층짜리 목조 사저를 한국 정부에 무상 대여함.
1962년 8월	서갑호 씨가 도쿄 미나미아자부 1번지 부지 및 사저 일체를 정부에 기증함. 그해 11월 1일 국유화.
1964년 2월	서갑호 토지 및 건물, 한국 정부로 소유권 이전등기 완료.
1965년 12월	주일본대한민국대사관으로 승격. 그해 6월 한일국교정상화, 그해 12월 한일양국 서울에서 협정문 비준서 교환식.
1976년 12월	대사관 청사 신축 착공(1차 재건축, 1978년 8월 완공)
1978년 8월	대사관 관저 신축 착공(1979년 9월 완공)
2010년 5월	주일대한민국대사관 청사 및 관저 신축 착공(2차 재건축)
2013년 5월	대사관 재건축 완공 및 오픈기념 세리머니

* **주일한국대사관 주소**
　東京都 港区 南麻布 1-2-5(1-2-5, Minamiazabu, Minato-ku, Tokyo)

◈ 오사카 大阪

1948년 9월	주오사카대한민국대표부 사무소 개소
1966년 1월	주오사카총영사관 승격
1971년 9월	주오사카총영사관 건설기성회 발족(한록춘韓禄春 회장). 간사이 지역 동포들, 오사카의 중심거리인 「미도스지御堂筋에 태극기를 내걸자」는 슬로건 하에 8억 엔 모금.
1972년 6월	서갑호 토지 및 건물, 한국 정부로 소유권 이전등기 완료.
1972년 11월	총영사관 건물 착공
1974년 9월	주오사카총영사관 완공(지하 2층, 지상 9층 규모 빌딩)
2018년 8월	구 청사 해체 및 재건축 착공
2022년 연내	신 청사 준공 예정

* **주오사카총영사관 주소**
大阪市 中央区 西心斎橋 2-3-4 (2-3-4, Nishishinsaibashi, Chuo-ku, Osaka)

◈ 후쿠오카 福岡

1946년 9월	미 군정 외무처, 후쿠오카 출장소 개설
1949년 1월	주일대표부 후쿠오카 연락사무소 개설
1965년 8월	주후쿠오카총영사관 건설위원회 발족(박원상朴元詳 위원장). 후쿠오카 관내 재일동포들 모금으로 토지 및 건물을 매입한 다음, 정부에 기증.
1966년 1월	주후쿠오카총영사관으로 승격
1988년 10월	아카사카 소재 구 청사 매각 후 부지 이전 추진
1989년 4월	신 청사 착공
1990년 3월	현 청사 준공(대지 5,007㎡)

* 주후쿠오카총영사관 주소
  福岡市 中央区 地行浜 1-1-3(1-1-3, Jigyohama, Chuo-ku, Fukuoka -shi, Fukuoka)

◆ 요코하마 横浜

1966년 3월	주요코하마한국공관 창건후원회 결성(이종대李鍾大 회장). 가나가와, 시즈오카, 야마나시 3개현 재일동포 200명이 모금 운동에 동참. 목조 가옥을 5천만 엔에 매입한 다음, 정부에 기증.
1966년 5월	주요코하마총영사관 개설

* 주요코하마총영사관 주소
  神奈川県 横浜市 中区 山手町 118(118, Yamatecho, Naka-ku, Yokohama-shi, Kanagawa)

◆ 나고야 名古屋

1966년 5월	주나고야영사관 개설
1966년 12월	주나고야영사관 건설위원회 결성(정환기鄭煥麒 등 공동대표 5인). 아이치현 재일동포 37명이 토지와 건물을 매입한 다음, 정부에 기증.
1974년 5월	주나고야총영사관으로 승격
1994년 3월	재일민단 간부를 비롯한 동포 유지들이 현 청사 부지를 매입
1997년 2월	신 청사 준공
1997년 3월	주나고야총영사관, 신 청사로 이전

* 주나고야총영사관 주소
  愛知県 名古屋市 中村区 名駅南 1-19-12(1-19-12, Meiekiminami, Nakamura-ku, Nagoya-shi, Aichi)

❖ 고베 神戸

1966년 5월	주고베영사관 창설
1967년 8월	고베한국영사관 회관 설립후원회 결성(황공환黃孔煥 회장). 효고현 등 관내 재일동포들의 모금으로 토지 및 건물을 매입한 다음, 정부에 기증.
1974년 5월	주나고야총영사관으로 승격
2001년 7월	주오사카총영사관 고베출장소로 명칭 변경(IMF위기로 인한 재외공관 재정비 방침에 의거)
2007년	청사 신축공사
2008년 7월	주고베총영사관으로 복원(출장소에서 승격)

* **주고베총영사관 주소**
兵庫県 神戸市 中央区 中山手通 2-21-5(2-21-5, Nakayamatedori, Chuo-ku, Kobe-shi, Hyogo)

❖ 삿포로 札幌

1966년 4월	재일민단 홋카이도본부가 총영사관건설기성회 결성(전연수田連寿 회장). 홋카이도 관내 재일동포들 3천만 엔 모금.
1966년 6월	재일동포 공관기성회, 토지와 건물을 매입한 다음, 정부에 기증.
2006년 11월	삿포로총영사관 신 청사 준공

* **주삿포로총영사관 주소**
北海道 札幌市 中央区 北2条 西12丁目 1-4(1-4, Kita 2 Nishi 12, Chuo-ku, Sapporo shi, Hokkaido)

◈ 센다이 仙台

1966년 4월	일본 동북지방 6개현(아오모리, 아키타, 이와테, 야마가타, 후쿠시마, 미야기) 재일민단 동포들이 동북지방협의후원회 결성(함창숙咸昌淑 회장). 179명의 재일동포가 2261만 엔 모금. 토지와 건물을 매입한 다음, 정부에 기증.
1966년 9월	주센다이영사관 개설(青葉区 上杉 5-5-22)
1980년 5월	주센다이총영사관으로 승격
2005년 4월	신 청사 부지 매입 및 착공
2006년 12월	신 청사로 이전

* 주센다이총영사관 주소
宮城県 仙台市 青葉区 上杉 1丁目 4-3 (1-4-3 Kamisugi, Aoba-ku, Sendai-shi, Miyagi)

◈ 히로시마 広島, 구 시모노세키 下関

1966년 5월	주시모노세키영사관 창설
1969년 5월	재일민단 관내 5개 본부(야마구치, 히로시마, 시마네, 에히메, 고치) 동포들이 영사관 건립 모금 운동 개시. 4천만 엔을 모금해 부지 매입, 시모노세키총영사관(山口県 下関市 東大和町)을 건립한 다음, 정부에 기증.
1980년 5월	주시모노세키총영사관으로 승격
1996년 12월	시모노세키총영사관 폐관(시모노세키총영사관 폐관은 관할지역 중 히로시마가 인구가 많다는 정책적 판단에 따른 조치였다. 이때 정부는 재일민단 야마구치본부에 "기증처리 절차상 필요하다"며 총영사관의 토지와 건물을 사줄 것을 부탁했다. 매입금액은 6500만 엔이었으며, 재일민단은 이를 정부에 다시 기탁했다.)
1997년 1월	주시모노세키총영사관, 히로시마로 청사 이전(広島市 中区 鉄砲町)
2020년 9월	신 청사로 이전

* 주히로시마총영사관 주소
広島市 南区翠 5丁目9-17 (5-9-17, MidoriMinami-ku, Hiroshima-shi, Hiroshima)

초창기 주일한국대사관: 오사카 재일동포 기업인 서갑호 씨가 기증한 도쿄 아자부의 건물

오늘날의 주일한국대사관(2013.7)

| 제2부 | 주일한국공관 10곳 중 9곳은 '재일동포'가 기증했다

재일동포들은 위 사진 좌측 1번부터 순서대로 센다이, 삿포로, 후쿠오카, 요코하마, 시모노세키(현 히로시마), 고베, 오사카, 나고야 등 일본 전역에서 모금운동과 기증활동을 전개했다. 그 결과 재일동포들은 9개 공관을 기증하였다.

| 05 |

방적왕 서갑호와 도쿄 주일한국대사관

《재일동포들은 무슨 동기로 조국에 공관을 설립 기증했고 그 안에는 어떤 사연이 숨겨져 있을까? 9개의 재일동포 기증공관 가운데 도쿄대사관, 오사카총영사관 스토리를 소개한다.》

권력의 전당을 접수한 재일동포

일본국 도쿄토 미나토쿠 미나미아자부 1쵸메 2-5번지. 이 땅의 원 소유주는 오사카의 1세 기업인 서갑호徐甲虎 씨다. 주일한국대사관은 그가 기증한 3091평 대지 위에 세워졌다. '일본의 방적왕'으로 불렸던 그는 도쿄에서도 알짜 노른자위로 꼽히는 이 땅을 무슨 동기로 정부에 기증하게 된 것일까?

아자부는 도쿄의 일등지 가운데 한 곳이다. 아자부 일대는 예로부터 일본 왕실의 친인척과 권력 실세들이 살았다.

주일대사관이 들어선 그 땅 역시 그랬다. 도쿠가와 막부시대에는 센다이영주의 에도(도쿄의 옛 지명) 숙소였다고 한다. 일본 개화기인 메이지明

治시대에는 마쓰가타松方 가문의 소유였다. 이 가문의 공작 마사요시松方正義가 거처로 삼았다. 이어서 주인이 된 사람은 요나이 미쓰마사米內光政다. 2차 세계대전 말엽, 태평양전쟁 때 일본군 연합함대 사령관을 지낸 그는 이곳을 별장으로 사용했다. 마쓰가타 마사요시와 요나이 미쓰마사는 당대의 권력자였다. 두 사람 모두 일본 내각의 톱인 총리대신까지 역임했다.

일본이 태평양전쟁에서 패전한 뒤에는 주일덴마크 공사의 관저로 사용됐다. 국제연합UN 전승국들이 연합해 도쿄에 진주군을 두던 시절이다. 이른바 GHQ, 연합군 최고사령부 시절로, 일본 역사상 유일하게 외국세력에게 통치 받던 때다.

서갑호 씨가 미나미아자부 1번지 땅을 접수한 것은 1951년 가을 샌프란시스코강화조약이 발효되던 그 무렵이었다. 일본은 연합국과 이 조약을 맺으면서 군정 통치에서 벗어나 주권을 회복하였다.

그런데 서 사장은 아자부 땅을 소유만 했을 뿐 거주하지는 않았다. 광활한 토지 뿐 아니라 건평 150평 크기의 2층 목조건물까지 토지 및 건물 일체를 통째로 한국 정부에 무상 대여한 것. 1951년 10월이었다. 기록상 확인되는 당시 주소는 도쿄토 미나토구 아자부타케야쵸 1-5번지(東京都港区 麻布竹谷町 1-5). 서 사장은 토지와 건물을 정부에 대여하면서 아무 조건도 달지 않았다.

금싸라기 땅에 선 주일대표부

주일대한민국대표부가 개설된 건 1949년 1월 14일이다. 하지만 외교관들은 그때까지 숙소조차 마련하지 못하고 있었다. 관사는 석 달 뒤에

겨우 구한다. 여기저기 싼 숙소를 전전하던 한국 외교관들에게 맥아더사령관이 GHQ 관할 건물 가운데 한 곳을 공짜로 빌려줬다고 전해진다. 그해 4월 15일이다. 당시 주소는 도쿄 시나가와구 카미오오사키쵸 639번지(1949. 4. 18. 일자 동아일보)다.

"대표부 경비는 교포들에게 지원 받아 충당하라."

우리 정부는 정한경鄭翰景 초대 대사부터 대표부 수석대표(당시는 공사)가 부임할 때마다 이런 훈령을 내려 보냈다. 외교관들에게 대놓고 재일동포들로부터 후원을 받아서 살라고 지시한 것이다. 이 지경이니 공사를 위시한 주일 외교관들은 본국으로부터 월급조차 제대로 받지 못했다. 훈령대로 공관 운영비부터 생활비까지 현지에서 조달해야 했으니, 불 보듯 뻔한 일이었다. 스폰서를 구하지 못하면 전기수도, 광열비 등 다달이 들어가는 경비 마련부터가 막막해진다.

전기요금조차 스스로 못내는 한국이었지만, 어찌된 일인지 공관은 일본에서도 최고로 화려한 도심에 세웠다. '돈을 찍어내는 곳'이란 의미를 가진 긴자銀座거리 4쵸메 핫토리服部빌딩이었다. 대표부는 이 건물 4층을 통째 임차했다.

오늘날 와쿄和光빌딩으로 건물 위에 세이코SEIKO 시계탑이 있는 곳으로 유명하다. 지금도 긴자의 랜드마크라서 약속장소로 "시계탑 앞에서"라 하면 많은 이들이 대번에 알아듣는다.

"공관이 쭉 긴자에 머문 건 아니었습니다. 여러 군데 옮겨 다녔어요. 코리아나이롱의 이원만李源萬 씨가 마루노우치 1쵸메의 자기 집을 빌려준 적도 있고, GHQ가 마련해준 미군 영내시설에서 더부살이 한 적도 있었어요. 그래도 어딜 가나 제일 위치 좋은 데만 골라 다녔습니다. 이원만 씨가 빌려준 데만 해도 대로 사거리 코너 건물이라 처음 찾아가도 대번에 찾을 수 있었습니다. 빨간색 벽돌집이 지금도 눈에 선하네요."(2014년 9월, 이봉남李奉男 재일학도의용군동지회 회장)

대표부 살림살이를 코리아나이롱(오늘날 코오롱그룹) 창업자 이원만 씨를 비롯해 재일동포 재력가 여럿이 도왔다는 증언이다. 긴자 핫토리빌딩 입주 때의 이야기는 더욱 구체적이다. 오사카 민족학교 '백두학원' 창립자 조규훈曺圭訓 씨가 1300만 엔을 지원했다는 기록이 남아 있다. 조 씨는 고베에서 고무, 목재, 레코드, 병원을 운영하는 등 손꼽히는 재력가(민단50년사 中)였으며, 초창기 재일민단이 만성적인 재정난에 시달리던 시기에 중앙단장을 지낸 인물이다.

외교공관으로서 주일대표부는 개설 이래 종횡무진 활약했다. 6.25한국전쟁 기간에도 활발하게 움직였다. 한국의 대일교섭 및 대외창구로서 일본과의 수교협상, 재일동포 학도의용군 모집, 6.25전쟁 구호물자 조달 등 중요한 역할을 수행했다. 대표부가 전쟁의 참화 속에서도 외교공관으로서 정상 기능할 수 있었던 건, 재일동포들이 재정적인 버팀목이 되어준 덕택이라 할 것이다.

서갑호의 대사관 부지 매입경위

그렇다면 서갑호 사장은 어떤 동기로 아자부의 대지를 매입한 것일까? 오사카 사업가가 도쿄에 집을 산 이유는 무엇인가? 본인이 살 집도 아니면서 왜 산 것일까?

여러 궁금증이 꼬리에 꼬리를 물게 된다. 관련해서 재일동포사회 및 일본 연구자들 사이에서는 몇 가지 설이 전해 내려오고 있다.

첫째는 조선왕조의 마지막 왕세자인 영친왕 이은李垠의 거처 용도로 샀다는 설이다. 당시 주일대표부 수석대표 김용식金溶植 공사는 정부의 지침을 받았다.

"영친왕과 그의 도쿄 아카사카赤坂 저택에 대한 반환교섭을 벌여라."

정부 논리는 영친왕의 집은 일제강점기 때 일왕이 하사했으며 이후에 '조선총독부의 재산'이 되었다. 우리나라가 일제로부터 독립했으니, 일제 재산은 정부로 반환하는 게 마땅하다, 요컨대 적산가옥敵産家屋(적국인의 재산이 되는 가옥)이니까 환수하겠다는 취지다. 이런 논리에 대해 영친왕은 강하게 반박했다.

"아카사카 집은 일본 천황(일왕)이 내게 하사한 것이 맞소만. 어디까지나 나의 사유재산이오."

양쪽 입장은 평행선을 내달렸다. 이승만 정부는 상당히 집요하게 반환 공세를 벌였다. 김용식 공사의 선임인 김용주金龍周 공사 때에도 수차례 영친왕에게 반환을 요구한 바 있다.

영친왕의 저택은 요지에 있었다. 일본 왕실시설이 밀집되어 있는 아카사카어용지 근방, 영친왕은 1930년에 일왕으로부터 이곳에 정원이 딸린 지상 2층, 지하 1층짜리 주택을 기증받았다.

첫 번째 설은 영친왕 설득에 실패한 정부가 교섭을 부탁한 인물이 서갑호라는 이야기다. 서 사장은 정부, 영친왕 양쪽과 직접 대화할 수 있는 사람이었다. 정부는 서 사장을 파이프 삼아서 영친왕의 아사사카저택을 양도받고자 했다. 영친왕 거처는 다른 데로 옮기도록 설득하라는 부탁을 받았다는 것이다. 결과적으로 서 사장이 아자부 땅을 사서 정부에 빌려주기로 하면서 영친왕 집 문제는 절로 교통정리가 되었다.

두 번째 설은 GHQ 점령 하에 있던 일본 사정과 관련된다. 날개 떨어진 일본의 권력자 혹은 일본 당국이 부족한 자금을 융통하려고 한국인인 서갑호를 이용했고, 그 보상책으로 아자부 땅을 서 씨에게 싸게 팔았다는 스토리다.

이 이야기에는 사회적 배경이 있다. 서 사장은 군수물자인 군복을 생산하는 사카모토방적의 오너로 GHQ와 연결고리가 있었다. 패전 후 일본경제는 밑바닥을 치고 있었다. 긴자거리에서 미군을 상대로 매춘을 하는 부녀자들이 줄지어 있을 정도였다. 물자 생산능력은 태평양전쟁 수행기의 10% 수준으로 폭삭 주저앉았다. 심각한 물자부족과 이에 따른 폭발적인 인플레이션, 치솟는 실업률… 이런 엄동설한을 넘기고자 일본의 실력자들이 달러 조달을 위해 서 사장을 중개인으로 삼았고, 그 신세를 갚기 위해 아자부 땅을 헐값에 넘겼다'라는 설이다.

세 번째 설은 이승만 정부와 일본, GHQ간 3각 딜의 소산이란 이야기다. 도쿄에 공관이 필요했으나 반일反日노선이 선명했던 이승만 정부로선 일본에 직접 부탁할 수 없었고, 그래서 GHQ가 중간 다리 역할을 했다, 그때 낙점된 땅이 아자부 1번지로 서 사장이 정부 대신에 땅을 매입했다는 시나리오다.

또 다른 주장도 있다. 김용식 공사는 생전에 자서전을 통해 서갑호의 아자부 부지 매입경위에 대해 "(본인이) 대표부 건물을 물색하다가 아자부 부지를 찾았으며, 오사카로 내려가 서갑호 씨를 만나서 매입을 부탁했다"고 썼다. 애초부터 아자부 부지는 주일대표부가 쓰는 걸 전제로 마련됐다는 게 김 공사의 주장이다.

1962년에 기증 결심

일개인이 어마어마한 넓이의 도쿄의 일등지 땅을 모국에 기부했다는 사실은 시대를 떠나서도 놀라운 이야기다. 보통 사람들의 사고를 뛰어넘는 일이라서 숱한 설들이 생겨나는 건, 어쩌면 자연스런 현상이다.

증명이 어려운 설들도 있지만, 확고부동한 증거가 남아 있다. 서갑호 사장은 1962년 8월 15일, 미나미아자부 1번지의 토지와 건물을 정부에 기증했다. 서울에서 열린 광복절 기념식 때 재일동포 참관단의 일원으로 서울에 와서다. 박정희 국가최고회의 의장을 비롯한 정부 관계자, 서갑호 가족, 재일민단 간부 등이 참석한 가운데 기증 행사도 열렸다.

"저는 박정희 의장의 의욕적인 국가재건 의지에 믿음을 가졌습니다."(재일동포 오사카 100년사, 在阪100年史)

1951년 9월 본인 명의로 미나미아자부 1번지를 매입한 지 11년 만의 일이다. 당시의 기록사진 몇 장이 남아있다. 한 컷은 박정희와 서갑호 두 사람이 기증서약서를 맞잡고 있는 것이고, 다른 한 컷은 권일 재일민단 중앙단장이 여러 사람들이 지켜보는 가운데 기증서약서를 넓게 펼쳐서 읽고 있는 장면이다. 응접실에서 박정희 부부, 서갑호 부부와 그들의 자녀가 슬리퍼를 신고 찍은 사진도 있다.

　권일 단장이 기부서약서를 낭독할 때는 다들 눈물을 글썽이며 감격해했다. 일제강점기에 홀로 바다를 건너간 열네 살 소년이 갖은 고생을 하며 대사업가로 성공해, 엄청난 크기의 재산을 나라에 바치기로 했으니 눈물이 날 수밖에 없었을 것이다.

　금의환향의 기증행사 뒤, 주일대한민국대표부 청사는 1962년 11월 1일부로 국유화가 된다. 1964년 2월 26일에는 토지 및 건물 일체의 소유권이 서갑호에서 한국 정부로 이전 등기된다. 이로써 법적으로도 완전한 국가 소유가 됐다.

　서 사장의 기증은 거기서 끝이 아니었다. 70년대에도 자기 사재를 털어서 관저를 매입했다. 도쿄 시로가네白金에 있던 구 주일대사 관저로 매입 시점은 1970년 6월이다. 그는 시로가네의 토지와 관저도 1975년에 국가에 헌납한다.

　오늘날의 주일대한민국대사관은 대사관 청사와 관저가 붙어 있는데, 그건 훗날 시로가네 부지를 등가교환 방식으로 대토를 받아서 기존 청사 토지와 통합한 것이다. 그래서 아자부 대사관의 총면적은 3091평(1만218㎡)에 달하는 대지가 됐다.

　'방적왕'으로 '모국투자의 선구자'로 한국과 일본에서 숱한 화제를 뿌렸던 재일동포 1세 기업인 서갑호. 혹자는 패배자라 깎아내리기도 한다. 그러나 변치 않는 역사적 사실이 있다. 천문학적 재산을 조국을 위해 기증한 재일동포, 일본 수도 도쿄에 태극기가 펄럭이는 대한민국 대사관을 세웠다는 사실이다. 서갑호의 나라를 향한 마음도 마찬가지다. 그 사실들은 아무리 세월이 흘러도 변할 수가 없다.

'대표부'에서 '대사관'으로(1965.12) 서갑호 씨와 영친왕 이은(오른쪽, 1950년대)

재일동포 서갑호 씨가 도쿄 요지의 땅을 정부에 기증하고 있다(1962.8)

| 06 |

미도스지에 태극기를~
3년 모금으로 세운 걸작 오사카총영사관

도쿄의 주일대사관이 서갑호라는 개인기증으로 세워졌다면, 주오사카총영사관은 재일동포들이 한푼 두푼 모은 성금으로 세운 대한민국 공관이다.

셋방살이 주오사카공관

일본의 행정수도는 도쿄다. 경제, 사회, 문화, 외교에 이르기까지 도쿄를 중심으로 돌아간다.

그러나 일본에 사는 한국인 재일동포들의 수도는 '오사카'다. 서쪽 지방인 간사이의 중심도시로 900만 명이 살고 있는 일본 제2의 도시다. 특히 재일동포와 인연이 깊다. 해방 전부터 현재에 이르기까지 동포들의 최대 집거지이며, 더 거슬러 올라가면 삼국시대 바다를 건넌 한민족 도래인渡來 人들의 정착지다. 신사이바시(옛 지명 신라교), 고려교(고구려교)부터 백제 관련 지명을 숱하게 만날 수 있어서 한국인에게 친근함을 선사한다.

해방 직전인 1944년 150만 명의 동포가 터를 잡고 살았고 오늘날에도 그 수가 가장 많다. 일본을 가깝고도 먼 나라라 부르지만, 오사카만 놓고 보면 한국과는 떼려야 뗄 수 없는 한일친선의 가교 도시다.

신생국가 대한민국 역시 오사카를 해외 제1거점 지역으로 인식했다. 주일대표부 오사카 사무소를 개설한 건 1948년 9월. 정부 수립 후에 제일 먼저 세운 재외공관이었다. 이듬해 1월 도쿄에 주일대표부(대사관 역할)가 개설되면서 한국의 얼굴마담은 도쿄로 넘어갔지만, 동포와 관련된 일들은 오사카에서 훨씬 많이 이루어졌다.

그러나 주오사카대한민국대표부는 초라했다. 공간은 협소했고, 외관은 초라했다. 그 좁은 데서 밀려드는 민원을 처리하고 있다는 게 놀라울 정도였다. 대표부 시절을 졸업하고, 일본과 국교를 수립한 뒤에도 초라한 공관의 모습은 달라지지 않았다. 1966년 1월, 주오사카총영사관으로 승격하며 정부가 파견한 1호 총영사 김진홍金鎭弘 씨는 똑똑히 기억한다.

"우리 외무부 기록으로는 도쿄에 대표부가 선 다음에 오사카 사무소가 세워졌다고 되어 있습니다. 하지만 제가 부임해서 알아보니까 이미 그 전부터 사무소는 있었더군요. 재일동포들이 자기 돈 내서 사무소를 빌려주고, 이후에도 미나미 근방의 사무실들을 전전했다 합니다. 그때마다 동포들 신세를 지고 있었던 겁니다."(2007년 10월)

남쪽을 뜻하는 미나미는 오사카 중심인 남바, 도톤보리, 신사이바시가 있는 곳이다. 김 총영사가 부임했을 때에도 셋방살이 신세였다. 오사카공관의 셋방살이 시절에 대해 재일민단 오사카본부가 만든 '재일오사카100년사在阪100年史'에 재일동포들의 지원 기록이 남아 있다. 1963년 4월에 대표부 사무소가 이전할 때, 입주건물 보증금 2,700만 엔을 동포 기업인들이 부담했다는 것이다. 책에는 기부자 명단도 나온다. 서갑호徐甲虎 사카모토방적 사장, 안재호安在祜 일본유기화학공업 사장, 한록춘韓祿春 후지관광 사장 등 5명이다. 민단 기록에 누가 얼마씩 분담했는가는 명시되어 있지 않으나, 각자가 상당액의 자기재산을 국가를 위해 헌납한 건 틀림없다.

이처럼 주오사카한국공관은 출장소나 사무소라는 이름으로 불리던 대표부 시절부터 한일수교 후 총영사관 승격 때까지, 무려 5차례나 이전을 거듭해야 했다.

동포성금으로 지은 70엑스포 한국관

오사카동포들은 남의 집 셋방살이를 하고 있는 영사관에 부끄러움을 갖고 있었다. '대한민국의 얼굴'인데 이렇게 초라하게 둬서야 되겠는가라는 마음이었다. 총영사관 측도 홈페이지의 공관 약사를 통해 "청사의 임차공간이 좁아서 폭증하는 업무를 수행하기 어려울 정도였다"고 돌아봤다. 재일민단 오사카본부 단장을 역임한 홍성인洪性仁 씨는 증언한다.

"공관에서 겪는 불편함은 둘째였어요. 동포들은 공관을 임차해서 쓰고 있다는 사실을 부끄러워했습니다. 우리나라가 왜 일본사람 건물에 세 들어 살아야 하느냐는 거죠. 초가삼간이라도 자기 집이 편하다고 하잖아요."(2017년 7월 인터뷰)

마침내 "우리 손으로 영사관을 지어보자"는 움직임이 시작되었다. 1970년도였다. 직전에 영사관 건립에 불씨를 붙인 국제이벤트가 오사카에서 열렸다. 그해 3월부터 9월까지 오사카 스이타시吹田市에서 치러진 만국박람회日本万国博覧会(이하 오사카엑스포)다.

오사카엑스포는 올림픽, 축구월드컵을 능가하는 세계 최대의 국제이벤트였다. 경제적 파급효과가 상당했고, 선진국만 치를 수 있는 국제행사로 꼽혔다. 그래서 일본은 64도쿄올림픽 이전부터 엑스포 유치를 위해 국제로비를 벌이고, 법을 신설해 전담 장관까지 둘 정도로 열성이었다. 대한민국도 오사카엑스포의 77개 참가국의 일원으로 이름을 올렸다. 그러나 참가 자체에 의의를 두고 있었다.

"솔직히 그땐 엑스포가 뭔지도 잘 몰랐습니다. 정부는 행사장 귀퉁이에 '대한민국관'을 자그마하게 세우면 되겠지 여겼습니다. 이벤트에 예산을 투입한다는 건 낭비라는 인식이 팽배했어요."(김진홍)

오사카 동포들과 재일민단에서 "그래선 안된다"고 목소리를 높였다. 한국을 세계만방에 알릴 절호의 찬스라는 논리였다. 그리고 국가관인 '한국관'도 엑스포 행사장에서 제일 잘 보이는 데 두어야 한다고 호소했다. 1969년 5월 재일민단 중앙단장 이희원李禧元씨는 주일대사 엄민영嚴敏永씨를 만나 정부를 설득했다.

"우리 민단과 재일동포들이 모금운동을 펼쳐서 한국관을 짓는데 도움을 주고 싶습니다."

재일민단은 그해 6월 사업추진 계획안을 발표한 데 이어, 8월에는 한신협(신용조합 연합체)과 상공회까지 3자 합동으로 「70오사카엑스포 재일한국인후원회」를 발족한다. 후원회 회장에는 이희건 오사카흥은 이사장을 추대했다.

모금 목표액은 미화 50만 달러, 그 돈이면 한국관을 엑스포 상징물인 '태양의 탑'근처에 세우고, 국내에 있는 가족 친지들의 엑스포 구경까지 시켜줄 수 있다고 봤다. 실제 모금액은 70만 달러(2억4천만 엔). 그 돈으로 한국관을 엑스포장 정중앙 자리 입구 쪽에 세웠고, 국내 동포 9,710명을 6차례에 걸쳐 엑스포 관람을 시켜줬다.

한국관 관람객 수는 625만 명이었다. 한국관은 주최국인 일본, 미국, 소련, 스위스관과 더불어 인기 국가관으로 꼽혔다. 엑스포 관람객이 총 6421만 명이었으니, 당시 한국의 지명도를 감안하면 오사카엑스포 때의 한국홍보는 속칭 대박을 쳤다.

「우리 집은 우리 손으로 짓자」

"한국관 건립은 재일동포 후원이 없었다면 불가능한 일이었습니다. 그런데 엑스포 끝나고 얼마 지나지 않아서, 재일동포들이 오사카총영사관 건립을 위한 모금활동을 하겠다고 하는 겁니다. 엑스포 때 거금을 낸 동포들이 많아서 솔직히 놀랐고요. 모금운동이 잘 될까 걱정도 있었습니다. 공관원의 한 사람으로 염치없는 기분이 들더군요."(김진홍, 2007년 11월)

오사카엑스포의 대성공은 재일동포사회에 신명 나는 일이었다. 이참에 조국을 위해 또 다른 보람을 찾고 싶다는 목소리가 높아갔다. 재일동포사회에서 떠오른 아이템이 오사카한국총영사관 건립이었던 것이다.

1971년 9월 6일, 나카사키쵸에 있는 재일민단 오사카본부에 간사이를 대표하는 동포 유지들이 한 자리에 모였다. 이들이 이날 모인 목적은「주오사카대한민국총영사관 건설기성회」발족이었다.

재일동포들은 대형 태극기를 걸어놓고 "우리 힘으로 공관을 건설해 국가의 위신을 높이자"고 목청을 높였다. 흡사 궐기대회를 연상시킬 정도였다. 당일 발표된 '주오사카대한민국총영사관건설 취지문'은 오사카영사관의 실정과 이를 안타깝게 여기는 동포들의 심정이 잘 반영돼 있다. 취지문 요지를 원문 그대로 옮겨본다.

「재일교포의 대다수가 거주하고 있는 긴키近畿(오사카, 교토, 고베, 나라, 시가 일대)지방을 관할하는 주오사카총영사관의 청사는 주지周知하시는 바와 같이 '주일대표부 오사카사무소' 시대로부터 오늘날에 이르기까지 청사廳舍 해결을 보지 못하고, 지금껏 협소하고 빌린 청사인 까닭으로 혼란과 불편 등 지장은 이루 말할 수 없는 실정입니다.
경애하는 유지재현有志諸賢 여러분!
지난해 만박萬博(오사카엑스포)에서 솔선하여 조국 정부의 부름에 호응하여 국위선양의 마당에서 적극 참가 노력했습니다. 그러한 우리들의 성심을 이번에는 '건설기성회'를 발족해 총영사관 건설에 발휘하고자 합니다. 우리들의 손으로 총영사관을 건설하게 된 것을 무한한 영광으로 생각하는 바입니다.」

건설기성회 회장은 한록춘 후지관광 사장, 상임고문은 박한식朴漢植 오사카상은 이사장, 회장대행은 강택우姜宅佑 오사카한상 회장, 명예회장은 이희건 오사카흥은 이사장이 각각 맡았다.

오사카 심장부 '미도스지御堂筋에 태극기를'

재일동포들은 공관 터로 오사카 일등지인 미도스지御堂筋 거리의 신사이바시心齋橋를 염두에 두고 있었다. 하지만 한국 외무부의 생각은 달랐다.

"서울 본부에서는 영사관을 굳이 비싼 땅에 세울 이유는 없다는 방침을 세워놓고 있었습니다. 공관장 입장에서도 1년 전 오사카엑스포 때 동포들에게 많은 신세를 졌기 때문에, 솔직히 염치가 없어서 말하기 어려웠습니다. 그래서 새 영사관은 땅값이 싼 외곽지대에 세우자고 동포들에게 제안하고 있었습니다."(김진홍)

이에 대해 재일동포들은 완강하게 반대했다. '대한민국의 얼굴'을 도심에 세워야지, 다른 건 생각도 말아야 한다고 반발한 것이다. 그리고 그 길로 밀어붙여서 신사이바시 땅을 매입했다.

미도스지 대로변 157평, 부지 매입가는 3억2천만 엔이었다. 평 단가 200만 엔으로 오사카에서 제일 비싼 축에 속했다. 매수 과정은 순탄치 않았다. 당초 매각을 약속한 일본인 토지주가 매수자가 한국인인 걸 알고나서 팔기를 거부했기 때문이다. 홍성인 단장의 이야기이다.

"오사카심장부에 조센진이 들어오는 걸 받아들일 수 없다는 거예요. 그때 우리 영감(한록춘 씨)이 토지주에게 일본인 명의로 거래하자고 제안합니다. 그래서 영사관 부지 소유주가 처음에 영감의 일본인 부인이름이 된 거예요. 물론 영사관 건물이 완공된 다음에 이내 '대한민국'으로 소유권 이전등기를 했지만요."

1972년 11월 7일 착공에 들어갔다. 오사카를 비롯한 간사이 지방 동포들은 두 팔 걷어붙이고 영사관 세우는 일에 동참했다. 민단은 간사이 관내 5개 지방본부인 오사카, 교토, 시가, 나라, 와카야마와 산하 수백 개 지부 단원들을 총동원하다시피하여 적극 모금활동을 전개했다.

민단은 지방본부별로 모금목표액까지 할당했다. 오사카 5억5천만 엔, 교토 5천만 엔, 나머지 세 개 지방본부는 각각 1천만 엔이 목표였다. 최종적으로 모인 돈은 8억 엔이었다.

1974년 9월 15일, 마침내 재일동포들의 숙원이었던 주오사카대한민국총영사관이 완공됐다. 오사카의 심장부인 「미도스지御堂筋에 태극기를」 휘날리는 그날이 찾아온 것이다. 미도스지는 서울로 치면 광화문 사거리에 해당한다.

연건평 5699㎡에 지상 9층, 지하 2층의 현대식 건물. 옥상에 올라가면 오사카 시내가 한눈에 내려다보이는 시원한 풍광이 펼쳐지는 코리아센터 빌딩. 완공과 동시에 한국 정부에 기증됐고, 건물명도 주오사카대한민국총영사관으로 바뀌었다.

재일동포들은 스스로의 힘으로 설계부터 부지 매입, 건설 공사에 이르기까지 전 과정을 관장했다. 총영사관은 오사카에서 '한국의 자존심'을 상징하는 빌딩이다. 외곽을 원한 정부의견을 무릅쓰고 기어코 오사카 최고 요지에 태극기를 매달았던 집념, 그건 재일동포의 모국사랑을 단적으로 보여주는 증거가 아닐 수 없다.

◆ 1974년에 재일동포들이 세운 주오사카총영사관은 2018년 8월부터 재건축에 들어갔다. 정부는 '미도스지의 총영사관'이라는 상징성을 감안해, 총영사관 부지를 그대로 활용하기로 결정했다. 2022년에 지하 1층, 지상 11층 규모의 초현대식

건물로 재탄생할 예정이다. 오사카총영사관 관할은 간사이의 5개 지역(오사카, 교토, 시가, 나라, 와카야마)이다. 간사이지역으로 분류되는 효고현은 고베총영사관이 맡고 있다.

재일한국인이 기증한 「주일한국공관」

公館名	所在地	敷地面積
韓国大使館	東京都 港区 南麻布 1-2-5	10,218m²/3091坪
大阪総領事館	大阪市 港区 三津寺町 10	519.01m²/157.08坪
横浜総領事館	横浜市 中区 山手町 118	1,797.37m²/544坪
福岡総領事館	福岡市 中央区 赤坂 1-10-20	318.01m²/96.25坪
名古屋総領事館	名古屋市 東区 東大曽根町 9-25	403.08m²/122坪
神戸総領事館	神戸市 中央区 中山手通 2-21-5	422.11m²/127.76坪
下関総領事館	下関市 東大和町 2-13-10	991m²/300坪
札幌総領事館	札幌市 中央区 北三条西 21丁目	978.51m²/296.05坪
仙台総領事館	仙台市 上杉 5-5-22	991.72m²/300坪

출처: 한국민단 50년의 걸음(1995년)

70오사카엑스포 한국관(1970.4)

일본 왕세자를 맞이하는 김진흥 총영사 부부

엑스포 한국관을 둘러보는 일본 아키히토 왕세자(왼쪽 첫번째)와
김진흥 오사카총영사(왼쪽 두번째)

오사카총영사관 건설기성회
포스터(1971.9)

오사카총영사관 재일동포 건설기성회 발족(1971.9)

| 제2부 | 주일한국공관 10곳 중 9곳은 '재일동포'가 기증했다

| 제 3 부 |

재일동포 모국투자의
발자취

| 07 |

구로공단의 주인은 '재일동포'였다
대한민국 최초공단 탄생 비화

1인당 소득 78달러 나라

60년대까지 한국은 세계에서 제일 못사는 나라 중 하나였다. 6.25한국전쟁의 상흔은 컸다. 전 국토가 폐허가 되다시피 했고, 국민들은 빈곤에 시달렸다. 미국의 원조 밀가루로 연명했다. 추수한 곡식이 모두 떨어지는 봄철이 되면 풀뿌리와 나무껍데기로 끼니를 때웠다.

국민 전체가 집단 무기력증에 빠진 듯했다. 휴전(1953.7.27.)이 된 지도 한참 지났지만 가난의 굴레에서 좀처럼 벗어날 기미가 없었다. 당시 대한민국이 얼마나 가난한 나라였는지 보여주는 지표가 있다.

'미화 78달러'

1961년도 한국 국민의 1인당 소득이다. 아직 문명이 들어가지 않은 아프리카 오지奧地 나라와 비슷한 수준이다. 경제활동인구(만15~64세) 1400만 명 가운데 실업자가 250만 명이었다. 산업의 동력인 공장은 태반이 일제강점기 때 만들어진 것들이라 노후화가 심했다. 그나마 남아 있는 기계들은 쓸 수 없는 고철덩이였다.

바로 그때 새로운 권력이 등장했으니 박정희朴正熙 정권이었다. 5.16군사쿠데타로 집권한 이른바 혁명주체 세력은 '조국 근대화'를 지상명제로 내걸었다. 절대다수가 빈곤에 시달리고 희망마저 잃어버린 나라에서 가당키나 한 일인가, 모두가 쿠데타 무리의 허풍이라며 콧방귀를 뀌었다.

박 정권이 앞세운 근대화의 전제이자 실행과제는 '경제개발'이었다. 하지만 당시 한국은 경제개발을 할 수 있는 자본도 기술력도 없었다.

대외적인 악재도 터졌다. 미국은 한국에 대한 경제원조 축소를 기정사실화하고 있었다. 해마다 원조감축 플랜까지 세워놓고 있었다. 더 큰 문제는 미국 정부였다. 존F. 케네디 정권은 5.16을 쿠데타로 간주하며, 박정희와 군사정권의 정당성을 인정하려 들지 않았다. 흉흉한 내부민심에 동맹국의 의심까지… 박 정권은 이래저래 사면초가四面楚歌상황에 내몰리고 있었다. 이 지경에 무슨 '경제개발'이냐, 그건 실현가능성 제로 공약空約일 수밖엔 없었다.

한국에 투자하면 떼인다

박정희 국가최고회의 의장은 1961년 11월 첫 번째 해외 순방국으로 미국과 일본을 선택했다. 그는 두 가지 목적을 품고 태평양을 건너갔다.

'경제원조 증액' '투자재원 확보'

하지만 실패였다. 미국과 일본의 눈에 한국은 투자금을 떼일 하이리스크High Risk 후진국으로 비쳐질 따름이었다. 국가신용도가 전 세계 바닥권인 나라에 선뜻 돈을 꿔줄 나라가 나올 리 만무했다. 기계를 사들여오고 싶어도 나라 곳간은 텅 비어 있었다. 경제개발에 대한 의욕만 앞섰지, 착수금조차 마련할 수 없는 처지였던 것이다.

이때 박 정권에서 찾은 대안이 재일동포였다. 투트랙이었다. 외국 정부로부터 외자유치를 추진하면서, 이와 동시에 일본에 사는 동포들을 바라보고 있었다.

박정희 해외순방에 앞선 1961년 9월초 정부는 외무부의 소상영蘇尙永 방교국 정보과장을 단장으로 한 대표단을 일본으로 파견한다. 정부대표단의 방일 목적은 '재일동포 기업인 실태 파악'이었다. 하지만 진짜 목적은 따로 있었다. 재일동포들을 만나서 그들에게 모국 투자를 종용하기 위한 방일이었다.

"경제 재건에 적극 노력하고 있는 정부로서는 가급적 조속히 교포(재일동포) 자본의 도입을 희망하는 바이다."(정부 관계자, 1961년9월6일자 동아일보)

최후보루는 재일동포

투트랙 중 외국 정부나 기업으로부터의 자본유치는 현실성이 없었다. 기대할 수 있는 건 재일동포뿐이었다. 정부로서는 재일동포 기업인들의 모국 투자 유치가 경제개발자금을 구하는 유일한 카드였고, 또 마지막 보루였다.

정부 대표단이 일본에서 재일동포들을 만나고 온 3개월 뒤 리턴콜이 온다. 1961년 12월 20일 낮 12시 25분, 재일민단의 권일 단장을 대표로 한 61명의 동포 기업인들이 KNA 쌍발프로펠러 전세기를 타고 김포공항에 내린 것이다.

재일동포 기업인의 모국투자는 50년대 이승만 정부 때도 있었으나, 대부분이 개인 차원이었고 투자액도 소규모였다. 이번처럼 조직을 꾸려서 온 경우는 없었다. 이때의 재일동포 방한단이 특별한 건, 이전과는 다른 목적의 모국방문이었기 때문이다.

'경제개발 5개년 계획 수행 지원'

지금까지는 단순하게 모국의 경제실태를 시찰하겠다는 명목뿐이었으나, 경제개발을 지원한다는 보다 구체적인 목표가 제시됐다. 하지만 이들의 방한 슬로건은 정부가 정했기에 어디까지나 정부의 희망사항이 내포되었다고 말할 수 있다. 재일동포들이 한국에 투자를 약속하고 서울을 찾은 건 아니란 이야기다.

그래서였을까. 정부는 재일동포들을 예정된 일정을 넘기면서까지 붙잡아 두었다. 실제로 당초 3박4일로 잡혔던 이들의 방한 일정은 서울에 온 뒤 곱절로 늘어났다.

"교포 여러분, 모국의 경제재건에 공헌해 주십시오."

재일민단 간부와 동포 기업인들은 박정희 의장으로부터 이 말을 육성으로 들은 뒤에야 일본으로 돌아갔다. 12월 28일이었다. 이보다 꼭 두 달 앞서 일어난 움직임도 간과할 수 없다. 그해 10월 28일 오사카지역 기업인 50명은 모국경제 산업시찰단을 결성해서 서울에 들어갔다. 일행 대표 4명은 도착 이틀 뒤 송요찬宋堯讚 내각수반(국무총리에 해당)과 면담했다.

"교포 여러분, 모국 경제발전에 기여해주시기를 간청 드립니다. 저희도

혁명공약에서 밝혔습니다만, 경제개발을 가장 중시하고 있습니다."

송 내각수반의 발언은 박 의장의 그것과 판박이였다. 이때의 오사카동포 기업인 시찰단 단장은 민족금융기관 오사카흥은의 이희건李熙健 이사장이었다. 오사카에는 거물급 기업인이 많았다. 일본 최대방적회사인 사카모토방적의 서갑호徐甲虎 사장을 비롯해 일본유기화학공업 안재호安在祜 사장, 공작기계 메이커인 신일본공기 손달원孫達元 사장 등이다. 더욱이 오사카는 일본에서 동포가 가장 많이 거주하는 지역, 우리나라 대표부가 세계에서 가장 먼저 생긴 거점도시다.

도쿄에서 권일 단장, 오사카에서 이희건 이사장이 기업인 일행을 이끌고서 서울로 들어간 1961년도. 한국은 해를 넘기기 전에 근대화를 향한 희망의 불씨를 찾아냈다.

코오롱창업자 이원만의 직설
"가발만 팔아도 수백만 달러 법니다"

해가 바뀐 1962년 한국은 마침내 경제개발 5개년 계획의 서막을 올렸다. 그러나 근대화의 문을 여는 일은 고단한 작업이었다. 정부는 그해 3월까지도 경제개발의 청사진조차 정하지 못하고 있었다.

정부 내에서 의견이 부딪치고 있었기 때문이다. 관료들과 경제 전문가 다수는 '농업 개혁'이 우선이라 주장하고 있던 반면, 박 의장 측은 농업이 빈곤의 탈출구가 될 수 있는가에 대해 의구심을 갖고 있었다.

당대의 테크노크라트technocrat들이 농업개혁으로 기운 건 농업에 편중된

산업구조 등 현실에 주안점을 뒀다고 할 수 있다. 부존자원賦存資源도 부족하고 외화의 안정적 수급도 어려웠기 때문이다. 그러나 박 의장 측은 바로 수용하지 못했다. 어떤 아이템으로 경제개발을 할 것인가, 이에 대한 밑그림조차 그리지 못하고 답보상태에 머물러 있었다.

고민이 이어지던 그해 봄, 박 의장은 서울 중구 필동에 있던 코리아하우스로 경제계 인사들과의 간담회를 개최했다. 실물경제 현장에 있는 기업인들에게 아이디어와 대책을 묻는 자리였다. 몇 몇 기업인들이 의견을 냈으나 박 의장의 마뜩찮은 표정은 가시지 않고 있었다. 이 때 재일동포 기업가 한 사람이 손을 번쩍 들었다.

"의장님. 제가 한 마디 해도 되겠습니까?"

'한 마디'하겠다던 이 기업가의 발언은 1시간 넘게 계속됐다. 당시 그의 발언 내용에 대해 이구홍李求弘 해외교포문제연구소 이사장은 본인의 취재 기록을 공개했다.

"농업 물론 중요합니다. 백성이 당장 굶고 있으니, 도리가 없는 일이지요. 하지만 농업만 발전시켜서는 우리나라는 잘살 수가 없습니다. 공업도 함께 발전할 수 있어야 합니다. 우리가 먹고 살 길은 상품을 만들어 외국에 내다 파는 겁니다. 그래야 달러를 벌어들일 수 있습니다.

지하자원이 없다고 주눅 들 이유가 전혀 없습니다. 일본도 지하자원 없기는 우리와 마찬가지 아닙니까. 석유 한 방울 나오지 않고 철광석 산지도 없습니다. 하지만 일본에는 세계에서 가장 큰 정유회사와 제철소가 있습니다. 일본인들은 이처럼 머리를 써서 돈을 벌고 있습니다. 일본에서 살아본 제 경험상 우리국민의 머리는 일본인보다 나으면 나았지 결코 못하지 않습니다.

재일동포 눈에는 조국산천이 모두 돈으로 보입니다. 일본의 동양위생회사(TOYO 마크 변기가 이 회사제품)는 수세식 변기로 세계를 석권하고 있습니다. 이 기술은 원래 우리나라에서 넘어간 겁니다. 도자기가 아닙니까. 그들은 주원료인 진흙을 경남 하동에서 가져다 만들고 있습니다. 이런 데도 '자원 없다'는 푸념이 나옵니까?

하다못해 우리 몸에도 장사 자원을 찾을 수 있습니다. 아녀자들의 긴 머리카락 말이에요. 그걸 잘라서 가발을 만들어 보세요. 가발 만드는 일은 대단한 기술도 값비싼 장비도 필요치 않아요. 가발을 내다 팔면 1년에 수백만 달러는 너끈히 벌어들일 수 있습니다."(2003년 10월 인터뷰)

이때 호쾌하게 발언한 기업인은 코오롱그룹 창업자 이원만李源萬 사장이었다. 이 사장의 발언은 박 의장에게 큰 자극이 됐던 모양이다. 이튿날 박 의장은 그와 따로 만나서 한국의 공업화 방안을 놓고 단독대담을 했다. 그 자리에서 이 사장은 재일동포전용 공업단지의 건립을 건의했다. 1962년 봄에 일어난 일련의 회동은 3년 후 대한민국 최초의 수출산업공단이 탄생하는 결정적 계기가 됐다.

실패한 화폐개혁과 파독派獨 광부

이원만 사장이 기업인 간담회에서 제안한 가발은 실제로 경제개발초기 한국의 주력 수출상품이 됐다. 생산 첫해인 1964년 1만6천달러 수출을 시작으로 1965년 155만 달러를 벌어들이는 등 가발은 1970년대까지 한국의 수출 효자상품 역할을 톡톡히 했다. 농촌에서는 '머리 팔아 시집 간다'는 말이 돌았을 정도로 장발長髮은 서민들의 요긴한 급전수단이 되기도 했다.

1962년에는 경제적으로 다양한 시도가 행해졌다. 가장 큰 충격파는 화폐개혁이었다. 6월 10일부로 '환'에서 '원'으로 바꿨다. 정부는 화폐개혁의 명분으로 고물가 해소를 내걸었으나, 실은 국민들의 장롱 속 자금을 끌어내고자 한 것이었다. 소위 지하자금 양성화를 통해 거기서 나온 돈을 경제개발에 활용하려는 의도였다. 1인당 환전 한도도 500원(10환 당 1원 대체)까지로 적게 설정했다. 그러나 정부의 의도는 실패로 돌아갔다.

"나온 돈이 너무 적었습니다. 예상에 비해 턱없는 수준이었습니다."(2007년 10월, 이선희李善熹 박 의장 경제담당특보)

화폐개혁으로 개발자금을 마련하려 했으나, 되레 숨길 돈조차 없었던 국민들의 곤궁한 살림살이만 확인하고 만 셈이다.

1962년은 정부가 해외이민을 정책으로 설정한 해이기도 했다. 이듬해부터 목일(당시 서독)로 광부와 간호사를 파견했으며, 브라질 농업 이민도 이때부터 추진되었다. 국민들을 서독으로 보낸 구실은 노동자 파견이었으나, 실은 그들이 현지에서 벌어들인 달러를 얻기 위한 계산이었다. 파독 광부와 간호사들은 나라가 가난할 때 가족을 위해, 또 조국을 위해 서독행을 자원했고, 그들의 이야기는 근대화 성공의 역사가 됐다.

"라인강의 기적을 이룬 독일은 당시 세계 최빈국 한국에게 돈을 빌려주고, 돈 벌 기회를 준 고마운 나라였다. 1963년과 1966년 광부 8천여명과 간호사 1만여 명이 차례로 독일로 건너가, 1975년까지 송금한 1억153만 달러는 경제성장에 톡톡히 기여했다."(2014년 12월 27일자 한국일보)

경제개발 초기 한국의 외환사정이 얼마나 나빴으면, 국민들을 외화벌이로 수출까지 해야만 했을까. 한국은행 자료에 의하면 1962년 12월말 외환보유고는 1억6,670만 달러에 지나지 않았다. 하지만 이건 수치상 데이터일 뿐, 실제로 빼다 쓸 수 있는 가용외환은 턱없이 부족했다. 동아일보 1963년 1월 30일자는 가용외환에 대해 발표액 대비 40%로 분석하면서 "1월에는 2,130만 달러까지 줄었다"고 분석했다. 대외적인 발표 수치의 12.8%에 지나지 않은 것이다.

"여권은 하루에 5건만 발급하라"

그런데 외환사정이 현장에서는 훨씬 심했다는 증언도 있다. 1960년대에 각각 외무부 여권과장과 박 의장 경제특보를 지낸 김진홍金鎭弘씨와 이선희 씨는 당시 정부 내 사정을 이렇게 돌아봤다.

"여권 발급건수가 하루에 총 5~6건이었어요. 여권을 받는 게 얼마나 어려웠으면, 여권 받고 친지들을 불러 잔치까지 했으니까요. 제가 담당과장이 된 뒤에 몇 건 늘렸더니, 며칠 뒤 상부로부터 지침이 내려왔습니다. '외화가 모자라니 여권 발급량을 다섯 건 이내로 줄이라'는 이야기였어요. 1인당 해외로 갖고 나갈 수 있는 외화 소지 한도가 100달러였는데도 말이죠."(2007년 10월, 김진홍)

"지표상으로야 수천만 달러죠. 실상은 달랐습니다. 1~2만 달러 갖고도 바들바들 떨었습니다. 이런 일이 있었어요. 우리 경비정의 실수로 일본 어선이 파손됐는데, 몇 만 엔의 배상액을 못내겠다고 버텼습니다. 그러다 보니 한일 간에 좋지 않은 일이 터지면 재일동포들에게 대신 돈을 내라고 부탁하는 일이 부지기수였습니다. 드러내놓고 말은 못했지만, 그게 공무원의 업무 중 하나였습니다."(2007년 9월, 이선희)

이처럼 만성적인 외화 부족에 시달리던 한국에 한순간에 거액의 달러가 유입되는 사건이 일어났다. 오사카 사카모토방적의 서갑호 사장이 미화 100만 달러를 송금해온 것이다. 1963년 1월 31일의 일이다. 한국 최대 면방회사인 태창방직泰昌紡織 인수금이었다. 이날 서 사장이 한국산업은행으로 송금한 100만 달러는 당시 꿈속에서나 볼 법한 거대 자금이었다.

서갑호의 송금은 두 가지 의미를 갖고 있다. 우선 최초의 '대규모 재일동포 재산반입'이었다. 둘째, 한국 정부로서는 처음으로 '외국자본 유치'에 성공한 쾌거였다.

모국투자의 선구자 서갑호

그럼 서갑호(1914~1976)는 어떤 인물인가. 해방 직후인 40년대 후반부터 70년대 중반까지 재일동포 기업인을 대표하는 인물이다. 한창 때 오사카 소득세 납세 1위, 일본전체 백만장자 랭킹 톱 3위에 드는 거부였다. 오늘날로 치면, 소프트뱅크 회장 손정의孫正義에 비견할 수 있는 경제거물이다.

경상남도 울주군(현 울산광역시) 삼남면 출신으로 14살 때 혼자 몸으로 일본으로 건너갔다. 오사카 기시와다岸和田에서 날품팔이 직공 일부터 남의 집 똥지게를 짊어지고 다니는 일까지, 궂은 일 마다않고 새벽부터 한밤까지 일해 일본에서도 손꼽히는 갑부가 됐다.

이처럼 재일동포사회의 신화적 인물이 금의환향했으니, 그 사실만으로 국내에서는 대단한 화제를 불러일으켰다. 모국투자 규모도 남달랐다. 1962년 100만 달러 송금을 시작으로 태창방직을 인수해 서울 영등포구 문래동 일대 25만㎡ 부지에 방림방적邦林紡績을 세웠고, 10년 뒤에는 경상북도 구미공단 내 23만㎡ 부지에 윤성방적潤成紡績을 세웠다. 두 회사는 자동화 설비까지 갖춘 당대 최첨단 방적메이커로서 규모면에서는 아시아 최대를 자랑했다.

투자액에 대해선 일본 기록으로는 280억 엔(¥)을 한국에 투자했다는 내용이 남아 있으며, 한국 정부에는 1973년 윤성방적 화재로 170억3100만 원의 피해액이 발생했다는 기록이 남아있다. 당대 한국 톱 경영자 중 한 명이 서갑호 사장이었다. 어떻든 그는 현 시세로 1조 원이 넘는 거액을 모국에 투자했다.

이 지점에서 재일동포의 모국투자 동기와 시점에 대해 궁금증이 생길 것이다. 서갑호의 경우, 그 전에 이미 모국투자 경험이 있었다. 이승만 정부 시절인 1956년 3월 '산업발전' 유공훈장을 받은 데 이어 윤보선 전 대통령으로부터 훈장을 친전親傳 받기도 했다. 그러나 투자액은 적었고 사업 내용도 비밀에 부쳐졌다. 그 이유는 아직 일본과 공식적으로 국교가 수립되어 있지 않았기 때문이다.

그가 통 큰 투자를 단행한 1962년 역시 한일수교는 미결이었으나, 국교정상화 교섭이 한창이던 때다. 6차, 7차 회담이 이어졌고 한국의 재산청구권 요구를 둘러싼 줄다리기가 이어지고 있었다. 이전과 눈에 띄게 달라진 변화는 신 정권의 해외자본 유치 의지가 매우 강했다는 사실이다.

따라서 서갑호의 거액 송금은 재일동포들에게 이제 모국투자에 뛰어들어도 괜찮다는 시그널을 던져준 사건이었다고 할 수 있다. 자금 확보가 절실했던 정부로선 재일동포 기업인을 붙드는 건 꿩 먹고 알 먹는 일이었다. 두 나라의 경계라인에 서 있는 그들은 한일 양국 간 갈등을 완충시킬 수 있는 훌륭한 중재자였기 때문이다.

한일수교 전부터 모국투자

한일수교 이전의 재일동포 모국투자는 '재산반입'이란 명목으로 시작됐다. 재일동포들이 1963년 1월부터 1964년 8월까지 한국으로 반입했다고 신고한 재산은 2569만 달러(정부 허가액 2793만 달러)였다. 이는 정부의 공식 통계치로서 재일동포 재산이 경제개발의 종자돈 역할을 했다는 걸 입증하는 기록이다.

1965년 일본과의 수교 이전에 미화 1만 달러 이상 자기 재산을 한국으로 갖고 들어온 재일동포 명부는 다음과 같다.

단위: 달러

김용갑 (원모섬유류)	294,486	김태병 (나일론사 및 규소철판)	790,835
김재식 (나일론사)	2,362,285	김상묵 (화학약품)	128,017
노영한 (나일론사, 기계류)	903,093	박인덕 (원모)	206,287
박상덕 (철판)	104,624	서갑호 (기계 섬유류)	1,523,738
손무상 (기계류 염료)	159,412	오양숙 (지류)	105,328
이기수 (나일론사)	103,407	이원만 (섬유류)	483,123

임원택 (화공약품)	338,812	장택근 (합성고무)	141,313
장중근 (아크릴)	1,224,411	장석창 (기계, 섬유류)	731,996
정인식 (나일론사, 화공약품)	174,654	조일형 (합성유지, 기계류)	111,479
최남 (나일론사)	935,861	최규창 (합성고무, 나일론사)	324,063
하석암 (나일론사)	193,113		

출처 : 해외교포문제연구소

그러나 '모국투자'로 일본 재산을 갖고 들어오는 기업인과는 달리, 개인이 국내로 갖고 들어올 수 있는 금액은 지나치게 소액이었다.

"당시 일본은 개인당 해외 송금액을 500달러로 엄격히 제한하고 있었다. 재일동포의 경우엔 예외적으로 재산반출 한도를 연간 3천달러, 영주귀국자의 경우 1만 달러까지 허가했다. 이는 한일 양국 간 합의사항이었다."(2007년 5월, 이구홍 해외교포문제연구소 이사장)

3~4배 컸던 비공식 투자

국내 신문들도 재일동포의 모국투자 소식을 비중 있게 다뤘다. 동아일보는 1964년 1월 17일자에서 1963년 말 기준 정부의 동포재산 반입 허가액 규모에 대해 나일론계 757만 달러, 기계류 330만 달러 등 2,560만 달러라고 보도했다.

이러한 공식 데이터와는 별개로 정식 루트를 거치지 않고 반입되는 재일동포 재산이 적지 않았다. 당시 관련 업무를 담당한 관료들은 비공식이 공식의 3~4배였다고 추정했다. 이를 감안한 비공식 재일동포 재산 반입액(63.1~64.8)은 1년7개월간 8천만 달러에서 1억 달러 정도로 추산된다. 1962년도 한국의 연간 수출총액 5400만 달러의 2배에 달하는 금액이다. 이 문제에 대해선 재일동포 경제연구에 일가견이 있는 학자 지동욱 씨도 지적한다.

"한국의 경제통계는 누락되는 경우가 많고 오차도 크다. 특히 재일동포 모국투자에 대해선 고의 또는 태만에 의한 누락이 많았다. 재일동포들도 정규로 투자 인허가 수속을 밟지 않고 재산을 들여오는 경우가 많았는데 거기에는 사정이 있었다. 재일동포 입장에서 모국 투자금은 일본에서 모은 돈을 의미한다. 일본 세무당국의 추궁, 본국에서의 증여와 관세 같은 각종 세금문제 등 민감한 사안들이 복잡하게 얽혀 있기 마련이다. 비공식 루트로 많은 투자가 이뤄진 배경이다."(2005년, '재일동포 본국투자의 역사와 전망')

재일동포의 모국투자는 한일 국교수립의 마중물 역할을 했다. 국내외에서 반대 여론이 들끓고 있었으나, 수교 2년 전부터 동포 기업인들은 알음알음 한국에 진출하고 있었다. 다만 미수교 상태에서 일본에서의 재산 반출은 많은 제약이 뒤따랐다. 본격적인 대규모 모국투자는 1965년 한국과 일본이 정식으로 국교를 수립한 이후였다.

한국최초의 수출공단 「구로공단」
재일동포 기업이 28개중 18개사

한국에서 공단의 밑그림이 그려지기 시작한 해도 한일수교가 이뤄진

1965년이었다. 대상부지는 서울 구로동의 군용지 14만1천평. 시골에서 상경한 사람들이 모여 사는 판자촌이었다. 판자촌 모퉁이에 서울시가 건립한 벽돌공장 한 동이 있었을 따름, 그곳은 나대지나 다름없었다.

그해에 첫 삽을 떠서 2년 뒤 완공됐다. 「구로공단九老工團」이었다. 1967년 4월 1일 준공 시 정식명칭은 제1 한국수출산업공업단지였다. 대한민국 최초의 수출 공단으로서 오늘날 구로디지털단지 또는 가산디지털단지로 불리는 곳이다.

구로공단의 주역은 재일동포였다. 공단을 세우자는 제안도 재일동포 기업인이 했고, 최초 입주기업 70%도 재일동포 모국투자 기업이었다. 당초 취지도 재일동포 전용공업단지를 만들자였다. 준공 당시 입주기업 실태는 그걸 증명해준다.

재일동포 기업 18개, 국내 기업 9개, 미국 기업 1개, 정밀기기센터 1개

모두 29개 가운데 18개가 재일동포 기업이었다. 준공식에 참석한 박정희 당시 대통령도 기념사에서 재일동포들의 노고를 언급했다.

"재일교포들이 이곳에 조국의 산업 건설에 이바지하겠다며 모든 악조건을 무릅쓰고 공장을 세웠다. 정부는 이들 재일교포들의 새로운 공업기술 도입에 관심을 가지고 있다."(1967년 4월 2일자 한국일보, 조선일보)

구로공단에 입주한 재일동포 기업들은 최첨단 제품의 메이커였다. 전기, 전자, 화학, 비료, 섬유, 금속, 철강 등 60년대 한국에서는 구경조차 못한 품목들이다. 동포기업들은 노동력을 많이 필요로 하는 소위 고용유발

1966.7.30 구로공단 입주기업 현황

동흥전기제작(兪一龍, 전기기기)	한국마벨(金容太, 전기기기)
대판대섬유(金山豊, 고무풍선)	삼화합성공업(吳福琛, 완구류)
대판교역(張仲均, 섬유류)	대한광학(許弼奭, 수도파이프 등)
평화공업(裵贊斗, 안경)	싸니전기(郭泰石, 공업용 보석)
풍전공업(秦孔曆, 피혁 지퍼)	삼화제관(鄭煥武, 금속완구)
대경물산(張奉昊, 벨트관계)	광화물산 외 2개사

출처 : 한상련40년사

효과가 큰 제조업체였다. 만성적인 실업난에 허덕이던 한국경제에 힘을 불어넣는 활력소가 됐다 말할 수 있다. 공단이 정식으로 오픈하기 전에 입주한 재일동포 기업 목록이 기록으로 남아 있다. 입주날짜는 1966년 7월 30일이며, 14개사의 재일동포 기업이 동시 입주했다.

구로공단은 한국경제 도약의 상징적 존재였다. 개업 첫해인 1967년 수출목표액 500만 달러를 시작으로 이듬해인 1968년 700만 달러, 1969년 1300만 달러, 1970년 2100만 달러, 1971년 2500만 달러를 달성했다. 이후 대한민국 수출 총액에서 15%를 남낳하며 '대한민국 수출의 선신기시'라는 애칭이 붙여졌다. 세계인들이 불가사의한 한국의 경제성장을 빗대 부르는 「한강의 기적」 주역 중 한 그룹이 재일동포였던 것이다.

70년대 접어들면서 산업구조가 경공업 위주에서 중공업으로 변화한다. 시대의 변화에 발맞춰 다양한 산업 아이템들이 들어왔다. 구로공단도 변모를 거듭했고, 현재는 디지털산업단지로 탈바꿈했다.

일부에서는 공단이 섬유나 봉제류의 단순가공 업체들이 집합지로 인식하는 경우가 있다. 그러나 재일동포들이 한국에 갖고 들어온 생산 아이템을 살펴보면, 당대 최첨단 제품들이다. 기술력과 기계시설이 구축되지 않은 상태에서는 생산 자체가 불가능한 것들이다.

「한강의 기적」 선두에 서서
자금, 기술, 노하우 들여와

산업화 초창기에 재일동포가 행한 가장 지대한 모국공헌은 자금난에 시달리는 모국에 외화를 조달했다는 점이다. 정부에 의해 '외자 유치'라는 탈을 쓰고 있었지만, 재일동포 입장에서는 일본에서 피땀 흘려 모은 자기 돈을 전부 날릴 각오의 모국투자다.

그렇다고 재일동포의 역할을 자본투자에만 초점을 맞추는 건 온당하지 않다. 돈으로도 살 수 없는 '선진기술' 도입, '경영노하우' 전수도 빼놓을 수 없다. 평생 동안 쌓아올린 물적, 지적 재산을 아무 대가도 아무 조건도 없이…. 오로지 자기가 태어난 모국 하나만을 믿고 들여왔다.

앞서 언급한 전기전자, 철강유압, 합성화학제품 등은 원천기술 확보 없이는 시작도 할 수 없는 분야다. 그 다음은 경영자가 그걸 다룰 수 있는 인력을 양성하고 판로를 개척하는 일이다.

대다수 기억조차 못하지만, 기아자동차와 삼천리자전거 창업자 김철호 씨는 재일동포였다. 그의 형제가 오사카에서 림을 만드는 기술을 익혀 온 것이 오늘날 기아의 출발점이다. 포항제철(현재의 포스코) 설립 때도 기술자를 조달할 때도 신일본제철에 파이프를 놓아준 이도 재일동포였다. 오사카의 제관회사 경영자인 손달원 씨는 한국 정부에 일본 최대 철강회사인 야하타제철(현재의 일본제철)을 연결시켜주었고, 그것이 비로소 한국도 꿈만 같던 철강을 현실로 바꿀 수 있는 힘이 됐다. 이처럼 산업화 개척기 재일동포들은 중화학공업의 기초를 다지는 데도 음양으로 모국을 도왔다.

재일동포들은 구로공단의 창단 주역으로 참여한 이래, 경북의 구미공업단지와 경남 마산수출자유구역, 경기 안산의 반월공단 등에도 속속 진출했다. 국가단위 뿐 아니라 지방경제 발전에도 기여했다.

이처럼 수많은 참여가 있었음에도 재일동포의 투자기록은 남아있는 게 지극히 적다. 재무부가 1965년부터 1970년까지 집계한 재일동포 모국투자 기록은 총 42건에 투자액 2600만9천달러에 지나지 않는다(표1 참조). 같은 시기에 동포기업인 단체인 재일한국인본국투자협회가 집계한 회원사 수는 200여개, 정부 기록과 비교하면 너무나 격차가 크다.

이런 상황이니 동포기업의 추가투자나 개별기업의 영업실적은 데이터 실종상태다. 고의로 데이터가 은폐 삭제됐거나 재일동포 스스로 남기를 원치 않았기 때문일 수 있다. 출발점이 일본이었기 때문에 모국투자는 항상 불이익에 노출돼 있었고 동포들도 그걸 두려워 했다.

아무리 세월이 흘러도 진실은 남는 법이다. 재일동포들은 대한민국이 「한강의 기적」 용트림을 시작할 때 모든 걸 잃을 각오로 모국투자에 나섰다. 가난한 모국이 보릿고개에서 벗어나도록 일본에서 갈고닦은 기술, 노하우, 자금을 가지고 들어왔다. 이건 움직이지 않는 진실이다.

한일수교 직후 재일동포 모국투자 신고기록

(단위: 천 달러)

투자가	신고액	업종	투자가	신고액	업종
김재운	700	비료	곽태석	420	전자제품
임원황	573	공기조화기	최금철	392	합성수지
이래옥	289	자동차정비	백경석	36	봉제품
김영준	563	양식	우영민	96	절삭공구
오상수	76	섬유	권교상	360	케미칼 슈즈
김창근	63	합성피혁	이등삼	75	병접 제조
감차상	47	브래낙트제조	김명곤	2,000	해운업
김윤종	1,300	건설	이시형	58	인쇄업
민봉식	405	건설 및 수송	김영인	1,823	의류제조
서갑호	2,572	섬유	최종대	100	건설업
김상호	690	전기제품	고성규	500	레디에타
김 홍	175	전자제품	엄기룡	130	골프용품
김형순	125	가공	장광진	68	사격, 수렵용품
김석원	216	돗자리	김종수	450	PVC합성수지
이충선	1,000	동 아연 제조	김윤삼	440	공기정화기
신격호	2,074	은박 제조	조병호	500	관광,숙박시설
김병순	130	함석 제조	김영고	400	요소비료
이순천	150	플라스틱튜브	최이규	3,289	식품가공
방호영	212	면장갑 제조	하룡하	170	수화물운송
김경용	113	차안전유리	이병옥	76	자동차정비
서상록	3,030	동 압연 주물	조령판	123	합성수지
총 200여건 중 42건			2,600만9,000달러		

출처 : 재무부(1965.9~1970.6)

경제개발 5개년 계획과 성장률

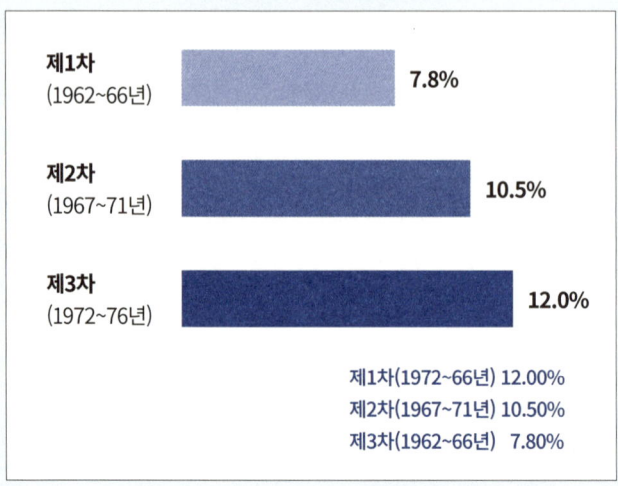

제1차(1972~66년) 12.00%
제2차(1967~71년) 10.50%
제3차(1962~66년) 7.80%

한국의 GNP성장률(1962-1973년 비교)

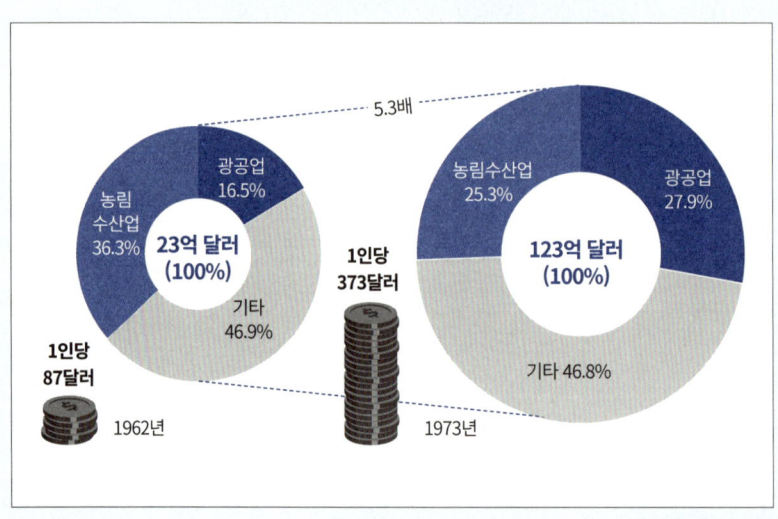

출처 : 재무부(1974)

초창기 재일동포 모국투자가들(1960년대)

박정희 의장과 재일민단 관계자 간담회(1962.8)

외환보유고가 크게 줄었다는 보도(1963.1.30 동아일보)

재일동포 자금 2,560만 달러가 들어왔다는 보도
(1964.1.17 동아일보)

서울 구로공단 준공식(1967.4)

서울 구로공단 전경(1970년대초)

구로공단 내 가발공장(1972.8)

모국투자의 효시 서울 '방림방적' 작업장(1977)

67년 롯데제과로 모국투자를 시작한 신격호 씨

| 08 |

이희건과 신한은행

바다를 건너온 재일동포 금융대부

"무슨 일을 하든지 마찬가지입니다만. 성공의 절대적인 조건은 많은 사람들이 참가하는 것입니다. 그리고 대중의 조직으로 만들어야 합니다. 신한은행을 세울 때도 재일동포들을 되도록 많이 참여시키겠다고 생각하였습니다. 이 교훈은 종전 직후 오사카의 쓰루하시鶴橋 암시장에서 배운 것입니다."(2007년 2월 인터뷰)

오사카 암시장 「쓰루하시」

신한은행 명예회장 이희건 씨에게 은행을 초고속 성장으로 이끈 비결을 물었더니, 이런 답이 돌아왔다. 세월을 한참 거슬러 8.15해방 직후 오사카의 후미진 뒷골목 이야기를 꺼낸 것이다.

그건 쓰루하시 암시장이 신한은행의 원점이기 때문이다. 그럼 먼저 1945년 8월 일본 땅에서 해방을 맞이한 재일동포 사정부터 살펴보자.

8.15는 한국인에게는 해방이었지만 반대로 일본인에게는 패망이었다. 일본에 남게 된 동포들 역시 패전의 후유증에 고스란히 노출됐다. 체제가 마비된 일본은 아노미상태로 급변했고, 경제는 침몰직전까지 내몰렸다. 공장들이 멈춰서면서 생산능력은 태평양전쟁기의 10% 수준으로 주저앉았다. 모든 악재가 한순간에 연쇄 폭발한 듯했다. 심각한 물자부족 현상에 물가는 폭등했고, 실업자는 도처에 널렸다.

하루아침에 일본열도 전체가 끼니걱정을 해야 하는 궁핍의 시대를 맞이한 것이다. 실업자로 전락한 재일동포들은 살아남으려면 집안의 살림살이부터 내다팔아야 했다. 이것이 전후戰後 일본에서 물물교환 장터인 암시장이 우후죽순 생겨난 배경이다.

도쿄의 대형시장 우에노上野도 이때 만들어진 암시장이 시작이다. 암시장은 재일동포의 최대주거지, 오사카 이카이노猪飼野(오늘날 이쿠노生野区)에도 생겨났다. 쓰루하시역 근방의 널찍한 공터엔 식료품과 생필품을 구하려는 사람들로 인산인해를 이루었다.

"하루 먹거리를 구하려고 가보를 돈으로 바꾸는 사람, 전사한 남편의 유품을 파는 아내, 숨겨놨던 군수물자를 땅바닥에 늘어놓은 사람, 그런 걸 사들여 지방으로 되파는 사람 등 각양각색의 상인들로 넘쳐났다. 그 수가 족히 2천명을 헤아렸다."(오사카흥은 30년사)

GHQ와 담판한 29세 한국인 청년

어느새 쓰루하시는 하루에 20만 명이 몰리는 거대한 다국적 마켓으로 변했다. 재일동포, 일본인, 중국인까지 가세한 다양한 나라 사람들이 뒤

섞인 거대시장. 그러나 아무리 커도 당국의 눈에는 그저 허가받지 않은 암시장일 따름이다.

급기야 생긴 지 1년도 채 지나지 않아서 위기가 찾아온다. 당국은 처음에는 공터 변두리에 있는 노점 몇 개만 단속했다. 그러다 점차 범위를 넓히더니 급기야 모든 점포를 철거대상으로 지정했다. 1946년 8월 1일부로 쓰루하시 시장은 강제 폐쇄되고 만다.

시장을 삥 둘러 대나무 울타리가 쳐졌다. 상인들은 쫓겨났고 인파로 북적 대던 도떼기시장은 인적 없는 공터로 회귀했다. 혼란에 빠진 상인들은 매일같이 모여 대책회의를 열었지만 뾰족한 답은 못 찾고 있었다.

이때 해결사를 자청한 이가 나왔으니, 29세 한국인 청년 이희건李熙健이었다. 그 역시 쓰루하시 귀퉁이에서 자전거 튜브와 오토바이타이어를 팔던 상인이었다. 상인의 다수는 한국인, 우리 동포들이 거지꼴로 전락하는 걸 지켜볼 수는 없었다고 그는 고백했다.

"상인마다 국적이 다르다보니 서로 의견일치가 안되었습니다. 만나기만 하면 으르렁대며 언쟁만 일삼았습니다. 상인 가운데 한국사람이 4할 정도로 가장 많았어요. 누군가 나서서 정리하지 않으면 안되었습니다. 그때 제가 용기를 내어 '상인연합 대책회의'부터 만들자고 제안했습니다."

이희건이 가장 먼저 손댄 일은 상인 단결이었다. 그렇게 못하면 시장은 영원히 퇴출된 채로 남을 터, 상인들을 찾아다니며 설득에 들어갔다. 한국, 일본, 중국으로 각기 출신이 다른 수천 명의 상인을 한 사람 한 사람 찾아가 대책회의에 동참하겠다는 약속을 받아냈다. 뿐만 아니다. 관계기관에 제출할 청원서까지 손수 만들었다.

그런데 산 넘어 산이라고 더 큰 난관이 기다리고 있었다. 협상 상대는 점령군으로 불린 연합군사령부General Head Quarters, GHQ다. 이름만 들어도 벌벌 떨리는 공포의 존재 GHQ와 일본 당국을 상대로 호기롭게 교섭에 나섰다.

이희건을 위시한 암시장 대표단은 겸손하면서도 당당한 자세로 임했다. 하지만 GHQ는 고압적이었고 상대도 하려 들지 않았다. 시간은 흘러 연말이 되었으나 진전 기미는 없었다. 초조해진 상인들 사이에서 불신의 기류가 싹트기 시작했다. GHQ를 상대로 피켓시위를 하던가 아니면 무력으로 파이프를 휘둘러서 쓰루하시의 힘을 과시하자는 주장이 제기됐다.

그때마다 이희건은 강경책을 주장하는 상인들에게 호소했다.

"협상만이 유일한 카드여야 합니다."
"믿고 기다려 주십시오."

이희건의 설득으로 폐쇄된 암시장마다 흔하게 벌어진 쇠파이프 시위가 쓰루하시에서는 단 한 번도 일어나지 않았다. 해를 넘겨서도 교섭은 이어졌다. GHQ지휘관, 오사카시청 공무원, 경찰을 만나 쓰루하시 상인들의 궁핍한 사정을 알리고 시장 재개를 호소했다. 상인 수천 명의 사인을 받아 청원서도 제출했다.

지성이면 감천이라고 마침내 1947년 3월 쓰루하시 시장에 대한 재개승인이 떨어졌다. 무허가 암시장이란 딱지를 떼어낸 합법시장, 나아가 '쓰루하시국제상점가'라는 정식 명칭까지 받아냈다. 쓰루하시 시장을 무허가에서 합법으로 바꾼 일등공신은 누가 뭐래도 이희건이었다.

시장 재개 후 상인연합체 '쓰루하시국제상점가 연맹'은 상인대표 선거를 열었다. 한중일 국적을 초월한 모든 상인의 시선이 한 사람을 응시했다. 이희건이었다. 그는 만장일치로 초대 쓰루하시 시장의 상인회장에 선출됐다.

"제 나이 서른 살이었습니다. 그 일을 겪으면서 '대중이 하나' 되면 얼마나 큰 힘이 되는 지를 절감했습니다. '참여의 힘'은 정말 대단합니다. 가망이 없어 보이는 일도 가능하게 만들어내니까요."

이때부터 그는 상인 간 분쟁 해결부터 세무 및 사업 상담까지 시장 내 크고 작은 일들을 도맡아 처리했다. 자연스럽게 이희건에겐 '쓰루하시의 해결사'라는 별명이 따라 붙었다.

재일동포 금융차별의 자구책
민족금융기관 「오사카흥은」

당시 재일동포들을 제일 괴롭힌 문제 중 하나는 자금의 융통이었다. 경영자든 개인이든 급전이 필요해도 은행에서 돈을 빌릴 수가 없었다. 그러다 보니 좋은 사업아이템이 있어도 도전할 엄두도 못냈다.

재일동포기 일본 시중은행에서 돈을 빌릴 수 없는 이유는 단 하나, '외국인'. 제아무리 규모 있고 실적이 우수한 우량기업일지라도 경영자가 재일동포면 대출은 시도조차 어려웠다.

은행들은 대출심사 때 재일동포들에게 터무니없는 조건을 요구했다. 일본인 보증인 세우기, 턱없이 높은 담보 및 저당설정은 기본이었다. 심지어 어떤 은행에서는 귀화歸化(일본국적으로의 변경)까지 종용했다. 일본인에게는 없는 엄격한 조건들을 요구받으니, 재일동포 입장에서는 국적 차별로 받아들여졌다.

쓰루하시의 리더 이희건도 고민에 빠진다. 고질적인 재일동포 금융규제를 해결할 방법은 없을까. 현실이 부당하다면 스스로 극복하는 길을 찾자, 자구책으로서 금융사를 직접 세우기로 한 것이다. 그 결과 1955년 4월 이희건은 박승완朴勝完, 김용재金容載 등과 함께 '한국인에 의한, 한국인을 위한 금융기관'을 표방하며 「신용조합 오사카흥은大阪興銀」을 설립하는 데 성공한다.

비슷한 시기 다른 재일한국인 신용조합도 생겨났다. 같은 오사카에서 1953년 8월 박한식朴漢植씨를 중심으로 오사카상은大阪商銀이, 도쿄에서는 1954년 2월 허필석許弼奭씨를 중심으로 도쿄상은東京商銀(당시는 한성신용조합)이 탄생했다. 이희건처럼 재일동포들이 스스로 금융사를 세운 건 마이너리티 권익운동이기도 했다. 그래서 이들 조합을 민족금융기관으로 부른다.

오사카흥은은 1955년 11월 11일, 직원 10명으로 쓰루하시역 근방 2층짜리 목조건물을 빌려서 영업을 개시했다. 동포들의 뜨거운 성원을 받아 개업 한 날 만에 수신고受信庫 기준 오사카 신용조합 24위(전체 47개)로 뛰어올랐다.

하지만 이내 위기가 찾아왔다. 이듬해 전국적으로 신용조합들이 연쇄도산하는 금융위기가 발생했고 덩달아 오사카흥은도 칼바람을 맞았다. 고객들의 예금인출 사태가 빗발쳤고 곧 흥은은 망할 거란 악소문이 돌았다. 그때 이사장 이희건 씨는 자기 집과 자기 가게를 담보로 3,400만 엔을 마련해 긴급 운용자금으로 내놨다.

"이걸로 고객들에게 예금이자를 선先지급하세요. 손님에게 절대 손해를 끼쳐서는 안됩니다."

모든 걸 잃을 수도 있는 절체절명의 상황, 그는 특유의 담대함으로 위기를 기회로 바꿨다. 이후부터 오사카흥은은 승승장구했다. 창립 1년 만에 오사카에서 전체 2위로 약진했고, 1968년에는 한국계 신용조합 가운데 제일 먼저 수신고 100억 엔을 달성했다. 1972년 300억 엔, 1974년 500억 엔, 1975년 700억 엔, 1978년 예금고 1천억 엔. 각종 실적지표에서 일본 전국신용조합 가운데 압도적인 1등이었다.

오사카흥은은 1993년 7월 간사이 일대의 고베, 시가, 와카야마, 나라 5개 신용조합을 인수 합병하는 데 성공하며 「간사이흥은關西興銀」으로 몸집을 불렸다. 일본 지방은행보다도 실적과 규모가 앞선 초대형 조합의 탄생, 그 힘을 바탕으로 시중은행으로의 변신을 도모했다. 하지만 일본 당국은 끝내 문호를 개방하지 않았다. 재일동포들은 '외국인은 은행설립 불가'라는 철옹성을 못넘고 눈물을 삼켰다.

늘어나는 모국투자, 막혀버린 금융

시계의 추를 다시 60~70년대 재일동포 모국투자 이야기로 돌려보자. 1965년 한일수교 이후 본격화된 동포들의 국내 진출은 갈수록 활기를 띤다. 서울 구로공단을 시작으로 경북 구미공단, 경남 마산수출자유구역, 경기 안산반월공단 등에 투자했다. 자기 고향에 공장을 차린 동포들도 많았다.

70년대 초반 재일동포 모국투자 기업은 재무부 집계 기준으로 200개사를 넘었다. 하지만 모국투자의 길은 험난했다. 한국의 비즈니스 환경은 차별로 넘쳐났다. 가장 곤혹스러운 것은 행정적 트러블이었다. 사업 인허가, 세무, 회계, 수입통관 등 관공서와 관련된 제반 업무가 골칫거리였다.

법 체제는 존재하되 실무현장에서는 잘 지켜지지 않는 경우가 많았다. 어떤 공무원은 규정에도 없는 요구를 하며 횡포를 부렸다. 행정의 일관성도 없었다. 투자를 유치할 때는 면세 혜택을 줬다가 이내 폐지하고, 덜컥 고액의 과세를 매겼다. 그런가 하면 관행이라며 투자금의 20~30%를 리베이트로 챙기는 악덕 공무원마저 있었다.

이러다 보니 모국에 투자한 뒤 고생만 하다가 사업을 접은 동포들이 속출했다. 아침저녁으로 달라지는 변덕 행정, 그로 인한 시간적 물적 손실은 온전히 동포투자가의 몫이었다. 오죽했으면 이런 불만들이 터져나왔다.

"민나 도로보(모두 도둑놈들)!"
"일본서 겪던 차별이 훨씬 낫다"
"앞으로 한국 쪽으론 오줌도 누지 않겠다."

모국투자가가 겪었던 애로는 금융문제도 있었다. 급하게 운용자금이 필요할 때 은행에서 대출을 받을 수 없었다. 내국인 기업조차 대출받는 것이 특혜로 인식되던 시절이니, 재일동포가 은행 문턱을 넘기란 애초부터 하늘의 별따기였다. 대출승인이 나더라도 은행은 즉석에서 원금의 20%를 커미션으로 떼어갔다.

"모국사업에서 제일 힘든 건 금융이었습니다. 시중 은행들이 대출을 해

주지 않았기 때문에 자금이 필요할 때마다 일본에 다녀올 수밖에 없었습니다. 그때마다 포켓에 돈을 넣어 왔지만 그걸로 사업자금을 충당하기엔 역부족이었습니다."(고운종高雲鍾 한일유압 사장, 2004년 2월)

"창업자로부터 우리 회사도 설립 초기 5~6년간은 자금 문제로 고생했다고 들었습니다."(김영우金泳佑 한일전기 사장, 2004년 2월)

일본서 당한 금융차별을 모국에 와서 또다시 당했던 것이다. 정부는 재일동포들에게 투자를 종용하면서도 정작 비즈니스의 젖줄인 금융은 틀어막고 있었다. 모든 문제를 스스로 해결했던 각자도생各自圖生의 시대, 모국 투자가들 사이에서는 자기권익을 지키는 조직 만들기가 과제로 떠올랐다.

「재일한국인본국투자협회」 창립

스타트는 재일한국인상공인연합회韓商連가 끊었다. 허필석 YC안테나 사장을 본국사무소 설립위원회 위원장에 올린 것이 그 시작이다. 한상련은 내부에 교민은행 설립연구위원회라는 태스크포스팀도 꾸렸다.

이희건 씨도 추진 멤버에 이름을 올렸다. 그때 그는 재일한국인신용조합韓信協 회장을 맡고 있었다. 모국투자가들은 그해에만 5차례 간담회를 갖고 조직을 만들기 위해 분주히 움직였다. 마침내 1974년 2월 5일, 오사카 재일한국인상공회 사무실에서 「재일한국인 모국투자기업 연합회」(「재일한국인본국투자협회」의 전신)를 발족시켰다.

초대 회장에는 이희건이 추대됐다. 재일민단, 한신협, 한상련 등 재일동포사회를 대표하는 3개 단체로부터 고르게 지지를 받은 결과다. 민단과 한신협은 진작부터 이희건 씨를 회장으로 밀고 있었다. 한상련 안에서는 긴키지방협의회(오사카, 교토, 효고, 시가, 나라, 미에)가 지지를 보냈다.

원래 이희건 씨는 투자협회 회장직에 마음이 없었다. 1971년 가을 재일민단으로부터 부탁을 받고 사양한 적도 있다.

"대표 제의를 받고서 깜짝 놀랐습니다. 당장 저 자신이 우리나라에 투자한 사업체가 없었습니다. 그렇게 막중한 책임이 따르는 자리를 맡는다는 것도 부담이었습니다. 이후 1년 반에서 2년 정도 그대로 있었습니다."

투자협회 창립을 주도한 모국 투자가들의 면면은 쟁쟁했다. 서갑호徐甲虎(방림방적), 신격호辛格浩(롯데제과), 허필석許弼奭(YC안테나), 김용태金容太(한국마벨), 안재호安在祜(대한합성화학), 강병준姜炳浚(삼화제관)씨 등이다. 재일동포사회 뿐 아니라 일본에서도 거상으로 인정받고 있던 이들이다. 협회 부회장에는 김용태, 강병준, 고문에는 서갑호, 신격호, 허필석, 안재호, 강택우姜宅佑씨가 각각 추대됐다.

이런 거상들 틈바구니에서 이희건 씨가 초대 회장으로 추대된 건, 모국 투자가들이 그의 협상력과 추진력을 높이 샀기 때문이다. 1970년 오사카 만국박람회에서 재일한국인 후원회장을 맡아 한국관 설립을 성공시킨 장본인이다. 20대 청년 시절에 쓰루하시 암시장을 재건해내고 오사카흥은 설립을 주도하는 등 실적으로 실력을 입증한 것이 평가를 받았다. 무엇보다 협상가로서의 능력만 봤을 때, 이희건만한 적임자는 없었다.

'회원들의 모국투자와 발전 촉진, 회원 상호간의 유대강화, 본국 경제

정책에 대한 협조, 경제발전과 민족복리民族福利 기여'

투자협회의 설립목적이다. 투자협회는 회원사들에게 인허가를 비롯한 투자수속, 부품수입과 같은 통관업무, 세무 등 각종 문제를 조정하고 상담서비스를 했다. 설립 당시에 모국투자 동포기업은 간사이 90개, 간토 70개, 주부 25개, 규슈 20개 등 약 220개에 달했다. 이 가운데 투자협회 회원 기업은 70개였다. 이후 투자협회는 1977년 1월 15일 경제기획원(오늘날의 기획재정부)으로부터 법인 인가를 받아 '사단법인 재일한국인본국투자협회'란 정식단체가 됐다.

첫 재일동포금융사 「제일투자금융」

이희건 씨는 투자협회 회장이 된 뒤, 본인도 모국투자에 동참해 고향인 경북 경산에 '한국야시로'라는 피혁제품 공장을 세웠다. 오사카에서 금융업으로 성공을 일궈낸 그가 오사카 울타리를 넘어서 모국 대한민국으로 활동 영역을 넓힌 것이다.

다만 그가 행한 보다 큰 미션은 재일동포 모국투자의 촉진자 역할이었다. 그건 투자협회의 주 업무였다. 그중에서도 당장 해결할 현안은 막혀 있는 금융문제였다. 그는 금융가로서 기업인으로서 확고한 생각을 갖고 있었다. 모국투자 성공의 키는 '자본', 기술과 경영이 있어도 자본이 없으면 사업은 불가능하다, 자본 문제를 해결하려면 '교민은행' 설립이 필수라는 인식이다.

이희건 씨는 투자협회 설립 후 곧장 서울로 날아왔다. 재무부, 경제기획원 등 경제부처 관료들을 만나 은행 설립을 제안했다. 수차례 진정서도 제출했다. 그러나 진전 기미는 없었다. "검토해보자"는 앵무새 소리만들을 따름이었다. 그러던 중 박정희 대통령과의 독대가 성사됐고, 이희건 씨는 그 기회를 놓치지 않았다.

"각하, 재일동포들이 모국에서 사업을 하려해도 자본문제가 항상 발목을 잡습니다. 나라에서 금융 지원과 자본 확보가 가능한 상태를 만들어야 합니다. 그러려면 금융사 설립을 허가해 주셔야 합니다. 재일동포가 모국 경제 발전에 힘을 쓰기 위해서도 반드시 필요한 일입니다."(이희건)

"지당한 말씀이오. 다만 지금 실정에서 곧바로 재일동포 은행을 세우는 것은 무리입니다. 그러니 당분간은 다른 형태로 해줬으면 합니다."(박정희)

국가지도자와의 독대를 통해 은행설립의 불씨를 살려냈다. 그 후 정부와 교섭으로 얻어낸 건 '통제된 형태의 금융사'였다. 이른바 단자회사 Merchant Bank였다. 단자회사란 1년 이내의 단기어음 및 채무증서 발행 등 말 그대로 단기자금을 운용하는 회사다. 금융사라고는 하나 대부업에 가깝다.

투자협회는 1977년 7월 19일 '재일동포들의 자금력을 본국투자로 결집시킨다'는 목표 하에 「제일투자금융 주식회사」를 설립했다. 건국 이래 처음으로 재일동포 금융사가 모국에 설립된 것이다. 창립 주주 125명에 수권 자본금 60억 원, 납입 자본금 30억 원이었으며, 그해 8월 영업을 개시했다.

설립취지로는 '대중의 공기(大衆의 公器)'를 내걸었다. 한국경제 발전과 보통사람들을 위하는 공공 금융사를 표방한 것. 주주 가운데 상당한 재력가들이 있었으나, 보다 많은 동포의 참여를 위해서 1인당 주식 보유한도는 3%미만으로 묶었다.

제일투자금융의 성장세는 가팔랐다. 2차 오일쇼크의 폭풍이 거세게 몰아친 1979년에도 기세는 꺾이지 않았다. 그해 새서울, 부민 2개의 상호신용금고를 인수 합병했으며, 업계 최초로 전산시스템과 온라인 영업 체제를 갖췄다.

1980년은 한국이 경제개발을 시작한 이래 첫 마이너스성장률(-1.6%)을 기록한 해였다. 불황 기미가 역력하던 그해 11월에는 서울 명동의 구 한국증권거래소 건물(현 아루누보센텀빌딩)을 매입해 자기사옥을 마련했다. 재일동포들이 한국 자본시장의 심장부로 진출하는 장면이었다.

재일투자금융은 증권거래소 건물을 전면적으로 리모델링했다. 1층은 400평 크기의 영업장으로, 2층은 모국투자 재일동포기업들의 제품 전시장으로, 3층은 재일동포 모국회관으로 각각 꾸몄다. 1층 입구에 마련한 '종합봉사실'은 세간의 화제였다. 재무 및 세무, 금융 등 경제관련 종합상담부스로 한국금융업계 최초의 시도였다. 그리고 고객만이 아니라 일반 시민에게도 개방해 크게 호평을 받았다.

이처럼 공격적인 투자행보와 혁신을 거듭한 제일투자금융의 약진은 계속됐다. 1982년 6월 기준 수신고는 3,400억 원, 이는 5년 전 창립자본금의 113배에 달했다.

10억 달러 VS 9억3,700만 달러
재일한국인 VS 외국인 한국투자액

2차 오일쇼크로 한국경제가 급격히 침체에 빠진 지경에도 제일투자금융이 이토록 무섭게 성장한 동력은 무엇일까. 근원은 주주 구성원의 100%였던 재일동포 모국투자가들로부터 나왔다.

당시 재일동포의 자금력은 막강했다. 1978년 재무부가 집계한 재일동포의 모국투자 총액(1965~1977년)은 미화 10억 달러로 같은 기간 외국인들이 한국에 투자한 9억3,700만 달러보다 많았다. 그 사이 모국투자 기업은 400개를 웃돌며 10년 만에 두 배가 됐다.

재일동포들은 일본에서는 1만 개의 기업을 운영하고 있었다. 연간 매출액 10조 엔, 보유자산 70조 엔으로 추정됐다. 밑바탕에 이런 경제적 파워가 있었기에 재일동포들은 '한강의 기적'을 견인하는 동력이 될 수 있었다.

그러나 모국투자가 입장에서 제일투자금융은 못내 아쉬운 존재였다. 일본에서도 외국인이라는 이유로 '은행은 불허'였는데, 모국 한국정부도 은행 신설에 대해선 단단히 문을 틀어 잠그고 있었기 때문이다.

이런 상황은 재일한국인 금융대부 이희건 씨로서도 답답한 일이었다. 한국에 진출해서 투자협회와 제일투자금융을 주도적으로 세웠고 둘 다 안착시켰지만 그걸로는 만족할 수 없었다.

이희건 씨는 투자협회를 세우면서 품은 초심初心, '재일동포은행 설립'을 향한 꿈을 새로운 방법으로 고민하기 시작했다.

금융보국, 신한은행의 창업자

1982년 7월 7일!

깊게 잠들어 있던 대한민국 금융을 깨운 날이다.

'금융을 통해 모국 경제발전에 이바지한다'(金融報國)

'한국에 새로운 은행을 만들겠다'(新韓)

이날 이희건을 위시한 341명의 재일동포들은 이 두 가지 정신으로 대한민국 최초의 순수민간자본 은행「신한은행」을 창업했다.

자본금 250억 원, 영업점 3개로 시작한 미니뱅크 신한은행은 오늘날 대한민국을 대표하는 메가뱅크로 우뚝 섰다. 이제부터 본격적으로 신한은행과 은행 창업의 선봉장 이희건 씨 이야기를 시작한다.

「교민은행」 숙원

모국에서의 은행설립은 재일동포의 숙원이었다. 투자협회를 만든 것도, 제일투자금융을 세운 것도, 은행이라는 목적지로 가기 위한 단계였을 따름이다. 1979년에 투자협회는 금융당국의 문을 다시 두드린다. 시중은행 한 곳을 재일동포들에게 매각해달라는 제안이었다.

"그러나 정부는 은행이 아니라 국민은행 계열의 부국신용금고를 인수하라고 역제안을 했다. 투자협회의 제안은 성사되지 못했고 시중은행을 매입하겠다는 계획도 포기한다. 그 대신에 투자협회는 은행 신설을 계획하였다."(지동욱, '재일동포 본국투자의 역사와 전망', 2005년)

하지만 박정희 시대에 은행 신설은 현실적으로 불가능했다. 호송선단 방식The Convoyfleet System의 경제체제였기 때문이다. 국가가 모함이 되어 은행, 기업, 가계를 부속선으로 이끄는 관치경제의 시대다. 국가의 강력한 통제력이 작동하니 민간의 자율권은 위축될 수밖에 없다. 이런 체제에서 민간이 자본금을 내서 은행을 세운다는 건 꿈같은 이야기, 더욱이 외국의 한국인(재일동포)에게 그걸 허용할리 만무했다.

그런데 1979년 급변사태가 연달아 일어났다. 10.26사태로 박정희朴正熙 정권이 갑자기 막을 내렸고, 짧은 정치공백기를 지나 12.12사태가 일어나며 신군부가 권력을 장악했다. 오일쇼크까지 터지며 한국경제는 악화일로를 내달렸다.

경제개발이 시작된 이래 가장 큰 위기상황이었다. 한편으로 그건 여러 변화들의 시작이었다. 재일동포들에게는 다시 교민은행 설립에 도전할 기회가 찾아오고 있었던 것이다. 재일민단은 1980년 4월 8일 제30회 중앙위원회를 열어 '교민은행 설립청원'을 의결한 뒤, 청원서를 만들어 재무부장관에게 발송했다. 그러나 돌아온 답은 박 정권 때와 마찬가지였다.

'불인가不認可'

그로부터 6개월 뒤 희망적인 소식이 날아들었다. 정부가 외국계 은행의 설립을 검토한다는 내용이었다.

첫째, 한국경제의 대외신인도를 높이기 위해
둘째, 외국자본의 조달을 다양화하기 위해
셋째, 한국에 선진금융기법을 도입하기 위해

정부가 내건 3가지 이유 중 핵심은 외국자본 조달이었다. 경기 침체와 물가 급등, 국제수지 악화라는 3중고에 직면한 한국은 그것이 기초체력을 키울 특효약이라 봤다. 이어서 12월에는 금융기관 자율화 조치를 발표했다. 시중은행의 경영자율화, 국제화, 대형화를 추진하겠다는 게 요지다. 한국과 일본을 오가며 산전수전 다 겪은 이희건 씨는 '바로 이때'라는 걸 직감했다.

'우리 재일동포들이 모국에 은행을 세울 마지막 찬스다'

베테랑 금융가는 동포투자가들을 한 군데로 규합해 '재일한국인 은행 설립 추진위원회'를 만들었다. 1981년 4월 24일에는 재일동포 유지단의 공동명의로 '가칭 교민은행 설립에 관한 청원'이란 제목의 청원서를 이승윤(李承潤) 재무부 장관에게 제출했다. 꼭 1년만에 정부에 청원서를 다시 제출했다. 재일민단과 한신협(재일한국인신용협동조합) 간부들은 백방으로 뛰어다니며 측면 지원활동을 전개했다.

이희건 씨는 해방 직후 쓰루하시 암시장의 다국적 상인들을 찾아다니며 일일이 서명을 받아서 GHQ에 청원서를 제출하던 그때를 떠올렸다. 암시장에서 그랬던 것처럼 최대한 많은 동지를 만들고자 동분서주했다.

당시 재일동포 청원서에는 모국 경제발전을 바라는 동포들의 간절한 마음이 담겼다. 이들은 한국이 투자 리스크가 높은 지금의 경영환경을 개선하지 않으면 재일동포 자금이 제3국으로 유출될 것을 염려하면서, 2세 청년동포 기업인들의 모국진출을 활성화시킬 방안을 마련할 것을 주문했다. 이를 위한 해법으로서 모국에 교민은행을 설립하여 외자도입을 원활히 하고, 수출증대를 꾀해야 한다는 제언도 덧붙였다.

첫째, 다수의 재일동포 기업의 모국진출을 촉진할 수 있다

둘째, 재일동포가 보유하고 있는 외자 및 재산반입을 촉진할 수 있다

셋째, 일본의 선진기술을 도입해 국내기업의 발전과 수출증대에 보탬이 될 것이다

넷째, 재일동포 2세 기업인들의 모국진출과 투자를 촉진할 수 있다

청원서는 정부가 추진하는 '금융자율화' 정책기조와도 부합했다. 정부는 금융 산업의 경쟁력 강화를 위해 외국계 자본의 은행 신설을 바라고 있었다. 그러니까 재일동포 투자은행은 대한민국의 가려운 부위를 콕 짚어낸 안성맞춤식 처방인 셈이다.

신한은행 창업전야

오랜 세월 염원해 왔으나 번번이 좌절해야 했던 모국에서의 은행 설립의 꿈은 현실로 바뀌기 시작한다. 70년대 초반부터 약 10년의 끈질긴 청원 끝에 철옹성이었던 은행시장의 문호가 개방되었다. 재일동포들은 1981년 7월 20일 교민은행 설립 발기인대회를 시작으로 본격적으로 은행 만들기에 착수한다. 발기인은 모두 19명이었다.

강병준姜炳浚, 곽유지郭裕之, 곽을덕郭乙德, 곽태석郭泰石, 김상호金相浩, 김용태金容太, 김학진金鶴鎭, 박병헌朴炳憲, 서상근徐相根, 서재식徐在植, 신격호辛格浩, 안재호安在祜, 윤수효尹守孝, 이희건李熙健, 장태식張泰植, 정원환鄭元煥, 허필석許弼奭, 황공환黃孔煥, 황칠복黃七福

이후 숨 돌릴 틈 없이 강행군을 펼쳤다. 9월 1일 정관 작성, 9월 14일 창립총회 개최(대표이사 이희건 추대), 9월 15일 신한금융개발주식회사 설립, 9월 16일 임시주주총회 개최, 9월 17일 한국은행에 은행신설에 관한 내인가 認可 신청, 10월 15일 은행업 허가 취득, 10월 16일 은행설립추진위원회 결성까지…

하루하루를 전투를 치르듯 달렸고, 그러면서 정관도 일부 조정했다. 사업목적은 '모국에 진출한 해외동포기업의 금융주선 및 관련업무'에서 '은행업'으로, 상호는 '신한금융개발주식회사'에서 '주식회사 신한은행'으로 바꿨다. 당국에 사업계획서도 제출했다.

- 은행법에 의한 은행업무
- 외국환 업무
- 전 각호에 부수 또는 관련되는 모든 업무

예금 대출부터 유가증권 대여, 외국환 관리까지 시중은행이 취급할 수 있는 모든 업무를 담아냈다. 일반대중과 호흡하기 위해 과감하게 '교민은행'이라는 타이틀을 빼는 대신에 '은행다운 은행'을 만들겠다는 포부를 담았다.

거기서 한발 더 나아가 발기인 모임은 은행설립위원회란 조직체로 발전시킨다. 위원들은 이희건 씨(위원장 겸 대표이사)를 비롯해 40명으로 구성했다. 이들이 각자 5~10억 원씩 낸 출자금이 은행 설립의 종자돈이 되었다. 이와 함께 재일동포사회의 대표성을 부여하기 위하여 재일민단 중앙단장(장총명張總明)과 내국인 3명을 위원으로 위촉했다. (이하 지역별 명단)

오사카大阪	강계중姜桂重 강병준姜炳浚 곽유지郭裕之 김영창金榮昌 박한식朴漢植 서상근徐相根 서재식徐在植 안재호安在祜 양희진梁熙晋 윤수효尹守孝 이희건李熙健 장태식張泰植 정원환鄭元煥 최영훈崔泳鑂 한록춘韓祿春 황칠복黃七福
도쿄東京	곽을덕郭乙德 곽태석郭泰石 김용태金容太 김평진金坪珍 김학진金鶴鎭 박병헌朴炳憲 범전규范塡圭 신격호辛格浩 장총명張總明 허필석許弼奭
요코하마橫浜	김유만金有萬 박성준朴成準 이종대李鍾大 임춘선林春善
고베神戶	황공환黃孔煥
시가滋賀	김상호金相浩
히로시마廣島	서한규徐漢圭
야마구치山口	도상룡都相龍
후쿠오카福岡	정태주鄭泰柱
센다이仙台	이경순李景淳
교토京都	윤인술尹仁述
서울seoul	이선희李善熙 이원모李源模 임석춘林錫春

그 후에도 여러 준비 작업을 거쳐서 1981년 11월 27일 을지로세무서(현 남대문세무서)로부터 신한은행의 사업자등록번호(202-81-15199)를 부여받았다. 이로써 정식 은행이 되기 위한 행정절차는 모두 마쳤다.

잠자는 대한민국 금융을 깨운 날

1982년 7월 7일 오전 8시 30분.

서울 명동의 코스모스백화점 1층 로비.

내리는 비를 아랑곳 않고 맞고 서 있는 무리가 있었다. 바다를 건너온 재일동포들과 김세창金世昌은행장을 비롯한 신한은행 직원들이다. 비를 맞으면서도 모두가 안도의 한숨을 내쉬고 있었다. 밤새 퍼붓다시피 내리던

비가 아침이 되자 가랑비로 잦아들었기 때문이다.

"하나, 둘, 셋~ 자르세요."

신상훈申相勳(훗날 신한은행장) 비서과장의 힘찬 구령에 맞춰 테이프커팅 세리모니가 펼쳐졌다. 우레와 같은 박수소리가 끝나고, 이희건 씨가 341명 주주대표로서 마이크를 붙잡았다.

"신한은행은 수많은 재일동포 기업인들이 주도하여 이룩한 피와 땀의 결정이며, 오매불망 조국에 대한 애국충정을 승화한 것입니다. 동시에 조국개발에 대한 우리 재일동포들의 참여의지가 결집된 것입니다. 이제부터 신한은행을 조국 대한민국의 경제번영과 더불어 성장시켜 나가겠습니다."

이희건 씨는 전날 서울 명동 로얄호텔에서 열린 창립주주 총회에서 공약空約같은 공약公約을 했다.

"우리는「신한은행」을 국내 최고의 은행으로 만들겠습니다."

스피치를 듣는 사람들은 으레 하는 인사치레로 여겼다. 재일동포 주주들만이 고개를 끄덕이고 있었다. 그가 결코 허풍을 떠는 사람이 아니란 걸 동고동락하며 잘 알고 있었기 때문이다.

그러나 모든 게 불확실한 상황이다. 해외동포가 모국에 은행을 세운 일도, 그걸 이끌어가 본 경험도 없다. 전부 전인미답前人未踏의 길이다.「신한」이란 이름이 세상에 첫 선을 보인 그날, 재일동포들은 한국금융에 새 바람을 불어넣는 은행 '신한新韓', 금융을 통해 모국의 경제발전에 이바지하겠다는 '금융보국金融報國'의 기치를 내걸고 힘찬 발걸음을 내디뎠다.

이희건 씨 개인으로도 이날은 잊을 수 없는 날이었다. 간절히 소망해온 인생의 목표를 달성한 이때, 그의 나이 65세였다.

몽땅 날릴 각오로 세운 은행

"신한은행은 하나부터 열까지 모든 것이 새로운 은행이며, 외환업무를 포함한 모든 은행 업무를 취급합니다."(1982년 7월 신한은행 창립 신문광고)

당찬 출발이었다. 하지만 시작은 미약했다. 개업 당일 오픈한 지점은 서울 명동 1개소. 같은 달 오픈한 서울서소문지점(7.12)과 대구지점(7.29)까지 합해도 영업점은 달랑 3개뿐이다. 창립 주주는 재일동포 341명, 자본금은 당시 은행 설립 최저자본금 요건인 250억 원, 직원은 279명이었다.

이 작은 은행이 이날 하루 한국 금융사에 새로 쓴 기록이 넘쳐난다. 우선 대한민국 건국 이래 최초로 순수 민간자본으로 설립된 은행이다. 그것도 해외에 사는 재일동포의 100%출자로 탄생한 은행이다. 특정인이나 거대자본에 의존하지 않고 소액주주들이 협동해서 일궈낸 공동체 금융사의 탄생도 최초다. 전국 규모의 시중은행으로는 제6호다.

초미니뱅크 신한은 실적으로도 돌풍을 불러일으켰다. 개업일 하룻동안 명동지점 내방객은 무려 1만7,520명에 달했다. 예금 수신고는 5,017개 구좌에 357억4,800만 원(보통예금 178억 원, 창립기념 정기예금 96억 원 포함)이었다. 은행 설립자본금의 1.5배를 유치한 것으로 이는 대한민국 금융사상 초유의 실적이다.

이희건 씨도 오랜만에 어깨를 짓누르는 중압감에서 자유로워진 기분이 들었다. 그가 하는 결단의 순간들을 가까이에서 지켜본 자칭 이희건의 평생비서 이정림李正林(전 간사이흥은 이사장)씨는 말했다.

"회장님은 신한은행 창립에 본인의 전부를 쏟아 부으셨습니다. 사모님도 모르게 파친코까지 내다팔았으니까요. 매각대금을 갖고서 은행 인허가, 주주모집 설명회, 한국 내 사무실 임차료 등 제반 소요비용을 감당하였습니다. 정말 혼신을 다하셨어요."(2012년 3월)

설립 단계에서 이희건 씨는 본인 소유의 파친코 점포 3개 중 가장 장사가 잘 되는 곳을 매각했다. 전투에서 승리하려면 리더가 최선봉에서 총대를 메고 나아가야 한다고 철썩 같이 믿었기 때문이다. 이런 행동은 오사카흥은 초창기 예금인출사태가 터졌을 때, 자기 집을 담보로 급전을 구해와 문제를 해결했던 때와 같은 행동패턴이다.

돌이켜 보면 은행을 세운 건 기적이었다. 밖에서 보기에는 재일동포들이 손발을 척척 맞추며 전진한 것 같지만, 사실 안을 들여다보면 울퉁불퉁 가시밭길의 연속이었다. "무엇보다 가장 힘들었던 건 출자자를 모집하는 일"(이정림)이었다. 아이치현의 중진 정환기鄭煥麒 씨는 당시 재일동포사회의 분위기를 이렇게 회고했다.

"오사카와 도쿄 이외 지방에서는 신한은행에 출자하겠다는 동포가 드물었습니다. 은행 설립에 반신반의하는 분위기가 팽배했어요. 설령 설립되더라도 내일 망할지 모른다는 의구심이 강했습니다. 그러니까 출자금을 전부 날릴 각오를 한 사람들이 신한은행의 창립자들입니다."(2011년 10월)

재일동포가 새긴 신한정신

은행다운 은행의 출현

새로울 신(新)! 나라 한(韓)!

82년 신한은행 등장 전까지 한국에는 금융사는 존재하되 금융서비스는 존재하지 않았다. 고객중심 개념이 부재한 금융의 암흑기다.

그때까지의 은행은 부자들의 전유물 같았다. 정부의 규제와 보호를 받는 온실속 화초 같은 준공공기관이었다. 은행업에 대한 세간의 인식은 '고객의 자산관리'를 돕기보다는 정책자금을 기업에 분배하는 국가기간산업에 가까웠다.

당시 조흥, 상업, 제일, 한일, 서울신탁 이른바 '조상제한서' 은행의 비즈니스 스타일도 고압적이었다. 이른바 양반영업兩班營業이다. 고객은 하인처럼 은행원을 양반 모시듯 떠받들어야 한다는 것, 지금은 상상조차 어렵지만 그땐 자연스런 풍경이었다. 은행 문턱도 높고 어렵사리 대출을 받기라도 하면 그 자리에서 커미션을 떼어주어야 했다. 그러니 서민은 우체국에서 통장을 만드는 게 속 편했다. 자연스럽게 새로 탄생한 은행을 향한 사회적 기대는 클 수밖에 없었다.

『신한은행』의 발족은 큰 의의를 가지고 있다. 새로운 은행의 설립을 통해서 은행경영의 경쟁을 고무하는 것은 매우 바람직한 일이라고 생각된다. 새로운 감각과 금융원리가 적용되는 새로운 은행은 분명히 기존 은행의 경영쇄신에 큰 자극제가 될 수 있고, 자체 내에 체질화되어 있는 비능률과 불합리한 모든 요인을 떨쳐버릴 수 있는 전환점이 될 수 있을 것이

기 때문이다."(1982년 7월 7일자 한국경제신문 사설)

신한의 창립자들은 철저하게 고객의 니즈에 부응하는 은행을 만들기 위해 연구를 거듭했다. 그렇게 탄생한 슬로건이 '서민을 위한 은행', '새싹의 꿈, 키우는 보람', 〈새롭게! 알차게! 따뜻하게!〉였다. 2022년 신한금융 그룹이 내건 가치 〈바르게! 빠르게! 다르게!〉의 최초 버전이다.

창립자들이 설정한 실천지침은 〈질 높은 서비스, 신뢰성, 편리함〉이었다. 관통하는 메시지는 고객이 거래하고 싶은 은행, 고객이 다시 찾고 싶은 친절한 은행이다. 이 역시 오늘날 신한금융의 비전인 〈더 쉽고 편안한, 더 새로운 금융〉의 원조다.

이제 남은 건 은행 이름이었다. 여러 후보 가운데 결선까지 오른 건 새한과 신한新韓, 난상토론 끝에 '신한'이 낙점됐다. 지금까지 경험하지 못한 새로운 은행, 재일동포들은 모국에서 금융혁신을 이루겠다는 각오를 은행이름에 담아냈던 것이다.

금융보국金融報國

경영이념은 창립정신부터 경영전략, 미래비전까지 녹여낸 기업의 요체다. 신한은행이 경영이념 7B가 정립된 건 1982년 5월 8일의 일이었다. 이승재李勝載 오사카홍은 이사 주도로 약 20명이 경영이념 정립에 매진했고, 두 달간의 숙고 끝에 다음의 7개항을 도출해냈다.

- 나라를 위한 은행 Bank for the National Wealth
- 대중의 은행 Bank of Retail

- 서로 돕는 은행 Bank of Community
- 믿음직한 은행 Bank of Disclosure
- 가장 편리한 은행 Bank of Effectiveness
- 세계 속의 은행 Bank of Worldwide
- 젊은 세대의 은행 Bank of New Age

첫손에 꼽은 '나라를 위한 은행'은 「금융보국金融報國」의 각오를 말한다. 금융을 통해 조국의 발전에 보탬이 되겠다는 재일동포 창립자들의 염원을 표현해낸 것이다. '대중의 은행'은 금융에서 소외되어온 서민, 중소기업, 기술기업을 육성하겠다는 의지다. '서로 돕는 은행'과 '믿음직한 은행'은 고객, 지역, 사회와 동반 성장하겠다는 사회적 기업이 되겠다는 다짐이다.

'가장 편리한 은행'은 고객니즈에 철저하게 부응하는 남보다 앞선 선진 금융기법, 혁신 서비스를 제공하겠다는 고객과의 약속이다. '세계 속의 은행'은 우물 안 개구리로 머물지 않고 세계시장에서 당당히 겨룰 수 있는 국제경쟁력을 갖춘 은행으로 발전시키겠다는 포부다.

마지막으로 '젊은 세대의 은행'은 다의적 메시지를 담고 있다. 당장은 신생 신한은행의 참신성을 어필하고자 했다. 뿐만 아니다. 항상 새로운 것을 추구하며, 시대를 앞서가는 혁신 선도은행을 만들어가겠다는 각오의 표현이다.

서비스경쟁의 문을 열다

"어서 오십시오. 신한은행입니다!"

고객이 지점에 들어서면 행원들은 일어나서 경쾌한 목소리로 외쳤다. 지금까지 본 적 없는 환대에 당황한 고객이 다시 문밖으로 나갔고, 기존 은행들로부터는 이단아 집단이라 손가락질을 받았다. 다른 은행 임원으로부터 신한은행 행원의 인사예절을 일본식이라 지적을 들은 이희건 씨는 훗날 행원들에게 경험담을 들려줬다.

"은행 창립 1년쯤 지났을 때입니다. 다른 은행 분들이 우리 행원들이 서서 절하는 걸 마뜩치 않아하더군요. 예로부터 우리나라는 동방예의지국東方禮儀之國이라 했습니다. 존경하는 의미에서 절을 하는 것은 우리나라 사람들이 일본 사람들에게 가르친 우리의 근본입니다. 그걸 어찌해서 일본에서 왔다고 문제 삼는단 말입니까."(1992년 1월 25일 신한은행 업적평가 대회)

그러나 '손님은 왕'을 몸으로 익히는 일은 여간 어려운 일이 아니었다. 식당 아주머니가 반찬그릇을 휙 던져주어도 그런가보다 넘어가던 80년대, 신한은행 행원들은 인사법을 익히느라 식은땀을 흘렸다.

"이희건 회장님은 철저한 현장주의자입니다. 100번을 듣느니 1번 직접 가서 봐라. 그래야 깨닫고 제대로 배운다는 거죠. 행원들을 오사카로 데려와서 하나부터 열까지 가르쳤습니다."(이정림 씨)

이희건의 오사카흥은은 신한은행의 연수장이 되었다. 서울에서 건너간 행원들은 나라시 가쿠엔마에奈良市 學園前의 흥은 연수원에서 짧게는 1주일 길게는 수개월씩 강도 높은 훈련을 받았다. 예금, 대출, 섭외, 인사법을 비롯한 대고객 서비스 등 홍은의 분야별 담당자가 맨투맨으로 달라붙었다. 실전에서 바로 써먹을 수 있도록 하기 위한 속성전수였다. 그 중 가장 배우기 힘든 건 인사법이었다.

어서 오세요! 감사합니다! 안녕히 가세요! 또 오세요!

기본 인사말부터 손님에게 머리를 숙이는 각도는 15도, 30도, 45도로, 인사하는 속도까지 세심하게 나눴다. 그렇게 정리된 인사법은 매뉴얼로 만들어졌다. 신한은행장을 지낸 신상훈申相勳씨는 창립 때 만들어진 고객응대가 '철저한 고객중심'이라는 신한문화가 되었다고 돌아봤다.

"창구의 친절문화는 신한은행이 처음으로 한국에 정착시켰습니다. 고객만족이 시대적 대세가 되었겠습니다만. 시발점에 신한의 역할은 절대적인 것이라 자부합니다."(2021년 3월)

손님에게 먼저 인사하는 행원의 등장은 한국금융계에 새로운 경쟁의 시작을 의미했다. 그건 고객중심주의의 출현, 금융을 서비스로 경쟁하는 시대의 도래였다.

리테일의 최강자, 신한의 영업비밀

신한은행은 금융시장에서 돌풍을 일으켰다. 국내에 이식한 재일동포식 금융경영은 기존 은행들의 그것과는 완전히 달랐다. 오사카홍은의 영업 프로그램이 고스란히 신한은행으로 이식되었다.

적극적인 섭외활동이 기본인 리테일(소매금융)전략, 모든 업무를 고객 입장에서 대응하는 서비스, 지점별 특화사업 등은 경쟁 없이 안주하던 한국의 금융시장을 뒤흔들어놓았다. 은행 안에서 몇 가지 전설 같은 무용담들이 전해 내려오고 있다.

"동전 사세요! 싱싱한 동전이 왔습니다."

한약재 시장으로 유명한 서울 청량리 경동시장에서 청량리지점 행원들이 시장바닥을 돌면서 외친 구호다. "싱~싱한 생선이 왔어요!"라는 어물전 상인의 호객구호와 흡사하다.

장사 때문에 가게를 비울 수 없는 재래시장 상인들을 직접 찾아가는 금융서비스였다. 나무궤짝 안에 칸을 나누고 바퀴를 달아 완성된 동전수레를 끌고 하루도 빠짐없이 시장을 찾아갔다. 점포 앞에서 상인에게 동전과 지폐를 바꿔주고 예금도 받아주었다.

동전수레는 리테일카트(동전을 교환해주고 즉석에서 예금을 해주는 삼륜전동차)의 효시다. 설날이나 추석 때 고속도로 휴게소, 지역축제 때 만나는 이동형 차량점포의 올드버전이다. 동전수레 무용담은 고객을 직접 찾아가는 금융서비스의 상징이다. 점포 안에서 모든 걸 해결하던 '홀 세일Hall Sale' 시대의 종언이었다.

"여기, 빵하고 우유가 있습니다."

1990년 9월 11일, 서울 송파구 풍납동 일대는 폭우로 불어난 한강물이 어른 키 높이 넘게 차올랐다. 신한은행 풍납동출장소도 강물이 건물 2층

바닥까지 차올랐다. 행원들은 현금과 문서, 단말기를 3층으로 올리느라 뜬 눈으로 밤을 지새웠다.

이튿날 풍납출장소장이 제일 먼저 한 업무는 빵과 우유를 한 트럭분씩 주문하는 일이었다. 행원들은 군부대의 고무보트를 빌려 타고서 이재민들을 찾아다녔다. 수해복구 활동에는 본점 임원들도 합류했다. 한국사회에서는 여태 본 적 없는 풍경이었다.

"상담은 로우Low코너, 입출금은 하이High카운터로 오세요."

신한은행은 다른 은행과 창구의 풍경부터가 달랐다. 한국 금융시장 최초로 도입한 로우코너Low Coner(현재의 상담창구)와 하이카운터High Counter(입출금 및 공과금 처리창구) 시스템이다. 지금은 모든 은행에서 하고 있는 시스템이지만, 그땐 콜럼버스의 달걀에 비견되는 혁신이었다.

로우코너, 하이카운터 시스템은 제각기 다른 목적으로 내방하는 고객들을 세분화하여 대기시간을 단축하였다. 직원들의 업무효율성도 높아졌다. 단순 업무는 하이카운터에서 빠르게, 복잡 업무는 로우코너에서 고객이 편안하게 상담할 수 있도록 배려한 것이다.

이런 혁신들은 은행이 영리를 떠나서 고객과 사회와 함께 공존하겠다는 '사회적 기업'으로서의 본분을 지키고 있음을 보여준다. 고객을 먼저 찾아가는 서비스, 사회와의 공존공생을 지향하는 활동은 오사카흥은에서는 1950년대부터 행해온 기업문화였다. 신한은행은 그걸 이어받아 신한문화로, 한국금융의 기업문화로 만든 셈이다.

초창기 신한은행의 최대약점은 다른 은행에 비해 점포수가 적었다는 점이다. 그래서 고객과 접촉하기 위한 기발한 아이디어들이 줄줄이 나왔다.

고객의 날, 가두 캠페인, 은행장이나 임원이 지점을 방문해서 고객의 소리를 직접 듣는 자리 등 다양한 이벤트를 통해 고객과의 접촉면을 넓혀나갔다. 이러한 작은 노력들이 쌓이면서 개인, 개인사업자 위주였던 고객층이 중소상공인, 대기업으로 확장되어 갔다.

신한은행은 설립 4년째인 1986년에 수신고 1조 원을 달성한 데 이어, 1988년 2조 원, 1990년 4조 원, 1991년 5조 원, 1994년 10조 원을 돌파하며 급성장해갔다. 기존 시중은행들이 1조 원의 분수령을 넘는 데 평균 50년이 걸렸음을 감안하면 신화 같은 성장이었다.

IMF때 유일한 흑자은행

1997년 11월 터진 IMF위기는 국가부도사태라 불릴 만큼 대재난이었다. 재벌그룹이 줄도산하고 철밥통의 대명사 은행도 나자빠졌다. 신한은행 역시 위기의 소용돌이를 피해갈 수는 없었다. 당장 터진 문제는 은행의 모태였던 제일투자금융(당시는 '제일종합금융', 이하 제일투금)의 파산위기였다.

종금사들은 은행보다 먼저 위기에 직면했다. 외화차입 돈줄이 막히면서 8개 종금사의 외환업무 기능이 마비됐다. 급기야 당국은 1998년 1월 나라종금을 비롯해 5개 종금사에 대해 영업정지를 취한다. 이른바 '종금사 사태'다.

나머지 3개의 차례도 다가오고 있었다. 제일투금의 경우는 기아그룹과 한라가 도산하면서, 이들 기업에 실시한 대출이 회수 불능한 불량채권으로 전락했고 이것이 유동성을 악화시켰다. 국제통화기금IMF이 한국 금융사들에게 가이드라인으로 요구한 국제결제은행BIS의 자기자본비율 8%를 달성하는 것조차 녹록치 않았다.

　탈출구는 증자_{增資}였다. 그런데 주주들은 반대의 길을 택했다. 대주주인 재일동포들과 신한은행이 제일투금에 증자를 하지 않겠다고 선언한 것이다. 제일투금의 이사회 및 주주총회, 은행 이사회 의결을 거치는 동안 이희건을 비롯한 재일동포들이 유일한 회생책인 증자를 포기한 건, 당장의 고통을 감수하는 편이 앞으로 닥칠 더 큰 손해를 막는 길이라 봤기 때문이다.

　한국 금융사 가운데 관계회사에 대해 자진폐쇄를 단행한 건 제일투금 케이스가 최초다. 이로써 1998년 3월 제일투금은 금융당국으로부터 영업정지 명령을 받았다.

　엎친 데 덮친 격이라고 신한은행에는 또 다른 대형악재가 터졌다. 금융감독위원회가 IMF의 권고에 따라 시중은행 5개를 부실은행으로 선정하고 퇴출해버렸다. 그리고나서 퇴출은행 가운데 동화은행_{同和銀行}을 신한은행에게 떠맡으라 했다. 미증유의 금융위기 속에서 사실상 파산한 은행을 떠안으라니 기가 막힐 노릇이었다.

'준비된 자는 위기를 기회로 바꾸는 힘을 갖고 있다'

　동화은행 인수가 상당한 리스크인 건 틀림없지만, 반대로 잘만 하면 대형화의 대로_{大路}를 트는 발판의 기회였다. 신한은행은 IMF위기 기간 중에 점포 249개, 직원 4420명, 자산규모 56조5천억 원으로 규모를 늘렸다.

　이처럼 대형 시중은행으로의 성장기반을 다질 수 있었던 건, 신속한 액션도 한몫했다. 정부가 지정한 5개 인수은행(신한, 국민, 주택, 하나, 한미) 가운데 제일 먼저 전산망을 가동했고, 지급 보류된 동화은행의 고객예금도 제일 먼저 지급하며 인수작업을 신속 효율적으로 마무리 지었다.

IMF위기를 거치며 신한은행의 브랜드 이미지는 몰라보게 높아졌다. 제일 달라진 시선은 '내 돈을 믿고 맡길 수 있는 은행'으로 각인이 됐다는 사실이다. 실적도 눈을 휘둥그레지게 만들었다. 위기 전후인 1997~98년 신한은행은 각각 533억 원과 590억 원의 흑자를 냈다. IMF위기 때 정부 자금을 수혈받지 않고 유일하게 흑자를 낸 시중은행이 신한은행이었다. 나머지 한국의 시중은행들이 1998년 1년 동안 기록한 적자는 합계 12조 5천억 원에 달했다.

"주주가 보이는 은행"
일류금융그룹은 창업자의 꿈

재일동포들은 한국에 새로운 금융문화를 다수 이식했다. '고객제일주의'는 (금융)업業의 기본으로 뿌리를 내렸고, 전문경영인 제도, 철저한 주인의식, 상업주의를 기초로 한 경영시스템, 파벌을 배제한 능력 위주의 인사체계 등 헤아릴 수 없을 만큼 많은 혁신을 모국에 이식하였다. 특히 신한은행이 가진 명확한 차별점은 주주가 보인다는 사실이다. 재일동포의 역할에 대해 진옥동陳鈺童 신한은행장은 말한다.

"재일동포들은 지분을 소유하였으나 경영에 간섭하지 않았습니다. 이 점이 신한은행 성공의 제일 큰 힘이라고 생각합니다. 전문경영인 제도는 아주 절묘한 경영방식입니다. 전문경영인에 일을 맡기면 그는 베스트를 다하지 않을 수가 없어요. 그리고 다른 은행은 은행주주가 누구인지는 잘 떠오르지 않죠. 주주는 있되 존재감이 없어요. 그 점에서 신한은행은 출발부터 달랐습니다."(2021년 4월 인터뷰)

이희건을 비롯한 재일동포 주주들은 경영에서의 자기역할에 대해 분명한 선을 긋고 있었다. 은행의 큰 그림에 대해 의견을 낼 뿐이지 경영진에게 '밤 놔라 대추 놔라' 간섭해서는 안된다는 믿음이다.

신한은행 성장을 견인한 또 다른 비결은 외압을 견디는 힘이다. 순수하게 자기자본으로 세웠으니 누구에게든 신세 진 게 없었다. 그 힘으로 권력에 의한 대출 청탁, 인사 개입이 들어오면 즉각 배격했다.

'투철한 주인의식' 역시 재일동포가 이식한 신한문화다. 동포들에게 신한은행은 긍지이자 안식처다. 자기 집이기 때문에 '배당 제로Zero'의 시대에도 주식을 처분하지 않았다. 82년 창업 후 근 10년 간 자발적으로 무배당을 감수했고, 90년대 말과 2008년 금융위기 때에는 창업 후손들까지 나서서 '신한주식 매입 캠페인'을 펼쳤다.

'지속가능한 경영'을 못하는 기업은 단 한번의 위기에도 망하는 게 냉혹한 비즈니스의 세계다. 그 점에서 재일동포들은 안정경영을 담보하는 버팀목 역할을 했다. 그들이 자기 집을 지키는 심정으로 몸을 바쳐 바람막이가 되어주었기에, 신한은행 성장신화가 만들어졌다고 말할 수 있다.

재일동포가 심은 신한정신으론 뭐든 할 수 있다는 용기를 심었다는 점도 빼놓을 수 없다. 이희건 씨가 후배늘에게 행원들에게 언세나 깅조한 말이 있다.

"재물을 잃는 것은 조금 잃는 것이고, 신용을 잃는 것은 많이 잃는 것입니다. 그러나 용기를 잃는 건 전부를 잃는 것입니다."(신한 오십훈)

"해보세요. 젊은 사람이 뭘 못하겠나? 책임은 내가 질 테니까 열심히 해보세요."

"기업의 성장과 존망은 천명에 달려 있고, 천명은 사람의 마음에 달려 있습니다. 명심하세요. 기업의 존망은 종업원과 고객에게 달려있음을…"

이희건 씨는 신한은행 경영이념 7B 가운데 '젊은 세대의 은행Bank of New Age'을 유독 좋아했다. 평생 청년이고자 했고, 신한은행이 항상 패기 넘치는 젊은 은행이 되기를 바랐다. 그래서 자기도 항상 새로운 걸 꿈꾸고 직원들에게 기발한 시도를 주문했다. '젊음'이야말로 행복한 인생을 사는 지름길이며, 조직과 사회가 모두 성공하는 힘이라 철석같이 믿었기 때문이다.

"돌이켜 보면 본인은 언제나 꿈을 꾸었습니다. 그 꿈을 실현시키기 위해 노력했고, 노력을 하면 반드시 좋은 결과가 나온다는 걸 발견했습니다. -중략- 국경 없는 커다란 금융그룹을 만드는 거, 아직은 젊은 저의 꿈입니다."(1993년 7월 8일, 서울 힐튼호텔 77세 생일 축하연)

◈ 새로울 신(新)! 나라 한(韓)!

40년 전 한국금융의 새 지평을 열겠다며 3개 지점으로 출발한 미니뱅크 신한은행. 오늘날 15개 계열사, 2천만 고객, 연간 4조 원 이상의 수익을 거두는 종합금융사로 거듭났다. 재일동포가 설정한 '금융보국'과 '고객중심'의 창업정신은 〈미래를 함께 하는 따뜻한 금융〉이라는 미션으로 이어지고 있다. 세계시장에 자랑할 만한 글로벌 리딩뱅크를 향한 도전도 계속되고 있다.

1945해방직후 오사카 쓰루하시암시장 풍경

오사카흥은 본점 현관(1970년대)

재일동포 모국투자 간담회(1973)

재일한국인본국투자협회 발족(1977)

제일투자금융 명동사옥 이전식(1980)

청년 시절의 이희건 씨

제1호 순수민간은행
'신한은행' 탄생(1982.7.7)

신한은행 창립식 리셉션
(1982.7)

신한은행 제1호 점포
서울명동지점(1982.7)

신한은행 인가장(1982.6)   신한은행 창립식(1982.7)

신한금융그룹 뉴욕증시 상장(2003)

길거리 홍보에 나선 신한은행 직원들(1980년대)

이희건 신한은행 명예회장(1990년대말)

오늘날의 신한은행 본점(2022)

신한은행 재일동포 주주 모임(2001.7)

| 09 |

한류 붐의 원조 '바이코리안 운동'
재일동포 국산품 애용운동의 역사

싸구려=메이드인코리아

80년대 들어 한국은 끼니걱정에서 완전히 졸업했다. 6.25동란 이래 30년 넘게 괴롭혀온 빈곤의 늪에서 탈출한 것이다.

80년대는 또 한국 자동차가 세계시장에서 인정받기 시작한 시기다. 현대자동차 포니PONY가 캐나다, 미국 시장에서 각각 외국차 판매순위 1위, 5위에 오르자 한국인들의 어깨는 잔뜩 올라갔다. 미군이 버린 드럼통을 두들겨 펴서 차체를 조립하며 시작된 한국 자동차 역사의 기막힌 반전이었다. 이때부터 자동차는 한국의 주력 수출상품 품목에 올라갔다. 80년대부터 대한민국은 세계인들로부터 신흥공업경제지역NIES에서 가장 높이 날아오르는 용龍으로 칭송 받기 시작했다.

그러나 세계시장에서 한국제품Made in Korea의 이미지는 나빴다. 저렴하지만 품질이 나쁘다, 한마디로 싸구려란 이야기다. '메이드인코리아=싸구려' 이미지는 90년대 들어서서도 지워질 기미가 없었다.

불량제품 이미지는 수출로 먹고사는 한국으론 반드시 극복해야할

과제였다. 거기에 한 가지 약점이 더 있었다. 만성적인 대일무역對日貿易 적자 현상이다. 1991년 기준 한국이 일본을 상대로 한 무역수지 적자액은 87억 달러, 이는 전체 무역수지 적자 규모의 90%에 해당한다. 부품소재와 기초기술에 대한 대일의존도가 워낙 높았기 때문이다. 반면 대일수출 품목은 저부가가치 제품과 농수산물이 주류를 이뤘다. 이러다 보니 대일 무역 적자현상은 고질병으로 여겨졌다.

조국에 용기를, Buy Korean

재일동포들은 모국에서 일어나고 있는 현상들에 대해 안타깝게 여기고 있었다. 그저 지켜볼 수만은 없어서 조직적인 국산품 애용운동을 벌이기 시작한다.

80년대에 가장 활발하게 움직인 조직은 재일동포 모국상품 구매단(단장 김용태金容太)이다. 모국투자기업 한국마벨의 사장이기도 한 김용태 단장은 선봉에서 재일동포 기업의 국산품 구매운동을 진두지휘했다.

재일민단 자료와 본국투자협회 회보에 의하면, 재일동포 모국상품 구매단 17명은 1983년 10월에 6,063만 달러 상당의 국산품을 일본으로 수입해갔다. 1987년 9월과 10월에는 4억4천만 달러 상당의 국산품을 구입했다. 품목도 다양했다. 전자부품, 철강, 금속, 신발, 스포츠용품, 섬유제품, 가정용품, 농수산물 등… 슈퍼 바이어 재일동포들이 한국의 대일수출 확대에 크게 이바지한 것이다.

90년대로 바뀌면서 재일동포 국산품 애용운동은 보다 과감하고 공격적인 형태로 변모한다. 대표적인 것이 1992년 시작된「바이코리안 BuyKOREAN 운동」이다. 지금까지처럼 개별적으로 국산품을 수입해가는 형태가 아니라, 일본에 아예 한국 상품 상설전시장 겸 판매장을 차린 것이다.

그해 6월 22일 오사카에서 오픈한 전시장 이름은 「더 게리지The Garage」. 재일동포들은 모국의 국민과 기업들에게 용기를 북돋자는 취지에서 '조국에 용기를, 바이코리안'이라는 슬로건을 내걸었다.

바이코리안의 일본기지인 더 게리지는 오사카 히가시나리구大阪市東成区大今里西3-20 500평 부지에 2층짜리 건물로 지어졌다. 일본 땅에 메이드인코리아를 널리 알리고, 일본인들이 즉석에서 제품을 살 수 있도록 하기 위함이다.

더 게리지 개관식에는 한일의 거물급 인사들이 대거 참석했다. 한국 측에서 한봉수韓鳳洙 상공부 장관, 박용학朴龍學 한국무역협회 회장, 오재희吳在熙 주일한국대사, 일본 측에서 하라다 겐原田憲 일한의원연맹회장 대행, 니시오 마사야西尾正也 오사카시장, 우라니시 료스케浦西良介 오사카부 부지사가 참석했다. 재일동포 대표로는 정해룡丁海龍 재일민단중앙본부 단장, 재일한국상공회의소 장두회張斗會 회장, 이희건 오사카흥은 이사장 등이 참석했다.

더 게리지에는 의류, 잡화, 가정용품, 식료품 등 다양한 품목의 메이드인코리아들이 선보였다. 일본산과 손색없는 양질이면서 가격은 저렴했다.

신한은행 재일동포 주주가 시작

바이코리안 운동을 시작한 사람들은 신한은행의 재일동포 주주들이었다. 1992년 2월 26일, 서울에서 열린 신한은행 주주총회를 마친 뒤 퍼스트구락부 회원의 밤 행사 때였다. 주주 대표로서 이희건 씨가 마이크를 붙잡았다.

"여러분. 한국에 와서 속상한 현상을 목도했습니다. 이젠 우리나라 제품도 일본제품 못잖게 우수한데 아직 평가를 제대로 받지 못하고 있습니다. 우리나라 무역적자에서 제일 큰 비중을 차지하는 나라가 우리가 사는 일본입니다. 메이드인코리아가 메이드인재팬보다 못한 게 무엇이란 말입니까. 재일동포들이 힘을 모아 일본에서 우리나라 우수제품을 널리 알리면 어떻겠습니까. 용기를 갖고 한번 해 봅시다."

이날 모임을 계기로 바이코리안 운동은 범 재일동포 사회운동으로 발전해갔다. 신한은행의 동포주주 뿐 아니라 재일민단, 재일한상, 한신협 등 재일동포 단체가 모두 동참했다. 이때 결성된 모임이 '바이코리안 용기회'다.

바이코리안 운동은 뚜렷한 목표의식을 갖고 추진되었다. 90년대 한국 기업들은 우수제품을 생산하면서도 자기제품에 대한 자신감이 부족했다. '일본 제품보다 못하다'는 열등감에 움츠려드는 경향이 있었다.

그리고 당시 한국경제는 거시 경제적으로도 둔화기미가 역력했다. 바이코리안 운동을 시작한 1992년도 경제성장률은 6.2%로 전년 10.4%에 비해 크게 하락했다. 경기침체의 늪에 빠질지 모른다는 경각심이 고조되던 그때, 재일동포들은 분위기 전환을 위해서라도 모국을 향한 응원캠페인이 필요하다고 봤다. 바이코리안 운동에 대해 이희건 씨는 1992년 7월 7일 조선일보와 인터뷰했다.

Q. 「더 게리지」에 전시된 한국 상품들은 잘 팔립니까.

A. "하루 평균 400만 엔 이상 판매됩니다. 대일무역 적조는 우리 책임도 많아요. 이번 구매운동을 하면서 전시상품이 떨어져 추가주문을

하니까, 물건을 보내는 데 두 달이 걸린다고 그럽디다. 조사해보니까 한국 상품을 수출하려면 7군데 절차를 거쳐야 하더군요. 이러고도 왜 한국물건을 안사주느냐고 일본 쪽에 불평할 수 있겠습니까."

Q. 일본시장에서 팔릴 우리 상품은 어떤 것입니까.
A. "과거처럼 노동집약적 상품보다는 이젠 하이테크 상품으로 승부를 걸어야 합니다. 요즘 일본에서는 불경기 때문에 '싸고(安), 가까운 곳에서(近), 짧은 시간에(短)'라는 말이 유행이에요. 직장인들의 식사패턴도 달라져서 간단하게 때웁니다. 월급이 줄어든 것도 아니고, 무역흑자는 계속 엄청난 규모를 기록하고 있는데도 말이죠. 일본인들은 허리띠를 졸라매고 있습니다."

Q. 한국경제의 문제는 무엇이라고 봅니까.
A. "중소기업을 키워야 합니다. 일본에서 세계적인 일류기업들은 다 중소기업입니다. 무식한 아버지가 하던 일을 공과대학 나온 아들이 키우고, 손자가 다시 일류기업으로 키웁니다. 재벌의 소유지배도 나는 반대합니다."

히트상품 '김치, 라면, 의류'

바이코리안 운동은 우수한 국산품을 일본시장에 소개하는 걸 최우선 목표로 삼았다. 세부 활동 지침도 세웠다.

첫째, 재일한인단체 및 기업의 한국상품 직수입

둘째, 일반소비재의 한국 상품 애용

셋째, 한국 상품 특별기획전 일본순회 개최

넷째, 일본 소비자의 한국방문 유치

다섯째, 국내기업에 대한 일본시장 정보제공

한국 상품 상설전시장 '더 게리지' 입점 업체는 60개였으며, 출품 품목은 의류, 문구, 잡화, 식료품, 스포츠용품, 가정용품 등 500여종에 달했다. 내놓자마자 그야말로 불티나게 팔려나갔다. 더 게리지 한군데에서만 개점 4개월 동안 4만 명의 손님이 찾았고, 매출은 3억5천만 엔에 달했다.

이때 동포들은 전시장이 없는 도쿄, 나고야, 교토, 히로시마 등 일본 주요도시 20여 곳을 순회하며 한국 상품 직판장도 열었다. 한국 기업과 일본 소비자를 직접 연결한 카달로그 통신판매, 한일 업체 간 무역도 중개했다.

국내 기업에는 세심하게 피드백까지 해줬다. 판매현황과 구매패턴 제공은 기본이고, 품질만족도, 개선점, 서비스 등 일본인의 구매행위를 데이터화했다. 그렇게 분석한 데이터를 국내 기업에게 제공해 마케팅에 활용토록 하고, 수출판로 개척에도 도움을 수었다.

한국제품을 써 본 일본인들의 반응은 한마디로 '놀랍다'였다. 메이드인 코리아가 질도 좋고 가격도 좋다는 걸 깨달은 것이다. 바이코리안 운동이 낳은 히트상품도 등장했다. 김치, 라면, 의류 3가지다.

김치의 히트요인은 김치를 진공 포장팩에 담아낸 것이 적중했기 때문이다. 그것이 위생을 중시하는 일본인의 구미에 맞아떨어졌다. 포장 하나 바꾼 것만으로 '더럽다', '냄새 난다'는 김치의 나쁜 이미지는 단박에 날아갔다.

인스턴트 라면도 일본인들의 입맛을 사로잡았다. 맵고 칼칼한 맛에 쫄깃한 면발은 한국만의 풍미였다. 의류도 대인기였다. 일본산과 품질은 비슷하나 가격이 저렴했고, 디자인 면에서는 오히려 일본 옷보다 세련됐다는 평을 받았다. 바이코리안 운동을 통해 일본에서는 김치, 라면, 김 등 '음식한류' 붐이 일어났다. 그리고 도쿄와 오사카에 동대문패션시장이 생기는 계기가 되었다.

몇 년 뒤 바이코리안 운동을 계승한 재일동포 캠페인도 생겨났다. 재일한상이 1994년 7월 7일 개시한 '아이러브코리안 운동'이다. 이날 파친코 기업 마루한 창업자인 한창우韓昌祐 씨는 말했다.

"그간 일본에서는 한국제품에 대한 이미지가 별로 좋지 않았습니다. 그러나 우리 동포 기업들의 노력과 바이코리안 운동으로 품질과 이미지가 많이 향상되었습니다. (재일한상도) 일상생활에 밀착하여 이제부터 아이러브코리안 운동을 전개합시다."

일찍이 '모국상품 구매단'부터 '바이코리안 운동', '아이러브코리안 운동'까지 재일동포사회에서 국산품 애용은 일상생활이다. 그리고 그건 재일동포가 모국에 보내는 응원 메시지다.

'조국에 용기를'
바이코리안운동 배지

재일동포 국산품 애용 '바이코리안운동'(1992)

오사카의 한국상품 전시장 '더 게리지'(1992)

| 제4부 |

무한애향 無限愛鄕
팔도강산에 깃든 재일동포 흔적

| 10 |

건학의 동포들
인재육성에 앞장선 재일동포 이야기

배움의 설움을 후학양성으로

"저는 비록 많이 배우지 못했습니다만, 내 자식 내 후배들에게는 배움의 설움을 당하게 하고 싶지 않습니다."

재일동포 1세 인터뷰에서 자주 접하는 고백이다. 가난 때문에 이루지 못한 학업의 꿈, 어린 나이에 배고픈 가족을 부양하기 위해 일본으로 건너가야만 했던 쓰라린 인생담이 녹아있다.

처절하게 고생해봤기에 어려운 사람의 마음을 잘 아는 이들은 억척스럽게 모은 재산을 허투루 쓸 수가 없다. 두고 온 고향, 낳아준 모국에 봉사하려는 마음은 거기서부터 싹튼다. 애지중지 모은 고생자금으로 학교 세우고 장학회 만들어서, 후배들이 돈이 없어서 공부를 못하는 일은 없도록 돕고 싶은 것이다.

제주대 기부왕 김창인金昌仁

그런 마음으로 재일동포가 세운 학교가 전국 도처에 널려 있다. 특히 제주도에는 발길 닿는 데마다 재일동포 손길이 묻어 있다 봐도 무방하다. 동포가 직접 세운 학교로는 제주여자중고등학교(김평진金坪珍), 남녕고등학교(백이남白二南), 조천중학교(조규훈曺圭訓), 신흥초등학교(신흥리 출신 재일동포 공동설립) 등이 있다. 애월고등학교(고내리 재일친목회)와 표선중학교(안재호安在祜)는 학교건물을 다시 세우고 교정까지 넓혔으니 사실상 새로 지은 거나 마찬가지다.

중고등학교뿐 아니다. 국립 제주대학교가 발전하는 데 있어 재일동포 뒷받침은 지대하다. 동포 개인과 단체가 기탁한 대학발전기금이 넘쳐난다. 그 가운데 제주대 최고의 기부자는 오사카 재일동포 기업인 김창인金昌仁 씨다.

제주도 한림읍 귀덕리가 고향인 김 씨는 열여섯 나이에 일본에 건너가 자수성가했다. "돈은 많이 남겨봐야 자식들끼리 분란의 소지만 남길 뿐"이란 지론을 갖고있는 김 씨가 기부한 기금은 200억 원에 달한다. 김 씨 출연금으로 대학은 재일동포 연구기관인 재일제주인센터, 문화교류관, 생명자원과학대학 본관 등을 건립했다.

관서제주도민협회 청년회는 1971년부터 제주대에 도서기증 봉사활동을 시작해 50년 넘는 지금까지도 계속하고 있다. 김창인 씨를 비롯한 재일동포들은 제주대 발전기금의 절반 이상을 감당했다.

재일제주인의 장학사업도 활발하다. 좌수반문화재단은 1994년부터 지금까지 800명의 학생에게 장학금을 지급했다. 도쿄의 이순자李順子씨는 1962년 서귀포 중문중학교를 싹 뜯어고친 데 이어 1977년에는 '대영농장

장학회'를 만들어 꼬박꼬박 장학지원을 해왔다. 1984년 도쿄의 한재룡韓在龍 씨도 함덕장학회를 세워 함덕마을 학생들에게 꼬박꼬박 지원해왔다.

그러나 알려지지 않은 케이스가 훨씬 많다. 2013년 도쿄의 이시향李時香 씨가 그해 한경면 학생 15명에게 장학금 준 일도 한참이 지나서야 타의로 알려졌다. 인구 65만 제주도민 가운데 재일동포로부터 육영의 도움을 받지 않은 이가 드물 정도다.

전남의 명문사학 순천효천고

내륙으로 들어오면 전라남도 순천시가 재일동포 교육기여도가 높은 도시로 꼽힌다. 순천 관내에는 재일동포가 세운 학교가 여럿이다. 청암대학교와 청암고등학교(강길태姜吉泰), 효천고등학교(서채원徐彩源), 강남여고(김계선金桂善) 등이다.

이 가운데 효천고등학교는 명문사학으로서 높은 평가를 받고 있다. 승주군 별량면 출신의 서채원 씨가 1984년에 설립한 이 학교는 개교 당시부터 한국최고의 시설로 유명세를 떨쳤다. 교내 방송실을 관내 공영방송국이 빌려 쓸 정도로 첨단시설을 자랑했다. 서 씨가 다원방송이 가능한 방송시스템을 일본에서 갖고 들어왔던 것이다. 이밖에도 국내 고교 최초로 컴퓨터를 완비한 교육용 멀티미디어실부터 1,200명을 수용하는 전남 최대규모 실내강당까지 웬만한 대학에 버금가는 수준의 시설을 갖췄다.

효천고는 서동호徐東湖 제2대 이사장 시대 들어 더 크게 도약한다. 도쿄기업인 서 씨는 일반고 최초로 한자 특화교육을 도입한 것을 비롯해 명문대 진학률을 크게 높이는 등 효천고 발전에 지대한 역할을 했다. 거액의 사재를 내서 도서관, 기숙사, 독서실 등 꾸준하게 교육인프라를 개선한 것은 물론 장학금 제도, 해외체험 프로그램, 한시漢詩송독대회 등 학구열을 북돋아주는 다양한 프로그램을 도입했다.

"오늘날 100년 전 우리 선조가 기록한 문서를 읽지 못하는 건 심각한 문제라고 생각합니다. 후손이 33인의 민족지사가 한민족의 독립의지를 만천하에 표현한 1919년 기미독립선언서를 읽지 못한다면, 너무나 부끄러운 일 아닙니까. 그래서 학생들부터 우리말의 근간이자 선조들이 써온 한자를 깨쳐야 한다고 보고, 한자교육에 힘을 기울이게 된 것입니다."(2011년 2월 서동호 인터뷰)

국한혼용론자國漢混用論者인 서동호 씨는 일본에서도 한국교육재단 이사장으로서 수십 년간 재일동포 차세대 장학지원을 하고 있다. 그리고 서 씨의 육영철학은 모국에 학교를 세운 재일동포들의 마음을 잘 보여준다.

"우리나라가 국제사회에서 존경받는 1등 국가가 되기를 바랍니다. 그 첫걸음이 인재육성입니다. 작은 힘이나마 저의 루트인 고향과 나라를 위해 힘닿는 한 응원하고 싶습니다."

제일 큰 혜택 받은 경상도

한편 전국 시도 가운데 재일동포 육영혜택을 가장 넓게 받은 지역은 경상도다. 2012년 말 일본 법무성 통계에 의하면, 경상도 출신 재일동포는 전체의 51.9%에 달한다. 재일동포 둘 중 하나가 경상도 사람인 셈이다.

경상도 지역에서 재일동포가 세운 학교로는 고성고등학교, 거창 가조익천고등학교 등이 꼽힌다. 고성고등학교는 1966년 허윤도許允道, 최학림崔學林 등 재일동포 1세 70명이 사재를 모아 세웠다. 건학자 허윤도 씨의 동생 허맹도許孟道 재일민단 중앙본부 상임고문은 기억한다.

"형님은 고성 관내에 고등학교 한 곳이 없다는 사실에 대해 늘 안타깝게 여기셨습니다. 고향에 학교가 없어서 고등학교를 가려면 마산으로 유학 가는 길밖에 없었습니다. 그러던 차에 고향 출신 1세들이 '재일본고성인육영회'를 만들고, 고성의 척박한 교육현실을 바꿔보자고 의기투합합니다. 그게 고성고등학교가 된 것이죠."(2019년 11월 인터뷰)

'후학들이 스스로 꿈을 키우고 학문에 전념하여, 국가와 민족의 발전에 공헌하는 인재가 되도록 한다'는 건학이념으로 출발한 고성고는 지금까지 1만3천 명의 인재를 배출하며 지역명문으로 인정받고 있다.

경남 거창의 가조익천고등학교는 1978년 도쿄 동포 배익천裵翊天 씨가 세웠다. 배 씨 역시 고향에 고등학교가 없다는 현실이 안타까워 스스로 학교를 세웠다. 부지매입부터 건축, 교육 기자재까지 소요비용 3억 원을 모두 혼자서 감당했다. 그리고 배 씨는 이듬해 학교를 아무 조건 없이 경남교육위원회에 기증했다.

이후에도 배 씨는 해마다 졸업식가 개교기념일 때면 학교에 들리 후배들에게 장학금을 지원했다. 안정적으로 장학금을 지원하고자 서울 남대문시장의 상가 수입금을 가조익천고에 기부해왔다. 배 씨가 낸 누적 기부금은 20억 원 이상이었다.

고등학교 3개 세운 신길수申吉秀

와카야마 동포 신길수申吉秀 씨는 부산 경남지역에 고등학교를 3개나 세웠다. 1972년 고향인 경남 밀양군 무안면에 무안종고(지금의 한국나노마이스터고)를 세워 정부에 기증한 데 이어, 같은 해 3월 부산시 양정동에 있는 연희여자상고를 인수했다. 1977년 이 학교를 부산진여고로 개명한 신 씨는 학교 이사장으로써 와카야마 고교와 자매결연을 체결하는 등 한일 간 교육교류를 활성화시켰다. 그뿐 아니라 신길수 씨는 1987년에는 남자 인문고인 부산 양정고등학교를 설립하며 부산지역 인재육성에 크게 이바지했다.

오사카 동포 서갑호徐甲虎 씨는 밀양중고등학교 강당과 삼동초등학교를 신축한 것은 물론 울산과 밀양 근방의 여러 중고등학교에게 교육기자재를 지원했다. 지바 동포 하갑순河甲順 씨는 1974년 경남 합천 해인중학교를 세울 때 사재를 냈으며, 도쿄 동포 이도만李度晩 씨는 1980년 경남 산청 도산초등학교와 단성고등학교에 교육기자재를 지원했다.

경남 함안이 고향인 나고야 동포 김영덕金永德 씨와 효고 동포 박헌행朴憲行 씨는 함안에 있는 운곡초등학교 개보수(1964년), 함성중학교 부지 4천 평 기증 및 증설 개보수(1971년)를 지원했다.

재일경남도민회와 재일경북도민회를 통한 향우회 차원의 육영지원도 많았다. 향우회들은 고향 학교를 현대식으로 리모델링하고 책걸상, 오르간, 도서 같은 각종 기자재 지원을 아끼지 않았다. 경상도에서 재일동포를 배출한 시군구의 초중고는 알게 모르게 동포들의 도움을 받았던 것이다.

진주교대 정환기鄭煥麒 장학재단

한국이 잘살게 된 2000년대 이후에도 재일동포 모국육영은 계속되었다. 나고야 동포 정환기鄭煥麒 씨는 진주교대에 200억 원 넘는 사재를 내 장학재단을 설립했다. 기본재산 규모로는 전국 교육대학 장학재단 가운데 톱이다. 아흔이 넘어서 서울 동대문 요지에 있는 빌딩까지 매각해 후학 양성을 위해 기부했다. 정환기 씨는 젊은 시절부터 육영 활동에 열심이었다. 일본에서 민족학교 나고야한국학교를 세우고 35년간 이사장을 맡았고, 한국교육재단과 조선장학회 이사로서 꾸준하게 장학금을 내며 재일동포 인재육성에 노력했다.

교토 동포 김경헌金慶憲 씨는 모국의 실버세대, 은퇴자 교육지원에 이바지했다. 김 씨는 2001년 부산대학교에 노인대학 '경헌실버아카데미'를 설립해 20억 원 넘는 사재를 기금으로 냈다. 덕분에 부산대 경헌실버아카데미는 자타공인 전국에서 가장 활력 넘치는 노인대학으로 성장했다. 경헌실버는 재학생, 수료생 가리지 않고 다양한 사회 봉사활동을 벌여서 주변에서 칭찬이 자자하다.

그리고 한 가지, 김경헌 씨가 별세한 이후에도 재일동포의 지원이 계속되고 있다는 사실도 놀라운 점이다. 김 씨의 뜻에 찬동한 재일동포 30여 명은 자발적으로 후원회를 결성하고 경헌실버 지원을 계속하고 있다. 모국의 실버들이 제2의 인생을 멋지게 살아가도록 돕고 싶다는 설립자 김경헌 씨의 유지를 그의 재일동포 후배들이 지탱하고 있는 것이다.

교토 동포 한창우韓昌祐 씨는 경남 사천에 본인과 아내의 이름을 붙인 공익재단 '한창우 나가코 장학재단'을 설립했다. 2010년 발족 이래 한 씨는 60억 원 넘는 사재를 재단에 기부해 고향 후배들을 보살피고 있다. 한 씨

덕분에 사천지역 중고생들은 장학금 지원, 일본 탐방연수, 청소년 음악회, 독서경진대회 등 다양한 교육 혜택을 받고 있다.

중앙대학교 구원마 김희수 金熙秀

재일동포 가운데 한국에서 가장 통 크게 육영사업을 펼친 이는 도쿄 동포 김희수金熙秀 씨다. 빌딩왕이 별명일 정도로 거부였던 김 씨는 인생을 육영에 자기 인생을 걸었다.

1987년 김 씨의 시선이 향한 곳은 부채누적으로 파산 직전에 내몰린 중앙대학교였다. 인수하면서 부채 733억 원을 탕감해주면서 교육 전선에 뛰어들었다. 연간 중앙대 예산이 200억이던 시절이다. 당시로선 천문학적인 액수였다.

김희수 씨는 중앙대 인수자금 마련을 위해 도쿄의 금싸라기 땅으로 꼽히는 긴자의 빌딩을 매각했다. 재일동포 최초로 종합대 이사장에 오른 김 씨는 경남 진해(지금의 창원시)의 한학자 집안 출신으로 학식과 품위가 있는 인물이었다. 이사장에 오르자마자 과단성 있게 교육투자에 나섰다. 대학건물, 도서관, 기숙사를 새로 건축했으며, 슈퍼컴퓨터를 도입하는 등 완전히 새로운 중앙대 만들기에 앞장섰다.

부자 재일동포라는 이유로 여기저기서 돈 내라는 압박, 시기와 질투를 당하는 고난을 겪기도 했다. 숱한 압박에 굴하지 않은 김희수 씨는 혁신을 과감하게 추진해 나갔고, 중앙대를 명문대학으로 탈바꿈시키는 데 성공한다. 이사장 재임 21년간 액면가로 1,300억 원 넘는 사재를 대학에 쏟아부었다.

빌딩왕 별명과 상반되게 김 씨는 근검절약의 대명사였다. 도쿄에서도 지하철을 타고 출퇴근을 했고, 서울에 와서도 어지간한 거리는 걸어 다녔다. 점심 식사도 5천원 짜리 김치찌개로 때울 만큼 사치와는 거리가 먼 사람이었다. 그래서 '걸어다니는'이란 수식어가 붙은 빌딩왕이었다.

구두쇠는 아니었다. 써야 할 때는 확실하게 썼다. 88서울올림픽 때는 1억 엔이란 거액을 나라를 위해 기부했다. 거액을 쏟아부어 중앙대를 인수한 동기는 "대학교가 폐교되면 국가적인 큰 손실"이라는 안타까움 때문이었다. 김희수 씨는 자기가 살아가는 이유로 3가지 한恨을 풀기 위해서라고 입버릇처럼 말했다.

"망국의 한, 가난의 한, 배움의 한을 풀고 싶습니다."

신념을 지키기 위해 도쿄의 금싸라기 땅들을 아낌없이 처분해 중앙대에 넣었던 것이다. 부강한 나라 대한민국이 되려면 인재 양성이 제일 중요하다고 봤기 때문이다. 김 씨는 도쿄에서도 학교법인 금정학원, 수림외어전문학교를 세워 일본으로 유학 오는 한국 젊은이들의 정착 교육을 지원했다. 김희수 씨는 중앙대를 인수하면서 꿈을 꿨다.

"내 모든 걸 바쳐서 우리나라에서 노벨상 수상자를 배출하고 싶다."

김희수의 꿈은 2008년 두산그룹으로 경영권을 넘기며 미뤄지고 말았다. 하지만 육영가 김희수의 열정은 사후까지도 이어지고 있다. 두산으로부터 받은 매각자금 1,200억 원으로 서울에 장학재단 '수림재단', 한국학과 한국문화 발굴을 지원하는 '수림문화재단'을 세웠다.

노블레스 오블리주

지금까지 살펴본 바와 같이, 재일동포들의 육영 열정은 전국 도처에 진한 흔적을 남겼다. "부존자원이 없는 모국이 살아남을 길은 인재육성 뿐이다", "우리나라가 일본보다 더 잘 사는 나라로 만들고 싶다"는 것이 재일동포의 꿈이다.

재일동포 설립학교에서는 이사장이 사재를 내서 교육인프라를 개선시키는 게 상식으로 통한다. 그래서 사학 비리는 끼어들 틈조차 없다. 건학의 동기가 "모국을 돕겠다"는 순수함에서 비롯되었기 때문에, 재일동포 육영은 노블레스 오블리주 noblesse oblige 의 전형이다. 지원 하되 조건이 없고, 그저 나눔과 베풂을 실행할 따름이다. 끝으로 건학의 동포들이 남긴 말들을 전한다.

"제 가족이 내일 먹을 양식까지 바칠 수는 없습니다만, 어떻든 민족을 돕는 인생을 살고 싶습니다."(순천 효천고 이사장 서동호)

"애국심은 결코 사심으로 살 수 없습니다. 미래세대를 키우는 일 역시 사욕으로는 할 수 없는 일이더군요."(청암대 설립자 강길태)

"나이가 먹을수록 고향에 봉사하고 보답하고 싶다는 마음이 더욱 간절해집니다."(한창우나가코재단 이사장 한창우)

"1일 3분씩 욕심을 버리고 사회를 위해 할 수 있는 일이 무엇인가 생각을 했습니다. 하루도 빼먹지 않은 제 습관입니다."(진주교대 정환기장학재단 설립자 정환기)

"희미한 빛이라도 좋으니까 사회의 어두운 곳을 비추고 싶은 마음뿐입니다."(중앙대학교 이사장 김희수)

강길태
청암대학교 설립자

김경헌
부산대 경헌실버
아카데미 설립자

서동호
순천 효천고 이사장

한창우
한창우나가코
장학재단 설립자

김희수
중앙대학교 이사장

정환기
진주교대 가정정환기
재단 설립자

허윤도
경남 고성고 설립자

신길수
부산 양정고 설립자

배익천
거창 가조익천고
설립자

김창인
제주대학교
재일제주인센터
설립자

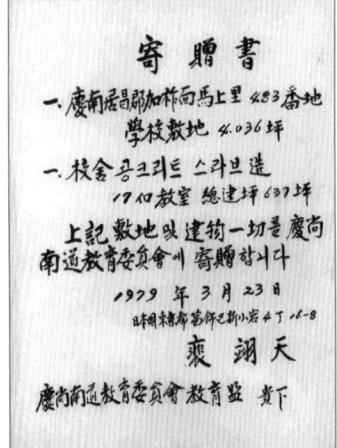
배익천 씨의 학교 기증서(1979)

재일동포 건학자를 조명한 기사
(2011.10.27 통일일보)

서채원 씨가 설립한 순천 효천고(2013.2)

| 11 |

제주도가 관광 1번지가 된 비밀
호텔 세운 김평진과 제주감귤 역사

60년대부터 새마을운동

재일동포는 제주도를 대한민국 관광 1번지로 바꾸고, 제주감귤 브랜드를 만들어낸 선구자다. 전국에서 새마을운동을 가장 먼저 시작한 지자체도 제주도다. 70년대 국책사업으로 지정되기 한참 전부터 이미 재일동포들이 자발적으로 새마을운동을 벌였다. 재일동포 개인이나 향우회, 친목회 등 동포단체가 고향마을에 전기, 수도를 부설했고, 섬 전체에 감귤나무 군락을 조성하여 가족친지들이 생계를 꾸릴 먹거리를 해결해 주었다.

그 덕분에 제주도는 전국 지자체 가운데 보릿고개를 제일 먼저 탈출했다. 재일제주인의 고향사랑은 재일동포 사이에서도 유별나다. 제주사람 열 중 셋이 일본에 있다 할 정도로 그 수도 많지만, 일제강점기 때부터 리 단위 친목회가 있을 만큼 끈끈한 연대감을 갖고 있다.

그래서 재일제주인의 고향사랑은 가히 무한애향無限愛鄕이다.

그러나 재일동포들이 상륙하기 전까지 제주도는 외부세계와 단절된 외로운 섬이었다. 1961년부터 1963년까지 제주도지사를 지낸 김영관金榮寬 지사는 부임 시절을 생생히 기억한다.

"부임 당시는 육지로 오갈 수 있는 정기노선이 하나도 없었어요. 그나마 제주-김포 간 KNA 프로펠러기가 1주일에 2~3번 운항하는데 그마저 정해진 날이 없었죠. 바람 부는 날에는 비행기가 뜨지 못하니까 섬에서 꼼짝없이 갇히기 일쑤였습니다. 여객 배편조차 부정기 노선이던 시절입니다."(2016년 12월 인터뷰)

외톨이섬 제주도가 달라지기 시작한 건, 재일제주인의 손길이 닿으면서부터다. 그 계기는 일본에서 동포 조직들이 만들어진 때와 연결된다. 1961년 도쿄에서 '재일제주개발협회(2월)'와 '재일제주도경제인협회(9월)'가 결성된 데 이어, 오사카에서도 1963년에 '재일본제주도민회'(1월)가 결성됐다. 이 시기에 친목회, 청년회, 상공회, 부인회 등 이런저런 이름으로 세워진 재일제주인 단체는 8개에 달했다.

김평진과 김영관의 의기투합

제주도 개발은 김평진 재일제주개발협회 회장과 김영관 제주도지사가 인연을 맺으면서 본격화된다. 재일동포로서는 고향발전에 힘을 보태는 일이고, 행정가로서는 해외투자 유치 겸 지역개발이 된다. 서로의 입맛이 맞는 일이다. 5.16쿠데타 직후 제주도에 부임한 김 지사는 재일동포들을 고향으로 불러올 수만 있다면 제주도 개발은 '문제없다'고 확신했다.

"60년대 우리정부는 예산이 없어서 제주도 개발에 손 댈 엄두를 못내고 있었습니다. 제주도를 발전시킬 유일한 동아줄이 재일동포였습니다."

김영관 지사가 러브콜을 보낸 재일제주인단체가 재일제주개발협회다. 이에 대해 협회가 호응했고 이듬해 4월 김평진 회장은 재일제주인 14명과 함께 향토시찰단을 꾸려 고향을 방문한다. 김평진 일행은 제주도로 내려가기 전에 서울에서 박정희 국가최고회의 의장과 먼저 만났다.

"고향사람들로 구성된 해외교포 단체가 우리나라를 찾은 것은 처음 있는 일입니다. 매우 뜻깊은 일입니다. 이제 제주도는 과거의 잊혀진 존재에서 새롭게 각광받은 곳으로 탈바꿈하게 될 것입니다."(박정희, 1962년 4월 27일)

이때 박 의장은 일행과 점심을 함께 하면서 제주도 개발이 필요한 이유에 대해 설명했다. 구체적인 요망도 나왔다. "제주도에 호텔을 건립해서 관광개발을 위한 민간인의 투자의욕을 북돋아 줘야 하지 않겠냐"는 것. 이때 손을 번쩍 든 이가 나타났으니 바로 김평진이었다.

"제가 책임지고 해 보겠습니다"

관광제주의 스타트를 끊는 장면이다. 이들이 제주도로 내려가자 주민들은 길가에 나와 마중하고, 따로 성대한 환영행사까지 열어주었다. 재일제주인 고향시찰단은 귀성메시지를 통해 "미개척지 제주도 발전에 최선을 다하겠다"고 밝혔다. 그리고 제주 실상을 파악하기 위하여 도내 13개

읍면 마을 곳곳을 누비며 자기들이 고향을 위해 할 일들을 찾았다. 그 후로도 재일동포 시찰단은 수차에 걸쳐 제주도를 찾았다.

1차 시찰단으로 참가한 김창휘金昶輝 씨는 당시 제주도 사정과 김평진 회장이 호텔을 세우게 된 배경에 대해 이렇게 증언했다.

"제주도는 관광지로서 최적의 여건을 갖추고 있었습니다. 개발의 가치는 충분했죠. 하지만 제대로 된 숙소조차 없는 낙후지였습니다. 그러다보니 누구도 선뜻 개발하겠다고 나서지 못했습니다. 한번은 이탈리아인 관광개발 전문가를 초청해 실태조사를 시켰는데 숙소가 '초가 여관' 한 군데 뿐이었습니다. 하는 수 없이 도지사 관저를 이탈리아인에게 내줬다 합니다. 이런 지경이니 재일동포들이 고향을 위해 제일 시급히 할 일이 무엇인지 답이 나오죠. 자연스레 우리 가운데 누군가가 호텔을 지어야한다는 공감대가 생겼습니다."(재일제주개발협회 30년사 '애향무한')

제주도 최초의 호텔

김평진 회장은 고향방문 이듬해인 1963년 10월 17일, 제주시내 삼성혈 근방에 호텔을 세웠다. 제주도 최초의 호텔 '제주관광호텔'(현재 하니크라운관광호텔)이다. 삼성혈 쪽에 터를 잡은 이유는 김영관 지사가 강력 추천해서다.

삼성혈은 제주도민의 기원으로 제주 3대 성씨인 고高, 양梁, 부夫 씨의 태생전설이 서려있는 유적이다. 언덕 위에 위치해 있어 제주시내가 한눈에 내려다보이면서도 경사가 없는 평지다. 이래저래 호텔 짓기 안성맞춤의 장소다.

'제주신문' 보도에 의하면, 당시 김 회장이 호텔 건립에 투입한 사재는 3천만 원이었다. 1년6개월 공사 끝에 세워진 제주도 최초의 호텔은 건평 2,890㎡의 부지 위에 33개의 객실, 커피숍, 식당, 쇼핑공간을 두루 갖췄다. 준공식 날에는 멀리는 수십 리 길을 마다않고 걸어온 호텔 관람객들로 인산인해를 이뤘다고 한다. 김 회장의 장남 김화남金和男(재일한국인본국투자협회 회장)씨도 건립 직후 이 호텔에 묵은 적이 있다.

"1964년 동계 전국체전이 끝난 직후였어요. 개인적으로는 난생 첫 제주방문이라 기억이 생생합니다. 아버지 호텔이 지어진 지 몇 달 안됐을 때입니다. 아버지 말씀이 벽돌부터 장식 하나까지 기자재 일체를 일본에서 가져다가 세웠다고 합니다."(2015년 3월)

현대식 호텔의 출현은 관광제주의 출발을 알리는 신호탄이었다. 초가 여관 한 채밖에 없던 외톨이섬 제주도가 마침내 손님을 맞이할 채비를 갖춘 셈이다. 김 회장은 한발 더 나아갔다. 1964년에는 서귀포에 허니문하우스(현 파라다이스호텔)를 매수해 새롭게 단장하고, 이어서 서귀포관광호텔도 세웠다. 이쯤 되면 김평진이란 이름 석 자는 관광제주의 초석을 다진 선구자라 새겨야 할 것이다.

김평진 회장의 행보는 호텔 사업에 그치지 않았다. 1966년에는 경영난으로 폐교 위기에 처해있던 제주여자학원을 인수해 제주여자중고등학교를 정상화시켰다. 탤런트 고두심이 나온 학교로써, 오늘날 제주지역 여성 교육의 요람으로 성장했다. 1977년에는 제주신문에 사재를 투입하며 지역 언론육성과 문화 창달에도 공헌했다.

비석거리와 기증왕 안재호

재일제주인 가운데 개인으로 가장 활발한 기증을 활동을 펼친 인물은 오사카 일본유기화학공업의 안재호安在祜 사장이었다. 제주도 표선면의 기초는 안 사장 혼자 세웠다 해도 과언이 아니다. 그의 사재로 건립된 사회시설이 헤아릴 수 없을 만큼 많기 때문이다. 면사무소(1968년), 마을회관(1970년), 전화개설(1973년), 도로포장(1974년), 표선중학교 이전설립(1975년) 등이다.

안재호 사장처럼 60~70년대 재일제주인 개인들이 국가나 지자체가 해야 할 사회기반시설을 자기 사재를 털어 세운 경우가 많다. 이러한 개인 새마을운동의 공적을 증명하는 증표가 제주도 곳곳에 남아 있다. 조천, 표선, 대정, 화북 등지의 마을 중심에 자리한 비석거리다.

제주도 비석거리의 유래는 조선시대 제주목사나 판관이 이임할 때 치적을 기념하며 세운 것에서 비롯됐다고 한다. 그러나 일제강점기 이후에는 해당마을을 발전시킨 개인의 공적을 기억하는 공간으로 바뀌었다. 비석에 이름이 새겨진 대다수는 재일동포, 이는 그들의 무한애향을 보여주는 명확한 증거다.

한편 재일제주개발협회, 재일본제주도민회 등의 동포단체는 고향 주민들을 일본으로 초청하는 프로젝트를 추진했다. 목적은 선진 농업기술을 익히는 기회를 제공하기 위함이다. 1964년 3월에는 제주도민 46명을 초청해 ▲감귤 묘목 재배장(시즈오카현) ▲포도당 제조공장(지바현) ▲양계장과 양돈장 등을 함께 둘러봤다. 현장에 머물며 기술을 익히는 일도 도왔다. 재일제주인 단체는 이후로도 농업기술시찰단 초청 사업을 정기적으로 실시했다.

500그루로 시작된 제주감귤

　재일제주인의 모국공헌으로는 관광제주의 초석을 세운 것과 더불어 제주도를 '감귤의 섬'으로 변모시켰다는 사실도 빼놓을 수 없다. 60년대에 고향 주민을 일본으로 데려와 시즈오카현과 와카야마현 등지의 감귤 농장을 답사시키고, 묘목장에서 감귤 다루는 기술을 배우게 한 건 제주도를 감귤의 섬으로 바꾸려는 노력이었다.

　재일제주인들은 낙후된 제주를 발전시킬 역점사업으로 감귤묘목 보급을 추진한 건, 제주도가 온난다습한 기후라서 감귤 농업에 이상적 환경을 갖췄다고 봤기 때문이다.

　제주감귤 역사의 시초가 재일동포는 아니다. 제주도에 개량감귤이 처음 보급된 건 일제강점기 때부터다. 1913년 서귀포에 거주하던 일본인 미네가 밀감묘목을 식재하고 농장을 만든 것이 시초로 알려져 있다. 조선총독부의 생활실태조사에 따르면, 1920년대 들어 해마다 7~8천 그루씩 일본에서 갖고 들어왔으며 1928년도 제주의 감귤생산량이 5만 관(1관=3.75kg)이란 기록도 남아 있다.

　그러나 오랜 기간 감귤은 제주도민의 생활수입원으로 기능을 하지 못했다. 해방되던 1945년도 감귤재배 면적은 16ha에 생산량은 80t에 불과했다. 6.25전쟁 직후인 1954년에 87t으로 생산량이 약간 늘었지만, 소득 증대와는 거리가 멀었다.

　감귤이 상업화에 성공하지 못한 건, 워낙에 키우기 까다로운 작물인데다 농장을 차리려면 어느 정도 자본력이 있어야 했기 때문이다. 가난한 제주농가로서는 감귤 나무를 심을 엄두조차 내지 못했던 것이다.

　제주감귤이 고수익 과일로 탈바꿈하기 시작한 건, 재일제주인이 고향

투자를 시작한 때와 궤를 함께 한다. 일본산 감귤묘목 반입이 공식기록으로 등장한 것도 그때다. 1962년 4월 재일제주개발협회 시찰단이 타고 온 쌍발프로펠러기 화물칸에 500그루의 감귤묘목이 실려 있었던 것이 재일동포 감귤묘목 기증 1호 기록이다.

그러나 묘목 반입이 골칫덩이였다. 정식 수입허가를 받고 들여온 묘목조차 통관 거부를 당하기 일쑤였다. 아니면 과도하게 높은 관세를 부과받았다. 행정기관끼리도 다퉜다. 도는 동포가 보낸 묘목에 대해 즉시 통관과 면세를 말하고, 세관은 그런 규정이 없다며 버텼다. 감귤묘목 반입을 둘러싼 행정시비가 끊이지 않았다. 심지어는 통관이 지체되는 바람에 세관창고에서 싹이 나서 묘목을 몽땅 폐기처분한 적도 있고, 참다못한 일부 농민이 묘목을 밀반입하려다 적발되는 사례도 나왔다.

얼마나 분쟁이 많았으면 대통령이 직접 해결사로 나섰다. 1965년 3월 제주를 방문한 박정희 대통령은 구두로 특별지침을 내렸다.

"재일동포가 기증하는 감귤 묘목은 종묘법을 개정해서라도 모두 통관이 되도록 조치하시기 바랍니다."(광복제주30년)

'대학나무' 315만 그루

대통령 지침 이후 고질병이던 재일동포 기증감귤의 통관규제는 사라졌다. 1965년 농림부는 감귤을 농어민 소득증대 특별품종으로 지정하고, 제주도 개발 역점사업으로 '감귤주산지 조성 5개년 계획'을 확정했다. 제주도는 감귤 증산 의욕을 북돋을 목적으로 '감귤상'을 제정했다.

이때부터 감귤 산업은 날개를 단다. 제주도민의 생활상도 몰라보게 좋

재일제주인 '감귤묘목' 기증실적
(1962~1970年)

년도	묘목수량
1962~1966년	55,000
1967년	46,150
1968년	46,000
1969년	421,500
1970년	2,580,600
총 314만9,250 그루	

자료: 재일동포모국공적조사위원회

아진다. 그때 생겨난 말이 '대학나무'다. 감귤 농사로 자식을 서울에 있는 대학으로 유학을 보냈다 해서 붙여진 말이다. 내륙의 농가에서 소 팔아서 자식 대학등록금 마련했다고 붙인 '우골탑'과 비슷하다.

감귤이 제주도를 빈곤에서 탈출시켰다는 건 통계로도 입증된다. 1967년 제주 도민들은 감귤 3400t을 생산해 순이익 5억4천만 원을 거뒀다. 전국 꼴찌였던 1인당 연소득은 2만8684원(1966년 한국은행 자료)으로 급증해 전국 3위가 됐다. 다른 지자체에서는 아직 농업개혁에 손대기 전이니, 제주경제 발전에 감귤 보급은 혁혁한 공을 세운 셈이다.

그렇다면 재일제주인이 기증한 감귤묘목 수는 얼마나 될까. 2007년 재일동포모국공적조사위원회 조사결과, 1962년부터 1970년까지 9년간 재일동포 기증감귤은 315만 그루에 달했다. 일본에서 제주로 반입된 감귤 묘목은 1962년 500그루를 시작으로 1963년 3만4천그루, 1965년 2만 그루, 1967년 4만6천그루, 1968년 4만6천그루, 1969년 42만1천그루, 1970년 258만600그루다.

유독 1970년에 감귤묘목 반입이 급증했는데 거기에는 이유가 있었다.

일본 당국에서 감귤묘목의 해외반출을 금지한다는 방침을 세우고 있었기 때문이다. 그래서 이해에만 재일제주인 3개 단체에서 103만 그루, 재일동포 개인 250여명이 155만600그루를 고향에 기증했다.

이렇게 기증되는 감귤묘목을 얻으려는 재배농민 간 경쟁은 대단히 뜨거웠다. 재일동포 아무개가 도청이나 시청에 감귤을 기증할 것이란 소식이 전해지면, 농민들은 앞 다퉈 분양신청서를 접수했다. 사돈의 팔촌까지 동원해 로비활동을 벌이는 등 치열한 쟁탈전이 벌어졌다.

브랜드가 된 '제주감귤'
기술전수, 품종개발까지 지원

'밀감(=감귤)제주를 만들자'

70년대 제주도 슬로건이다. 감귤 브랜드가 정착한 1973년에 제주 감귤 농가수익은 50억 원을 넘어서며 1967년 대비 꼭 10배가 늘었다. 이제부터는 보다 빨리, 보다 많이, 보다 맛있는 감귤을 생산하는 일이 과제로 떠올랐다.

이때부터 재일제주인의 감귤산업 지원방식도 진화된다. 보급 뿐 아니라 ▲재배기술 전수 및 지도 ▲농기계 보급 ▲신품종 개발 등으로 다변화된다. 재일제주개발협회의 경우, 1965년부터 80년대까지 감귤 농민을 대상으로 한 일본 연수프로그램을 역점사업으로 추진했다.

"연수비는 전액 회원들의 호주머니를 털어서 마련했습니다. 일본으로 연수를 온 청년들은 고향에 돌아가서 감귤 기술자가 되었지요. 만약에 그 돈으로 우리 협회가 제주도에 빌딩을 세웠다면 큰 수입밑천이 되었을 겁니다. 홍보효과도 톡톡히 거뒀을 테고요. 그렇지만 회원들은 고향발전에 공헌하는 일을 '우선'했습니다. 제주도의 감귤 자립화를 이루려면 기술향상이 필수라고 봤거든요."(고봉준高奉準 전 재일제주개발협회 회장)

연수프로그램을 진행하면서 당황스런 사건도 여럿 발생했다. 시즈오카静岡현에 있는 감귤단기대학과 연수프로그램 진행을 약속했을 때는 대학에서 난색을 표해왔다. "외국인 수십 명을 한꺼번에 받으면, 그 수만큼 일본인 학생의 공부기회가 없어진다. 전례도 없다"는 이유였다. 그러자 재일제주개발협회 회원들은 돌아가면서 대학을 방문해 사정을 했고, 결국 대학 측은 두 손을 들었다.

한국 정부가 여권 발급을 늦추는 바람에 연수생들이 일본에 3개월이나 늦게 도착한 적도 있다. 숙소부터 생필품, 학용품까지 챙겨놓고 기다리던 재일동포 입장에서는 정말 맥 빠지는 일이었다. 연수생 초청사업 담당자였던 1세 동포는 "고향 젊은이 한 명이라도 더 선진농업기술을 배워갔으면 했는데, 모국 관료의 이해부족으로 지체되었다. 다시 생각해봐도 유감스런 일이다"고 돌아봤다.

재일동포가 제주도로 파견한 일본인 감귤기술자와 농민 간 갈등 아닌 갈등도 일어났다. 실례가 있다. 1969년 10월 시즈오카현립 모목원母木園 기술자 다케시타 토시카쓰竹下利雄씨는 농민들로부터 거센 항의를 받았다. 가지치기하는 걸 보고서 "멀쩡한 나무를 죽이려 든다"고 반발해 한바탕 소동이 벌어진 것이다. 감귤을 튼튼하게 맛있게 키우는 방법이라 설명해도 당체 믿지 않아서 벌어진 해프닝이다. 지금은 초등학생도 아는 상식인 가지치기에 이런 반응이었으니, 당시 감귤재배 기술이 얼마나 뒤떨어졌는

지 보여주는 에피소드다.

　재일제주인들은 트랙터, 제초기, 농약 자동분무기 등 농기계 보급에도 앞장섰다. 제주도에 감귤산업이 정착된 뒤에는 신품종의 개발과 도입에 힘을 기울였다. 일본에서 신품종이 출시되는 대로 묘목을 구해 제주도에 기증했다.

　마치 고려시대 문신 문익점文益漸이 중국 원나라에서 붓통에 목화씨를 숨겨 들여오던 모습과 흡사하다. 실제 재일제주인은 1974년 10종의 신품종 감귤 11만9천 그루를 고향에 보낸 데 이어, 1980년에도 3만5천 그루의 신품종을 기증했다.

　오늘날 감귤은 한국에서 생산량이 가장 많은 제1과수다. 새콤달콤한 국민과일 '제주감귤'의 역사를 재일동포가 만들었음을 기억해야 할 것이다.

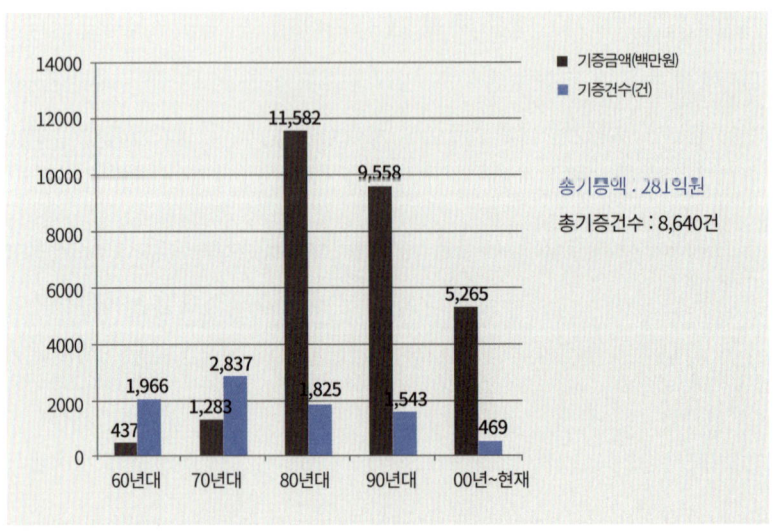

◈ 후기 ◈

재일제주인은 1920년대부터 오사카와 도쿄에서 김녕, 함덕, 애월, 법환 등 마을단위 친목회를 가동해왔다. 이들의 고향사랑이 얼마나 유별난지를 보여주는 좋은 사례다.

재일제주개발협회 창립 멤버 고 한재룡韓在龍씨는 구순의 나이에도 사재를 털어 함덕장학회를 이끌고 있었다. 그가 말한 재일제주인의 돈 쓰는 철칙이 기억에 남는다.

"가령 500만 원을 벌면 먼저 자식 몫으로 100만 원을 떼어놓습니다. 나머지 400만 원은 본인, 친족, 고향, 저축 용도로 4등분합니다. 그게 우리들 재일제주인의 돈쓰는 철칙이죠."(2007년 11월)

재일제주인 고향시찰단(1960년대)

재일동포에게 제주개발을 부탁하는
내용의 기사(1962.4.27 조선일보)

재일제주인 제1차 고향시찰단(1963.4)

재일동포 기증 감귤묘목(1960년대 후반, 제주항)

제주여자중고등학교(2007.11)

재일동포 공덕비가 늘어선 비석거리(2007.11, 제주 조천)

| 12 |

진해군항제와 60만 새마음심기
대통령이 따라준 검정막걸리의 정체

벌거숭이 민둥산 천지

재일동포들의 고향방문 길이 활짝 열린 건 60년대 중반 이후다. 해방 후 수교 전까지 한국과 일본은 서로 으르렁대는 적성국이라서 민간왕래는 매우 제한적으로 이뤄졌다. 1965년 한일수교로 막혔던 국경이 열리자마자, 재일동포들은 앞 다퉈 고향 땅을 찾아왔다.

그런데 수십 년 만에 다시 찾은 고향 산천은 어릴 적 뛰놀던 옛 모습이 아니었다. 오사카 사업가 양건묵梁健黙 씨는 1965년 7월 고향 경북 영천으로 내려가면서 말문이 턱 막혔다. 온종일 고향 길을 내려가면서 초록의 녹음으로 가득 찬 산천의 모습은 온 데 간 데 없고, 가는 내내 마주친 새를 세어보니 참새 2마리뿐이었다. 일본으로 건너갈 때만 해도 빼곡했던 그 많던 나무들이 한 그루도 남아있지 않았던 것이다.

"나무가 없어지니까 새들도 서식처를 잃어버렸던 거죠. 벌겋게 벗겨진 고국의 산과 사라져가는 새를 보호하는 운동을 벌이기로 결심했습

니다."(1968년 6월 7일자 동아일보)

    양건묵 씨는 고향방문을 계기로 나무심기 운동가로 변신한다. 헐벗은 산과 사라지는 새를 보호하자고 결심한 그는 동아일보 인터뷰에서 애림녹화愛林綠化를 범국민운동으로 펼쳐야 한다고 목소리를 높였다.

    50~60년대 우리나라 산야는 전국이 민둥산이라 해도 과언이 아니었다. 풀 한포기 없는 마을이 사방에 넘쳐났다. 일제로부터 해방된 남한에는 변변한 석탄 공장, 전력생산 시설이 없었다. 분단이 되자 그동안 북한 지역에서 받아오던 석탄 공급 길이 막혔고, 그때부터 남한 곳곳에서 나무 도벌이 횡행하게 된다. 설상가상으로 6.25한국전쟁까지 터지면서 전국의 산림은 순식간에 황폐화되고 만다.

    1952년 나무의 총량을 뜻하는 입목축적은 헥타르(ha)당 5.7㎥. 이는 해방되던 1945년에 비해 절반 수준으로 급감한 것이다. 이 산 저 산 옮겨 다니며 숲이나 들에다 일부러 불을 지펴 농사짓는 화전민火田民부터 닥치는 대로 나무를 베어가는 전쟁이재민까지 난리도 아니었다. 가을에 추수한 곡식이 떨어지는 봄이면 나무뿌리 파먹고, 가을에는 낙엽마저 모조리 쓸어담아다 연료로 썼다.

    당시 산림훼손이 얼마나 심각했으면 한 일간지 기자가 "1955년 1년 동안 남한 산림의 17%가 아궁이속 땔감으로 사라졌다"고 비유했을 정도다.

달러 빌려 나무 심은 정부

    정부도 국토 황폐화의 심각성을 인식하고 있었다. 나무심기에도 의욕을 보였다.

"금년을 사방의 해로. 목표면적 38만7천 정보町步"(1963년 1월 16일자 경향신문)

38만 헥타르(ha)가 넘는 방대한 면적이다. 그러나 목표는 거창했지만 실적은 계획대비 5%에도 미치지 못했다. 60년대 사방사업砂防事業으로 불렸던 산림녹화 사업은 실패의 연속이었다. 오랜 기간 방치된 토양은 황폐화가 심해진 상태라 나무가 뿌리를 내리기 어려웠다. 그나마 살아남은 나무도 여름철 폭우로 단번에 떠내려가기 일쑤였다.

주민들의 비협조도 문제였다. 식목행사로 애써 심은 나무를 밤이 되면 몰래 베어갔다. 그래서 군청, 면사무소, 경찰서 같은 관공서 근처, 인파가 몰리는 중심거리에 심은 걸 빼면 멀쩡한 나무를 찾아보기 어려웠다.

오랜 기간 악전고투가 이어지는 가운데 당국의 집념 역시 대단했다. 1968년에는 '화전 정리법'을 공포하며 숲을 태워 농사짓는 화전농을 법적으로 금지시켜버렸다. 심지어 세계은행IBRD에서 빌린 차관을 산림녹화 경비로 사용하기까지 했다. 한국이 "달러 빌려 나무 심었다"고 보고하자, 세계은행은 거짓보고로 의심했다는 일화도 내려온다.

1973년부터는 나무심기를 아예 새마을운동의 주축사업으로 삼았다. 60년대 경제개발 5개년 계획처럼 '치산녹화治山綠化 10개년 계획'을 공포했다. 농림부 소속이던 산림청은 내무부(지금의 행정안전부) 산하로 이관해 조직을 강화시키고 식목예산도 대폭 늘렸다. 국정책임자인 당시 박정희朴正熙 대통령은 지방에 내려갈 때마다 나무를 심었다.

요즘 시선에서는 국민학대로 고발당할 법한 일도 일어났다. 관이 반강제로 국민들을 나무심기에 동원한 것이다. 식목일(4.5)을 공휴일로 삼고 해마다 3~4월이면 마을마다 얼마나 나무를 심을 것인지 식목 수량이 배정됐다. 공무원이야 자기 업무라지만, 공부하는 중고생들까지 나무 심는 일에 동원되는 게 예사로 벌어졌다. 이밖에도 벌목을 막기 위한 입산금지 정책, 녹지보전을 목적으로 한 개발제한구역 그린벨트GreenBelt 지정까지 온 나라가 민둥산에서 벗어나기 위해 필사적이었다.

재일동포 60만 새마음심기 운동
대통령과 마신 검정막걸리의 정체

이러한 모국의 푸른 숲 가꾸기 노력에 재일동포사회도 부응했다. 첫 구상이 나온 건 1972년 12월이다. 이때 재일민단 단원 250여명은 새마을운동 행사 차 서울을 방문했다.

도쿄로 돌아온 직후 재일민단에서 내놓은 프로젝트는 '60만 새마음심기 운동'이었다. 재일한국인 60만 명이 각자의 고향에 한그루씩의 나무를 심자는 취지다. 그건 모국의 산림녹화사업을 협력한다는 의미 이상을 품고 있었다. 뿌리인 대한민국에 재일동포 모두의 마음을 나무로써 뿌리내리고 싶다는 의지의 표현이었던 것. 재일민단이 그러한 의미를 담아 디자인한 '두 손 모아 싹을 띄우는 모양'의 포스터는 내무부의 산림녹화 공식 포스터로 채택되기도 하였다.

재일민단 안에서 새마음심기를 담당한 조직은 민단중앙본부 청년회(당시 청년국)였다. 1973년부터 재일한국청년회 멤버들은 매년 4월 모국을 방문하기 시작한다. 그런데 1975년 모국방문 때 동포청년들은 예기치 못한 돌발 상황과 마주한다. 청년들에게 사전에 전달된 이야기는 서울 근교의 야산에 올라 나무 심는다는 것뿐이었다.

알고 보니 새마음심기 행사는 대통령이 주관하는 청와대 행사였다. 이날 박정희 대통령은 야산에서 근접 경호원들을 물리치고 재일동포 청년들과 함께 나무를 심었다. 하지만 행사를 기획한 관계자와 경호팀은 식은땀을 흘려야했다. 삽자루를 든 100여명의 장정 사이에 대통령이 섞여 있으니, 혹시나 불상사가 일어날까봐 초비상이 걸렸다. 청년들도 재일민단의 나이 지긋한 간부들도 조마조마하기는 마찬가지였다.

그러나 박 대통령은 스스럼없이 바다를 건너온 동포청년들과 어울리며 나무를 심었다. 점심시간이 되자, 모두에게 준비된 도시락이 제공됐다. 그때 박 대통령이 청년대표 윤융도尹隆道를 불렀다.

"윤 군, 술은 마시는가?"
"네 그렇습니다. 마시겠습니다."

대통령이 윤 청년에게 주전자에 담긴 막걸리를 따라주었다. 그런데 빛깔이 이상했다. 거무튀튀한 게 난생 본 적 없는 스타일의 술이었다.

"이건 맛있지 않다네. 옥수수로 만들었으니까. 지금 한국은 쌀이 부족해서 쌀 막걸리를 빚을 수 없다네. 나중에 쌀을 자급하는 날이 오면 그땐 쌀 막걸리를 마실 수 있을게야. 맛이 없더라도 같이 한 잔 들자고."

막걸리를 목구멍에 삼키는 순간, 윤 청년은 목이 메었고 눈시울은 뜨거워졌다. 다른 재일동포 청년들도 충격을 받기는 마찬가지였다. 다들 그때까지 박정희는 군인 출신의 독재자, 무서운 사람으로만 알고 있었으니까. 거무튀튀한 옥수수 막걸리를 나눠 마신 청년들은 한껏 흥이 올랐다.

막걸리 파티가 끝난 뒤, 또 돌발 상황이 벌어졌다. 동포청년들이 "대통령을 헹가래치자"고 모의한 것이다. 실행 직전 경호원의 제지로 그 뜻을 이루지는 못했으나, 청년들의 마음이 얼마나 뿌듯했나를 알 수 있는 그날의 장면이다.

60만 새마음심기 운동은 일거양득이었다. 민둥산 천지인 한국에 나무 심는 해외동포 청년들의 출현이니 모국으로서는 반갑고, 차세대 재일동포로서는 모국과 든든한 유대감을 갖는 모티브가 되었다.

70년대 한국에 나무를 심으러 온 청년들은 어느덧 팔순 전후의 머리 희끗희끗한 노인이 되었다. 하지만 참가자 다수가 재일민단을 비롯한 사회단체에 봉사하면서 동포사회와 한일 양국을 잇는 중간역할을 맡았다.

진해군항제와 재일동포 벚꽃

재일동포 청년들이 60만 새마음심기 운동으로 조국 산야에 심은 나무는 1973년부터 1976년까지 총 163만 그루에 달했다. 그리고 나무를 심기 위해 모국을 찾은 청년은 총 594명이었다.

재일민단뿐 아니라 향우회, 도민회 등 고향모임도 나무심기를 조직적으로 실시했다. 도쿄, 오사카, 후쿠오카, 교토등지에서는 지역 단위로 나무심기 활동이 이루어졌다. 고향모임 가운데 가장 활발하게 나무심기 활동을 펼친 데는 재일경상남도도민회. 1976년부터 해마다 4월 경남 일대를 순회하면서 나무를 심어왔으며, 지금까지 식수 총량이 25만 그루에 달한다.

개인들의 나무심기는 통계로는 잘 잡히지 않지만, 1세들을 중심으로 고향에 과실수를 많이 심었다. 감나무, 밤나무, 사과나무, 소나무 등으로 이왕이면 농가 소득에 도움을 주고 싶은 마음에서다.

벚꽃나무도 많이 심었다. 어릴 적 추억이 깃든 고향마을을 아름답게 가꾸고 싶어서다. 재일동포들은 대한민국 최대 벚꽃축제인 진해 군항제의 기틀을 다지는 데도 역할을 했다. 그 중 진해 출신으로 사이타마에 살던 편수개片守介 씨 사례에 주목할 필요가 있다. 편 씨는 군항제 초창기인 1966년 10월 진해시에 벚꽃나무 1만6천그루를 기증했다. 오늘날 진해시내 벚꽃나무 총량이 30만 그루임을 감안하면 상당한 수량이다. 그를 시작으로 진해, 마산, 창원 출신 재일동포들도 태어난 마을마다 알음알음 벚꽃나무를 기증했다.

군항제는 진해에 있는 해군기지가 충무공 이순신의 호국정신을 기리기 위해 시작한 게 유래다. 지금은 수백만 관광객이 찾아오는 한국의 대표 벚꽃축제로 유명하지만, 초창기에는 어촌마을에서 열리는 자그마한 군대축제일 따름이었다.

재일민단 기관지 '한국신문'이 1966년 11월 8일자에서 묘사한 진해의 당시 모습은 초라했다. 군데군데 벚꽃나무는 있으나 키가 작으니 볼품이 없었고, 분홍빛으로 만발한 벚꽃 군락조차 보이지 않았다고 보도했다. 편수개 씨가 벚나무 묘목을 기증한 건 진해가 화사하게 거듭나기를 바라는 고향사랑의 마음이 담겨 있었다. 한국신문 인터뷰에서 그는 담담한 어조로 말했다.

"일본에 사는 교포(재일동포)로써 당연한 일을 했을 뿐입니다. 저의 작은 행위가 조금이라도 고국과 제 고향에 도움이 된다면 그 이상 기쁠 수가 없습니다."

매년 봄 전국 곳곳에서 펼쳐지는 분홍빛 벚꽃의 향연. 그 기원을 알고

재일한국인 60만 새마음심기 운동 실적

년도	정보(町步)	묘목수(그루)	참가인원(명)
1973년	312	641,000	115
1974년	210	600,000	88
1975년	214	382,000	235
1976년	12	6,800	156
계	738	1,629,800	594

※1 町步 = 3000평 = 9917m² 　　　　자료: 재일동포모국공적조사위원회

보면 재일동포가 기증한 어린 벚나무 묘목으로 시작된 경우가 태반이다. 실제 한국의 벚꽃 명소 중 재일동포 기증나무로 조성된 곳이 널려 있다.

부산 김해국제공항 초입의 관문거리, 제주도 곳곳에 산재한 벚꽃거리, 충북 청주의 무심천변, 속리산국립공원과 수안보온천의 진입로, 경남 함양의 지리산 벚꽃 길 등이다. 서울 김포공항 입구와 국립현충원에 조성된 벚꽃 길도 동포기업인 허필석許弼奭(도쿄상은 이사장) 씨가 1963년 4월 서울시에 기증한 7천 그루의 벚나무가 포함돼 있다.

60년대 중반 시작한 한국의 산림녹화 사업은 우공이산愚公移山의 신화를 떠올리게 한다. 나무 한그루 없던 민둥산을 울창한 숲으로 바꾸는 시도는 무모해보였지만, 한국인들은 끈기를 갖고 결국엔 이뤄냈다. 아흔 살 노인 혼자서 산을 옮긴 기적의 역사, 그 기적을 일구는 데 재일동포도 일조했음을 내국인들은 잊지 말아야 할 것이다.

오사카동포 양건묵 씨 소개 기사(1968.6.7 동아일보)

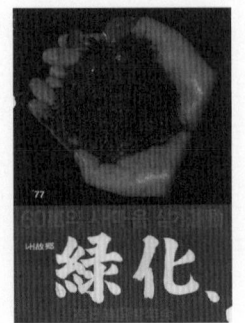
내무부의 산림녹화 포스터로 지정된 재일청년회 작품(1973)

60만 새마음심기운동에 참가한 재일동포 청년들(1975.4)

재일민단 청년회의 60만 새마음심기운동(1974.4)

식목행사에 참가한 박정희 대통령

재일경남도민회의 식목행사(2008.4, 경남 사천)

벚꽃이 보이지 않는 초창기 진해군항제(1964.4)

오늘날의 진해군항제는 벚꽃의 향연이 펼쳐진다(2008.4)

| 제4부 | 무한애향無限愛鄉 팔도강산에 남은 재일동포 흔적

| 13 |

재일한국인 모국기부 100년사
주고 또 준 나라사랑의 장면들

재일한국인의 모국기부 역사는 100년을 훌쩍 넘겼다. 1948년 대한민국이 탄생한 이후에는 모국 기부가 아예 전통으로 뿌리내리고 있다. 기쁠 때나 슬플 때나 모국과 함께 해온 재일민단 등의 단체가 한국에 갖다 준 직접 기부액은 기록에 남은 것만 1조 원을 상회한다.

최초의 태극마크 재일동포가 달아줬다
48런던올림픽 때부터 신세진 대한민국

제14회 48런던올림픽(1948년 7월 29일~8월 14일)은 한국이 처음으로 '대한민국'이란 국호를 내걸고 출전한 국제스포츠 데뷔무대였다. 그 이전 1936베를린올림픽 때 마라톤에서 손기정孫基禎, 남승룡南昇龍 선수가 각각 금메달, 동메달을 땄지만, 선수들 가슴에는 일장기가 달려 있었다. 그래서 런던올림픽은 일제 식민지배라는 비운의 역사에서 벗어난 한민족의 첫 올림픽 출전이란 역사적 의미를 갖고 있었다.

그러나 출전을 향한 대한민국 선수단의 여정은 처음부터 가시밭길이었다. 미군정 시대에서 올림픽 출전비용을 마련하는 건 무리란 여론이 지배적이었다. 그래서 민간에서 올림픽후원회라는 단체가 꾸려졌고, 그 단체가 판매하는 복권 판매금을 올림픽 출전경비로 조달했다.

"본권은 1948년 런던올림픽에 파견할 대표단의 경비를 충당하기 위하여 각 도와 서울시를 단위로 한 각 지구에서 발행함."

태극마크와 올림픽 오륜기가 함께 그려진 복권은 장당 100원, 1등 당첨금은 100만 원이었다. 80kg 쌀 한 가마가 8천300원, 소금 한 되가 100원이던 시절이다.

이처럼 국민들이 십시일반 낸 성금으로 어렵사리 올림픽 대표팀이 꾸려졌다. 선수 50명, 임원 17명을 태운 증기기관차가 서울역을 떠난 건 1948년 6월 21일. 묵직한 경적소리를 내며 칙칙폭폭 달려간 부산역, 그곳에서 선수단이 향한 곳은 목적지 런던과는 반대방향에 있는 일본이었다.

한국선수단의 기착지는 일본 요코하마항橫浜港, 선수단을 기다리는 사람들이 있었기 때문이다. 재일본조선인체육협회의 채수인蔡洙仁 회장과 이희원李禧元 상임고문 등 재일동포들은 선수단을 열렬히 환영하며 동포들이 정성으로 마련한 성금과 선물을 전달했다.

이때 재일동포들이 대한민국 선수단에 전달한 선물내역은 국가대표팀 유니폼, 트레이닝복, 각종 스포츠용품, 외국선수단 전달용 기념품, 그리고 십시일반 모은 동포성금 64만9,500엔이었다. 유니폼에 새긴 태극마크는 재일동포 아낙네들이 한 땀 한 땀 바느질로 새겨 넣은 것이었다. 요코하마항을 출항한 한국선수단은 홍콩을 거쳐서 20박21일이란 대항해 끝에 런던에 도착할 수 있었다.

6.25전쟁이 한창이던 1952년 핀란드 헬싱키올림픽 때도 대한민국은 재일동포 신세를 졌다. 이때도 재일체육회는 성금을 모아서 한국 선수단의 출전 여행비용과 스포츠 기구의 거의 전액을 부담했다.

재일동포 후원이 없었다면 48런던과 52헬싱키올림픽 대한민국 대표팀은 존재했을까. 그들의 조국 대한민국은 건국 이전부터 재일동포 신세를 지고 있었던 것이다.

6.25전쟁 위문주머니 2,825개

재일동포 모국기부 역사는 주로 재일본대한민국민단(재일민단)이 주도했다. 대다수의 성금 모금이 재일민단 주도하에 이뤄졌기 때문이다. 민단이 벌인 성금 모금캠페인을 10년 단위로 나눠서 정리하면 다음과 같다.

- 1950년대: 6.25한국동란 전쟁 이재민 구호운동
- 1960년대: 구호미 및 라디오보내기운동
- 1970년대: 고향마을 개발운동, 새마을 자매결연 사업, 산림녹화 운동
- 1980년대: 88서울올림픽 성금 100억 엔 모금운동, 신한은행 공동설립
- 1990년대: IMF외환위기 엔화 송금운동
- 2000년대: 한·일 공동월드컵대회 성금모금, 남대문화재 성금운동
- 2010년대: 2018평창동계올림픽대회 성금모금

계기성 이벤트나 단발성 성금운동 외에 재일동포사회에서 상시적으로 하는 캠페인도 있다. 수해나 가뭄, 폭발사고와 같은 천재지변에 의한 이재민 구호활동이다.

이와 같은 재일동포의 모국기부의 흐름을 돌아보면 반복되는 패턴 몇 가지를 발견하게 된다. 우선 시대에 따라 달라지는 기부형태다. 분단과 전쟁을 거치며 물자가 부족했던 시절에는 일본에서 구매한 생필품이나 현물을 보내는 경우가 많았고, 국내 제조업 기반이 자리 잡은 80년대 이후에는 현금을 모아서 기부금을 전달하는 방식으로 바뀌었다. 이러한 흐름은 한국이 걸어온 현대사의 궤적과 일치하고 있는 것이다. 그리고 조국이 위기에 처하거나 난관에 부닥쳤을 때에는 반드시 동참하겠다는 인식, 위난 시 구호활동은 세대가 바뀐 지금까지도 재일동포의 전통으로 이어지고 있다.

먼저 6.25동란이 발발한 1950년대 구원활동을 살펴보면, 재일민단은 전쟁이 터지자마자 위문주머니 2,825개와 현금 93만2,712엔(¥)을 모금해 전장에 지원했다. 1950년 10월이다. 당시 재일동포 위문주머니에 담긴 물품으로는 의약품, 의류, 모포, 비누, 캐러멜, 신발 등이 들어있었다. 목록에는 빠졌지만 아녀자들은 재봉틀을 구해 보내기도 하였다.

지금의 눈으로 현금 93만 엔의 가치는 대수롭지 않아 보일 수도 있다. 하지만 당시는 거액이었다. 민단 부인회 기록집 '부인회 40년 족적'에 따르면 도쿄 시내에서 하루 종일 모금해도 모이는 돈은 2천~3천 엔이었다. 일본 근로자 평균월급이 1천엔 남짓이던 시절이다.

그땐 재일동포 절대다수는 생활고에 시달렸다. 평균적인 일본인보다 훨씬 적은 수입으로 하루하루 힘들게 살아갔다. 부자는 극소수일 뿐이고 구름 위의 존재였다. 6.25때 모국에 성금과 물품을 바리바리 싸서 보낸 동포들은 결코 돈이 있어서 한 것이 아니었다. 일본사는 우리는 굶는다고 죽지는 않지만 당장 죽을 지도 모르누 모국의 동포들을 도와야한다는 마음에서였다. 이에 대해 오사카 1세 사업가로 신한은행 창립을 주도한 이희건李熙健씨는 증언했다.

"(1945년 8월) 전후戰後 일본은 지금 젊은 사람들은 상상도 못할 만큼 가난했습니다. 우리 재일동포들은 일본인보다 더 가난했습니다. 물론 사업가도 있었지만 지극히 소수였죠. 동포들 대부분은 변변한 직업도 없이 하루하루 입에 풀칠하는 걸 걱정해야 했습니다."(재일한국인본국투자협회 30년사)

라디오 들고 귀국한 역도산力道山
태국에 주문한 쌀 거절당한 한국

60년대는 라디오 전성시대다. 이 시기 재일동포사회의 역점사업은 일제라디오를 사서 고향에 보내는 캠페인이었다. 1962년 말 재일민단은 '농어촌 라디오보급운동'을 시작해 두 달 만에 1,200대의 라디오를 주일대표부를 통해 한국으로 보냈다.

수십 년 만에 귀국한 레슬러 역도산力道山(본명 김신락)의 손에도 라디오 20대가 들려 있었다. 역도산은 백인 거구를 한 손으로 매치는 괴력의 소유자, 리키도잔으로 불리며 일본의 영웅으로 칭송받고 있었다. 비록 링에 서지만 패전 후 미군정을 경험한 일본인에게 대리복수를 해주는 통쾌함을 주었기 때문이다.

재일동포 저널리스트 황민기黃民基는 "역도산은 서울에 도착한 그날 밤 조국의 환대에 감격한 나머지, 그 자리에서 아리랑을 구성지게 불렀다"고 전한다. 일본 귀화자란 꼬리표가 달린 거구의 역사力士 역도산도 피는 물보다 진했던 모양인지, 눈물을 왈칵 쏟았던 모국에서의 첫날밤이다.

재일동포들이 라디오보급운동 못지않게 역점을 둔 60년대 캠페인은 '구호미 보내기 운동'이다. 미국의 원조물자가 언제 얼마나 올 것인가 촉각을 곤두세우던 시절이다. 그러니 재일동포들이 보내오는 쌀은 모국 동포들로선 가뭄의 단비 같은 희소식이 아닐 수 없었다.

당시 쌀이 얼마나 귀했는지는 정부 기록과 신문 기사들이 증명한다. 홍수나 가뭄을 겪은 해에는 쌀값이 수배로 폭등하기 일쑤였고, 정부는 갑자기 오른 물가를 잡겠다며 가뜩이나 부족한 쌀 수급 조절에 나섰다. 급기야 정부는 1969년 1월 매주 수요일과 토요일을 쌀 밥 해먹는 걸 금지하는 '무미일無米日'로 고시하기에 이른다.

한국은 태국에서 쌀 주문을 거절당하는 수모까지 당한다. 1963년 6월 19일자 조선일보는 암포른 당시 태국 경제성 장관의 멘트를 이렇게 인용했다.

"(태국 정부는) 한국보다 우리 쌀의 오랜 고객인 싱가포르, 말레이시아, 홍콩, 일본 등에 우선적으로 쌀을 내보낼 것이다."

1963년도는 한국이 역대급 식량난에 시달렸던 해다. 쌀값 파동이 터졌고, 이어서 태풍 셜리가 곡창지대인 한국 남해안을 강타하며 한 해 농사를 모조리 망가뜨리다시피 했다. 1963년 7월 2일자 경향신문은 셜리로 인해 "186명의 사망자와 이재민 6만2천여명, 25억 원의 재산피해를 냈다"고 보도했다.

이재민들은 영양실조에 걸려서 얼굴색이 까맣게 변하고 "아무것이나 좋으니 제발 먹을 것을 보내 달라"고 당국에 SOS를 쳤다. 설상가상으로 미국에서 주기로 한 원조식량은 차일피일 미뤄졌다. 60년 전 대한민국 국민 다수는 꼼짝 없이 굶어죽게 생겼던 것이다.

역대급 식량난에 태국으로부터 문전박대당한 바로 그 1963년에 재일동포들이 구원마로 나섰다. 재일민단 동포들이 그해 8~9월 두 차례에 걸쳐 쌀 452t과 밀가루 212t의 구호물품과 더불어 성금 3,606만 엔을 송금해 온 것이다.

그리고 재일민단이 중점사업으로 실시한 '가족 부양금 송금운동'도 빼놓을 수 없는 모국구호 캠페인이다. 1965~1968년 재일동포가 보낸 부양금은 28억7,633만 원에 달했다. 일본이 법으로 송금한도를 설정해두었지만, 동포들의 모국사랑을 막을 수는 없었다.

"일본 법규상 1인당 송금한도가 연간 500달러로 한정돼 있었습니다. 그럼에도 불구하고 시행 첫해 1만 세대, 그 이듬해 1만5천 세대에 송금을 했습니다. 민단 자체적으로도 1968년에는 1천만 달러 송금운동을 전개하기 시작했죠."(박병헌 회고록)

재일동포 구호물자가 부산항에 당도하던 날, 모국동포들은 너나 할 것 없이 기쁨의 눈물을 흘렸을 터이다. 시골마을마다 일본에서 보내온 후원금이 당도하면, 그 돈으로 모국동포들은 영양실조로 칙칙해진 얼굴색을 화사하게 바꿀 수 있었다.

70년대 재일동포 기부 전성기
재일민단-148개 마을 자매결연

70년대는 재일동포들의 성금활동의 전성기였다. 가장 열성적으로 한 일은 '새마을운동' 동참이었다. 낙후마을을 현대화하고 소득을 늘려 다함께 잘 살아보자는 국가프로젝트는 재일동포 입맛에 딱 맞는 일이었다. 자기들이 가난한 농민의 아들로서 누구보다 열성적으로 고향을 도울 동기 부여가 되었다. 볏짚지붕이 슬레이트나 기와집으로 바뀌고, 마을 진입로는 시멘트로 포장되었고, 호롱불은 전깃불로 바뀌어갔다.

이때도 재일민단은 조직의 힘을 발휘했다. 김정주金正柱 중앙본부 단장은 조직 산하 지방본부, 지부들과 국내 농촌마을 자매결연 프로젝트를 의욕적으로 전개했다. 재일민단은 1973년 7월 16일 서울 삼일당(진명여고 강당)에서 가진 '새마을자매결연단' 결성식을 시작으로 성금 모금활동과 자매결연 사업을 대대적으로 전개했다.

그 결과 1977년까지 재일민단 지부와 자매결연을 맺은 전국의 농촌마을은 148개소에 달했다. 지역별로는 경상도가 47개소로 가장 많았으며 충청도 29개소, 전라도 26개소, 경기도 20개소, 강원도 17개소, 제주도 9개소의 순이었다. 재일동포들이 자매결연 마을에 지원한 성금은 공식통계로 5억244만 원이었다.

그러나 이런 재일동포들의 새마을결연 지원 사업은 동포 개개인들이 고향에서 펼친 사업에 비하면 일부에 지나지 않았다. 이 시기에 일본에서 돈 좀 벌었다는 재일동포 치고 자기 고향 마을에 도움을 주지 않는 사람들은 거의 없었다.

이웃마을 출신 동포 친구가 마을회관이나 다리를 놔 주었다는 소식이 들리면, 그 옆 마을 재일동포는 회관과 다리를 짓고 추가로 전기와 수도까지 가설했다. 이런 식으로 고향마을마다 재일동포들이 앞서거니 뒤서거니 하며 기부경쟁을 벌였다.

재일동포 개인이 행한 고향 발전활동은 단체가 한 것보다 훨씬 수도 많고 다양한 방식으로 이뤄졌다. 개인이 펼친 주요 고향개발 사업을 꼽자면 ▲마을도로 포장 ▲교량 건설 ▲마을회관, 경로당, 정미소, 공동창고 건립

▲전화, 전기, 수도 개설 ▲학교 건립 및 장학회 운영 ▲과실수 및 벚꽃나무 심기 등이었다.

도쿄의 2세 사업가 유재근兪在根 씨의 경우, 할머니의 권유로 경북 고령군 기산마을에 전기와 수도를 가설해줬다. 30대 초반에 아직 사업기반이 잡혀있지 못해 거금을 내기 부담스러웠지만, 호롱불 생활을 하는 고향주민들을 걱정하는 할머니의 청을 들어줬다. 그런데 이후 사업이 확장일로를 걷기 시작해 유재근 씨는 "좋은 일을 하니까 그게 나한테 되돌아오는 것 같다"고 말하곤 했다. 기산마을 주민들은 그에 대한 고마움의 표시로 마을초입에 유재근공덕비를 세웠다.

재일민단 부인회 회장 권병우權炳佑 씨의 경우, 경북 영덕에 한우 3마리를 기증했다가 원망 아닌 원망을 들었다. 마을사람들이 풀이 귀한 해변이라 소 키우는 게 힘들다고 푸념한 것이다. 그 소식을 접한 권병우 씨는 소로 차세대를 키우겠다는 의미를 담아 '우학牛學장학회'를 세워 고향주민들을 도왔다.

한편 당시 새마을운동 주무부처였던 내무부(현 행정안전부)의 김국진金國鎭 국장은 70년대에는 재일동포들이 국가가 해야 할 일을 개인적으로 행했다면서, 구체적인 수치까지 제시하며 그들의 기여를 인정했다.

"재일동포들이 1972년부터 1978년까지 내무부에 직접 내방해 전달한 새마을운동 성금은 총 74건 6억1,968만 원이었습니다. 하지만 이는 극히 일부에 지나지 않습니다. 실제로는 이 금액의 수십 배에 달합니다. 재일동포들은 전국각지에서 개인으로 고향발전 사업을 산발적으로 펼쳤습니다. 그 수가 워낙 많은 데다 본인들이 공개를 꺼리는 경향이 심해서 통계로는 잡을 수 없었습니다."(재일한국인본국투자협회보 1982년 제1호)

70년대 재일민단과 내무부 접수분을 합친 성금액은 총 11억2,212만 원이다. 이 금액을 한국은행 소비자물가지수를 대입해 화폐가치를 계산하면 2021년 2월 기준 247억3,489만 원이 된다. 그러나 현물인 쌀로 바꿔서 대입하면 가치는 434억1,258만 원으로 훌쩍 뛴다. 이처럼 과거의 화폐가치를 현재 가치로 바꾼다는 건 대단히 어려운 일이다. 그래서 중앙은행의 환산 지수만으로 과거가치를 현재가치로 재단하는 건 무리가 있다.

현물에서 성금의 시대로
88서울 541억 원, 2018평창 21억 원

70년대 후반 한국도 빈곤의 시대를 졸업한다. 상징적인 조치가 1977년 1월 1일자로 폐지된 무미일無米日이다. 법으로 금지됐던 쌀 막걸리, 청주를 빚어먹을 수 있게 됐으니 이는 보릿고개 종결선언이나 마찬가지였다. 그리고 80년대 접어들며 찾아온 또 다른 변화는 물자에 쪼들리지 않게 됐다는 점이다. 제조업 기반이 안착되고 경제체력도 커지면서, 한국인들을 괴롭혀온 고질병 '물자부족 현상'이 사라진 것이다.

이런 시대 흐름을 타고 80년대부터는 재일동포들의 기부패턴도 변모한다. 과거와 같이 일본산 제품을 사갖고 오거나 쌀이나 의류, 의약품 같은 현물 지원은 자취를 감추고, 성금이나 이연금을 직접 기부하는 형태로 바뀌기 시작한다. 물론 80~90년대 소니 워크맨, 코끼리 전기밥솥, 파나소닉TV같은 일제 가전제품이 한국에서 히트를 치고 재일동포의 단골 선물품목이 되기도 했으나, 대세는 성금 기부로 바뀌고 있었다.

재일동포 모국 기여가 성금의 시대로 바뀌었다는 걸 보여주는 대표사례가 88서울올림픽이다. 당시 재일동포들은 100억 엔에 달하는 거액을 모금해 정부에 기탁했다. 꼬깃꼬깃 접은 독거노인의 천 엔짜리부터 수십 년 폐지를 팔아 번 전 재산을 내놓은 아주머니, 결혼식 축의금을 통째 내놓은 신혼부부, 화끈하게 수억 엔을 기부한 사업가까지 10만 명의 동포가 올림픽 성금 대열에 동참했다.

각기 형태와 액수는 달랐어도 "모국의 축제를 돕고 싶다"는 재일동포의 정성은 실로 대단했다. 원화로 541억 원에 달했던 재일동포의 올림픽 성금은 경기장과 호텔을 지을 정도로 거금이었다.

90년대 말 IMF위기 때에 재일민단은 '1가정 10만 엔 송금운동'을 벌여 15억 달러가 넘는 외화를 모국에 송금했다. 재일동포들은 김대중 정부가 일본에서 발행한 엔화베이스 국채 300억 엔 매입에도 적극 참여했다. 범국민 캠페인 '금 모으기 운동'에서 금을 팔아 마련된 외화가 20억 달러 남짓이었음을 감안하면, 당시 재일동포의 움직임은 가히 놀라운 일이라 평할 수 있다.

2000년대 이후에도 재일동포의 모국 기부는 계속되고 있다. 재일민단은 2003년 2월 대구 지하철참사, 2007년 9월 태풍 나리 수해 때 의연금을 보낸 데 이어, 2008년 2월 국보 1호 숭례문(남대문) 방화사건이 일어나자 8억 원을 복구성금으로, 2010년 11월 천안함 폭침사건 때 2억 원을 유속위로금으로 기부했다. 2018평창동계올림픽 때에는 30년 전 88서울올림픽 때처럼 모금운동을 펼쳐서 21억 원을 정부에 기부했으며, 재일동포 공동응원단까지 꾸려 올림픽 성공개최에 노력했다.

주고 또 준 나라사랑의 100년

1910년 8월 일제강점으로 시작된 한국인들의 일본 이주역사는 어느덧

100년의 세월을 넘었다. 가진 땅을 빼앗겨서, 징용이나 징병이 되어, 혹은 유학이나 돈벌이 때문에 각양각색의 사연을 안고 일본 땅에 살게 된 이들의 집합체가 재일동포사회다.

지금도 재일동포들은 여름철 태풍이 북상하기 시작하면 모국이 피해를 입을까, 고향에 두고 온 가족친지가 다치지 않을까 걱정이 태산이다. 오사카와 후쿠오카에는 대대로 기천제祈天祭를 전문으로 하는 제주도 출신 무당까지 있다. 미신이라 손가락질 받아도 모국의 안녕을 바라는 것이다. 기쁠 때나 슬플 때나 한국과 함께 하고자 한 재일동포의 나라사랑은 주고 또 준 기부역사가 증명한다.

의연금을 기탁하는 재일민단의 김재숙 단장
(2001, 도쿄)

양로원에 후원금을 기부하는 재일부인회
(2006.9, 서울)

모국구호물자 앞에서 기념촬영(1960년대, 재일민단 가나가와)

부산대 노인대학을 설립한
재일동포 김경헌 씨(오른쪽, 2011.7)

재일민단의 라디오 보내기운동(1961.1)

재일동포가 설립기증한
제주아라복지관

파월장병에게 보낼 재일동포 위문품
(1960년대말)

재일동포 김봉각 씨가 세운 제주 3.1운동기념탑(2007.11)

재일민단과 자매결연한 고향 마을

(단위:만원)

도별	자매결연마을	결연단체	성금	년도
경기	시흥 남면 부곡리	福岡合同	340	1973
	포천군 소홀면 이동교리	福岡合同	340	〃
	양주군 화도면 묵현리	福岡合同	340	〃
	평택군 송탄읍 지산리	福岡合同	340	〃
	양주군 회천면 덕부리	福岡合同	340	〃
	여주군 점동면 부구리	福岡合同	340	〃
	평택군 송탄읍 서곡리	佐賀本部	296	〃
	화성군 정남면 신일리	長崎本部	444	〃
	광주군 오포면 양패리	大分本部	296	〃
	광주군 중부면 흑금복리	熊本本部	444	〃
	이천군 장호원읍 어석리	宮崎本部	296	〃
	김포군 양촌면 대포2리	鹿兒島	148	〃
	안성군 공도면 하룡2리	大阪成和	446	〃
	파주군 주내면 봉암3리	大阪婦人	406	〃
	안성군 원곡면 산직리	東京足立	300	〃
	용인군 남가면 창2리	東京新宿	300	1973
	양주군 동두천읍 지행리	東京葛飾	300	〃
	양주군 주내면 광4리	東京婦人	100	1974
	이천군 이천읍 증포리	中央婦人	100	〃
	화성군 대안면 릉1리	東京本部	150	〃
강원	춘성군 동면 지내1리	愛知合同	261	1973
	홍천군 화촌면 외삼포리	愛知合同	306	〃
	횡성군 공근면 오산리	愛知合同	280	〃
	원성군 문막면 포진리	愛知合同	266	〃
	영월군 수주면 도원1리	愛知合同	306	〃
	평창군 진부면 간평리	愛知經友	505	〃
	정선군 북면 장열리	岐阜合同	411	〃
	철원군 근남면 사곡리	岐阜合同	411	〃
	화천군 하남면 위라리	三重合同	419	〃
	인제군 북면 한부리	三重合同	374	〃
	고성군 간성면 봉호리	韓綠春	446	〃
	양양군 양양면 목1리	中央團長	446	〃
	명주군 구정면 구정리	富山本部	149	〃
	명주군 사천면 덕실리	愛知經友	505	〃
	삼척군 근덕면 광태리	西東京	306	〃
	양구군 동면 원당리	三重合同	393	〃
	춘성군 신북면 천전1리	佐賀本部	155	1975
충북	청원군 옥산면 조산2리	京都合同	446	1973

충북	보은군 삼승면 상가리	京都合同	446	〃
	옥천군 군화면 자모리	京都合同	446	〃
	영동군 영동읍 주곡리	京都合同	446	1973
	진천군 덕산면 화상리	京都合同	446	〃
	괴산군 봉양면 팔송리	奈良本部	446	〃
	제천군 봉양면 북상리	和歌山	446	〃
	단양군 단양면 북상리	志賀本部	446	〃
	청원군 오창면 여천2리	富田義雄	300	〃
	영동군 용산면 신항리	東京江東	300	1976
	옥천군 옥천면 지동	大阪婦人	300	1977
충남	논산군 상월면 지경1리	長野本部	396	1973
	보령군 오천면	長野本部	374	〃
	서천군 화양면 완포리	長野本部	374	〃
	금산군 남위치면 신천1리	長野本部	374	〃
	홍성군 홍동면 수란리	長野本部	374	〃
	예산군 고덕면 사1리	埼玉本部	306	〃
	서산군 대산면 운산1리	千葉本部	329	〃
	당진군 석문면 삼화2리	埼玉本部	306	〃
	아산군 온양읍 법곡1리	千葉本部	329	〃
	청원군 성거면 삼곡리	栃木本部	448	〃
	부여군 남면 대선리	群馬本部	314	〃
	공주군 유구면 추계리	茨城本部	300	〃
	대덕군 진잠면 학하리	長野本部	374	
	청양군 정산면 광생리	長野本部	374	〃
	연기군 금남면 감성리	東京本部	500	
	홍성군 홍덕면 신기리	長野本部	323	1976
	청원군 성거면 요방리	中央本部	500	〃
	아산군 배방면 공수4구	長野東信	321	1977
전북	임실군 둔남면 봉산리	東京十日	299	1973
	장수군 부내면 원명덕리	〃	299	〃
	익산군 왕궁면 발산리	〃	299	〃
	정읍군 산외면 진부리	〃	299	〃
	김제군 금산면 용산리	〃	299	〃
	완주군 구이면 두 리	東京目黒	311	〃
	진안군 안천면 노성리	世田谷	314	〃
	정읍군 정주읍 진산리	徐甲虎	446	〃
	부안군 상서면 가오리	西東京	306	〃
	부인군 헹인면 대초리	東京壷東	300	〃
	무주군 설천면 길산리	青森本部	224	〃
	남원군 주천면 용담리	愛知東中	150	〃
	무주군 안성면 주고리	青森本部	195	1974

전남	보성군 조성면 용전리	神奈川合同	446	1973
	곡성군 곡성면 죽동리	札幌支部	327	〃
	담양군 금성면 봉루리	山梨本部	301	〃
	승주군 서면 금평리	札幌支部	480	〃
	장성군 남면 방향리	橫浜	446	1973
	영암군 금정면 월평리	神奈川合同	446	〃
	광양군 진산면 금리	川崎	446	〃
	해남군 옥천면 영신리	北海道	388	〃
	구례군 광의면 온당리	北海道	451	〃
	나주군 노안면 금안리	北海道	420	〃
	무안군 현경면 오류리	静岡本部	312	〃
	함평군 함평읍 진양리	神奈川合同	446	〃
	함평군 함평면 수호리	東京　北	300	1977
경북	달성군 공산면 미곡리	生野東	446	1973
	군위군 노령면 거매리	生野西	471	〃
	의성군 의성읍 오로1동	生野南	446	〃
	영양군 석보면 답곡1동	生野北	446	〃
	영덕군 영덕면 우곡동	大阪布施	446	〃
	영일군 송라면 지경리	大阪東成	446	〃
	영천군 금호면 관정2동	大阪西成	446	〃
	경산군 안심면 대림동	大阪城東	446	〃
	청도군 각북면 덕촌1동	大阪合同	446	〃
	고령군 쌍림면 신촌동	大阪合同	446	〃
	성주군 성주면 성산1동	大阪合同	446	〃
	칠곡군 북삼면 인평2동	大阪合同	446	〃
	선산군 선산면 습례1동	大阪合同	446	〃
	상주군 청리면 원장2리	大阪合同	446	〃
	문경군 문경면 각서1리	大阪合同	446	〃
	울진군 평해면 월송3리	福井本部	247	〃
	경산군 압량면 점촌동	大阪興銀	446	〃
	〃	東京足立	300	〃
	의성군 금성면 학미동	東京豊島	300	〃
	예천군 풍양면	江戸川	300	1975
	의성군 다인면 덕지동	群馬本部	200	1977
경남	양산군 웅상면 용당리	兵庫西神	357	1973
	거제군 사등면 청곡리	鳥取本部	148	〃
	진양군 일반성면 답천리	兵庫合同	357	〃
	밀양군 상동면 옥산리	兵庫合同	357	〃
	울주군 삼남면 상천리	岡山倉敷	263	〃
	합천군 초부면 장동	広島本部	297	〃
	창원군 동면 무성리	岡山本部	446	〃

지역	마을	지원단체	금액	연도
경남	의령군 가례면 대천리	山口本部	297	〃
	산청군 신안면 원지리	兵庫本部	357	1973
	창녕군 부곡면 부곡리	島根本部	148	〃
	김해군 생림면 상라전리	岡山本部	371	
	고성군 상리면 평리리	香川高知	148	
	사천군 책동 면하리	徳島愛媛	148	〃
	남해군 고현면 차면리	兵庫本部	357	
	하동군 북천면 방화리	山口本部	148	
	통영군 광도면 적덕리	広島本部	148	1973
	거창군 남하면 석우리	広島本部	148	
	함안군 칠서면 태곡리	石川本部	374	〃
	울주군 강동면 산음리	京都韓商	300	〃
	함양군 수동면 하교리	山口本部	148	〃
	김해군 장유면 수가리	岡山本部	371	〃
	사천군 사남면 병둔리	大阪商銀	446	〃
	함양군 병곡면 옥부리	東京 港	300	〃
	함양군 휴천면 금반리	東京墨田	300	1974
	산청군 단성면 춘호리	東京 港	200	
	고성군 구만면 효락리	東京板橋	300	〃
제주	남제주군 표선면 세화리	静岡本部	312	1973
	북제주군 한림면 금릉리	宮城本部	418	〃
	북제주군 한경면 청수리	東京荒川	314	〃
	남제주군 대정면 일과리	秋田本部	299	〃
	남제주군 성산군 신양리	福島本部	202	〃
	북제주군 조천면 신흥리	岩手本部	194	〃
	남제주군 서귀촌 이흥리	山形本部	224	〃
	북제주군 조천면 북촌리	東京文京	250	1975
	북제주군 애월면 용흥리	東京文京	250	〃

자매결연마을 총 148개 / 지원성금 5억244만원(1973~1977년)

자료: 재일민단

| 14 |

재일동포와 새마을운동
재일모국공헌의 실제사례

'재일동포와 새마을운동- 재일모국공헌의 실제사례'는 재일민단의 훈포장자 공적 기록, 재일본국투자협회 회보, 내무부 새마을운동 기록을 분석한 것이다. 소개하는 사례는 약 1천 건의 수집본 중 일부에 지나지 않는다. 모국이 잘살기를 바라며 자기를 희생한 재일동포 여러분께 감사와 경의를 표한다. (금액= 기증당시 시가, 인명= 가나다順)

제주 애월고 세운 고내리친목회

고내리친목회는 일본 도쿄 아라카와구東京 荒川区에 거주하는 제수 애월읍 고내리 출신 동포모임이다. 고내리친목회는 1984년 1억2천만 원을 모아 고향마을에 애월고등학교를 신축 기증하였다. 양재종梁在宗 부회장을 위원장으로 '양회羊會'라는 건립추진위원회를 결성한 것이 계기다. 친목회는 1억 원을 모아 1983년 6월 애월읍 고내리 800-1번지 일대 33필지 36,344㎡의 땅을 매입했으며, 2천만 원을 추가로 모아 1984년 5월 12일 학교를 신축했다. 애월고 건립기금을 낸 친목회원 150세대 중 120세대는 영세 가방공장 노동자들이었다.

파주 봉암마을 자립시킨 오사카부인회

배순희 재일부인회 중앙회장은 오사카부인회 회장 시절, 한국에서 마을혁신의 모범사례를 만들어냈다. 1973년 7월 오사카부인회는 경기도 파주시 주내면 봉암 3리와 자매결연을 맺고, 이 마을이 자립할 수 있도록 적극적으로 도왔다.

동포부인들은 마을기금으로 450만 원을 지원했고, 봉암 3리 주민들은 그걸로 뽕나무밭 3천 평을 조성했다. 거기서 나오는 소득은 마을의 자립 밑천이 되었다. 마을주민 51가구 165명은 뽕나무 농사로만 연 150만 원의 수익(투자금의 33%)을 거뒀다.

주민들은 또 수익을 복지사업에 재투자해 마을회관, 공동작업장 3개 동, 구판장을 지었다. 뿐만 아니라 마을진입로 300m도로를 포장하고 주택 28채를 개량했다. 오사카부인회와의 인연으로 크게 발전한 봉암마을은 외국인이 답사를 올 정도로 새마을의 모범사례로 인정받았다.

경북 의성 학미마을과 민단 토시마지부의 우정

1973년 10월 14일 재일민단의 도쿄 토시마豊島지부는 경북 의성의 학미마을(학미3동)과 자매결연을 맺었다. 16명의 토시마지부(지부장 김희숙金熙淑) 단원들은 학미마을에 300만 원의 발전기금과 더불어 한 가구당 한 마리씩 30마리의 한우를 기증했다.

5년 뒤 낭보가 들려왔다. 한우가 증식하여 연간 1,530만 원의 수익을 거두는 보물단지가 됐다는 소식이었다. 농민들은 수익금 중 1,070만 원은 각 가정마다 고루 나눠갖고, 남은 460만 원은 마을공동기금으로서 마을회관, 이발소, 새마을금고를 세웠다.

이 소식을 전해들은 토시마지부 단원들은 이후에도 여섯 차례나 학미마을을 방문해 주민들과 형제처럼 지냈다. 민단 단원들은 6천 평의 부지를 추가로 매입해 학미마을 공동 밤나무단지를 조성해주고, 마을회관에 텔레비전 등 필요기자재를 기증했다.

전남 순천의 기증왕 강계중姜桂重

전남 순천 황전면이 고향인 강계중 씨는 1943년 홋카이도 탄광으로 징용된 것이 일본으로 간 동기다. 탄광에서 조선인 노동자 대표를 맡았다. 이후 재일민단 오사카본부 단장을 맡으며 재일동포 권익 및 반공활동을 열렬히 전개하였다.

강계중 씨는 1969년 순천 황전면과 월등면 800가구에 전기 부설을 해준 데이어 월전중학교, 순천여상 학교 건물, 순천경찰서 건물을 지을 때도 후원했다. 이어서 강계중 씨는 1970년 전남도에 농업용 헬기 1대와 해양경찰용 헬기 1대, 경찰용 사이드카 1,200대를 기증했다. 1억 엔에 달하는 막대한 예산이라서 2천만 엔은 강 씨가 부담했고, 나머지는 재일전남도민회(오사카)와 전남개발협회(도쿄) 회원들이 공동 부담하였다. 강 씨는 또 1966년부터 일본농업연수프로그램을 만들어 영농, 양잠, 원예, 축산 등 각 분야별 농민을 일본으로 초청해 농업기술을 익히도록 도왔다.

순천시와 시 의회는 이러한 강계중 씨의 고향사랑에 감사의 마음을 표하고자, 순천 시민공원인 죽도봉에 그의 동상을 세웠다.

"강계중 선생은 가셨지만 그의 애국, 애족, 애향심은 민족사에 이어질 것입니다. 순천시민의 사표로서 시민의 뜻을 모아 동상을 건립합니다. 순천시민 일동"

제주 하천마을 기증왕 강공권康公權

제주도 서귀포 표선면이 고향인 강공권 씨는 19세 때인 1939년에 혼자 몸으로 일본에 건너갔다. 역경을 극복하고 자수성가한 강 씨는 지바현千葉県에서 강관제조업체 대영공업사 대표가 되었다.

강 씨는 1974년 전기가설(200만 원)을 시작으로 해마다 꼬박꼬박 하천마을 개선공사를 진행했다. 1975년 표선면사무소 민원실 전자복사기 기증(40만 원), 1977년 하천리 하동마을회관 건립(250만 원), 하천초등학교 600평 부지매입 및 기자재 지원(1천만 원), 1978년 서울 재외제주도민회관 건립(500만 원), 하천마을 경로당 건립(150만 원), 1979년에 표선면 예비군 교육장 건립(650만 원), 4.5km의 진입도로 확장 공사(3,500만 원)등이다. 뿐만 아니라 강 씨는 하천초등학생들을 위한 장학재단(기금 5천만 원)까지 설립했다. 강공권 씨는 가히 제주 하천마을의 기증왕이었다.

제주 표선면 도로 포장한 강충남康忠南

제주도 서귀포 표선면이 고향인 강충남 씨는 1942년 일본에 건너갔다. 오사카에서 영세공장 날품팔이를 비롯해 온갖 궂은 일을 한 끝에 사업가로 성공했다.

강충남 씨는 1973년 160가구에 전화가설(100만 원)을 해준 것을 시작으로 1975년 표선면 세화리-가시리간 8.8km의 도로포장(100만 원), 마을 공동구판장 건립(160만 원), 1980년 12월 표선고등학교 이전 건립(3,500만 원) 등을 지원했다. 표선고 건립에 소요되는 비용은 표선면 출신 재일동포들과의 공동작품이었다.

충남 금산군민회관 세운 곽유지 郭裕之

충남 금산군 남일면이 고향인 곽유지 씨는 교토에서도 손꼽히는 거부다. 1934년 혼자 몸으로 일본에 건너가 무역, 제조, 관광 등 다양한 분야의 사업에 성공했다. 교토의 호텔을 매입했을 때에는 고대 일본 왕실의 땅을 한국인이 샀다고 해서 화제가 되기도 했다. 서울 광화문 파이낸스센터빌딩의 원 소유주이기도 하다.

곽유지 씨는 1983년 금산군 비호산 기슭에 위치한 군민회관을 건립 기증했다. 학생 교육, 문화교류의 장을 마련해준 것이다. 이후 군민회관이 노후화되자, 곽 씨는 다시 35억 원을 내서 재건축을 했다. 이후 금산군은 그에 대한 감사의 마음을 담아 건물 이름을 '유지기념회관'으로 붙이고, 곽유지 공덕비를 세웠다.

경북 선산에 마을회관 지은 곽을덕 郭乙德

경북 선산군 장천면 상림마을이 고향인 곽을덕 씨는 도쿄의 운수회사 경영자다. 곽을덕 씨는 1974년 11월 1천만 원으로 다목적 마을회관(부지 161평, 건물 75평)을 건립 기증하였다. 회관 설계는 본인이 손수 했다. 주민회의실, 예식장, 경로당, 사무실을 두루 갖춘 다목적 시설로, 한국에서는 좀처럼 보기 힘든 첨단건물이었다. 곽 씨는 마을회관에 들어가는 기자재 일체(350만 원)도 사비로 부담했다. 이듬해 9월에는 예비군 막사를 지어 장천면에 기증하였다.

제주 도평동에 새마을금고 지은 김영조 金永祚

제주 도평동이 고향인 김영조 씨는 1943년 열네 살때 일본으로 건너갔다. 김 씨는 1974년 도평동 30가구에 전기 및 상수도를 개설(300만 원)해준 것을 비롯해 새마을금고 설립(200만 원), 이웃돕기성금(60만 원), 제주도 복지회관 건립(150만 원), 장학금(130만 원), 진료비(30만 원) 등 총 1,660만 원을 고향발전기금으로 기부하였다.

뿐만 아니라 김영조 씨는 마을복지회관 건립을 위해 650평의 부지 매입 및 건설비로 2,700만 원을 지원하였으며, 도평마을 경로당, 탁아소, 도서관 운영기금으로 300만 원을 지원했다. 이밖에도 초등생 학용품(25만 원), 경로잔치(100만 원) 등 마을 대소사에 지원을 아끼지 않았다.

제주 금녕에 병원 세운 김정광金正廣

오사카 한국음식점 산레이三麗 사장 김정광 씨는 일본에서 태어난 2세다. 1931년 일본으로 건너온 아버지 김병용金柄龍씨의 고향 제주도 북제주군(현 제주시)을 고향으로 여기며 살아가고 있다. 아버지는 1976년 61세를 일기로 타계하면서 유언을 남겼다.

"정광아. 애비가 못 이룬 꿈이다. 고향에 병원을 지어주기 바란다."

김정광 씨는 아버지 뜻을 받들어 1978년 5월 25일, 제주 구좌면 서금녕리에 병원을 건립했다. 부지매입(100평)부터 건축(1천만 원), 의료기자재까지 모두 김 씨 홀로 비용을 부담했다. 금녕리병원은 경제적 형편이 어려운 주민과 원호대상자들에게 무료진료를 하고 있어 주변에서 칭찬이 자자하다.

김정광 씨는 1978년 6월에는 제주시 이도1동에 1억 원을 기탁해 '삼려장학회'를 세웠다. 1979년에는 중학생 17명, 고등학생 45명, 대학생 19명에게 1,045만 원의 장학금을 지급했다. 이밖에 금녕중학교 교실 및 서금녕 새마을회관 증축, 농로 개설(300만 원), 방위성금(200만 원), 체육기금(1천만 원) 등 다방면에서 고향지원을 하였다.

경북 청도에 도로 닦은 김종달 金鍾達

경북 청도군 각북면이 고향인 김종달 씨는 나가사키長崎市에서 사업을 하고 있다. 1938년 일본으로 건너간 그는 16세 때부터 가장 역할을 맡았다. 공사판 막노동부터 우유 배달, 식당 종업원까지 온갖 험한 일들을 닥치는 대로 했다. 돈을 모으는 대로 토지를 사모았고 그걸 기반으로 김종달 씨는 사업가로 성공하였다.

그러나 김 씨는 조총련 활동을 하고 있어서 귀국할 수가 없었다. 그래서 1976년 재일민단 활동을 하는 동생 김종극金鍾克씨를 통해 700만 원을 지원해 각북면에 새마을회관과 구판장을 세웠다.

이후 한국으로 전향한 김종달 씨는 1977년 10월 일본으로 떠난 지 40년만에 고향을 찾았으며, 1980년 2월 마을진입로 1.5km구간을 포장하고 폭을 6m로 넓히는 공사(1,900만 원)를 지원했다.

경북 선산을 국제화시킨 남봉섭 南棒燮

경북 선산군 옥성면이 고향인 남봉섭 씨는 후쿠이현福井県 야마시타건설 대표다. 1923년에 일본으로 건너가 공사판 막노동으로 일하며 익힌 기술을 연마해 건설사 경영자까지 올랐다.

남봉섭 씨는 1977년 8월 고향 선산과 후쿠이 카나즈金津간 자매결연을 주선했다. 이를 통해 다양한 한일 교류가 시작된 것은 물론 선산군의 농업기술 발전 및 관광진흥에도 도움이 되었다. 남봉섭 씨는 1980년 3월 옥성면 307평의 부지를 매입해 어린이 놀이터를 세웠다.

경북 영주 '소수서원' 중건한 남정광 南政廣

경북 영주시 순흥면이 고향인 남정광 씨는 가난 때문에 일본으로 건너갔다. 일본에서도 날품팔이를 전전하며 생활고를 겪었지만, 영세 철공소에서 갈고닦은 기술로 남흥업유한회사 경영자가 되었다.

남정광 씨는 영주 발전에 혁혁한 공을 세웠다. 1972년 순흥면 파출소 및 사택 3개동 신축을 지원한 데이어 순흥면사무소와 파출소에 TV와 기자재 일체를 지원했다. 예비군 중대본부 건물, 소방서 리모델링도 그가 도맡았다.

남정광 씨는 또 한국 최초의 서원인 소수서원紹修書院 중수 때 공사비 500만 원을 지원했다. 1973년과 1976년 모교인 순흥초등학교 충무공 동상 건립, 음악앰프와 농악기 일체를 기증했다. 또한 배점초등학교에 부지 900평을 기증하고 운동장 담을 정비해주었다.

이밖에도 영주군 교육청 아동복지(300만 원), 도로확장(100만 원), 내죽1리 새마을기금(100만 원), 순흥면 체육진흥(50만 원) 등 다양한 사업에 기금을 냈다. 남정광 씨 기증현물로는 보건소 엑스레이기, 우체국 전화교환대, 소방서 소방차 2대(750만 원), 오토바이 5대 등이 있다.

경북 의성에 상수도 들여온 박남분朴南粉

경북 의성군 봉양면 풍리마을이 고향인 박남분 씨는 일제 때 부모를 따라 일본으로 건너갔다. 그러나 일본에서도 가난을 면치 못하며 박 씨의 부모는 다시 귀향하고 말았다.

홀로 일본에 남은 박남분 씨는 남편도 없이 딸아이를 키우며 억척스럽게 살아갔다. 1978년 추석성묘단의 일원으로 38년 만에 고향을 찾은 박남분 씨는 우물물을 마시는 고향사람들의 모습에 눈물을 흘렸다. 이에 박남분 씨는 1979년 4월 풍리마을 45가구에 상수도를 개설해 주었고, 이후로도 마을 개선사업에 정성을 보탰다.

경남 거창에 가조익천고 세운 배익천裵翊天

경남 거창면 가조면이 고향인 배익천 씨는 여섯 살때 아버지를 따라 일본으로 건너갔다. 1945년 해방되자 귀국했다가 19세 때 다시 일본으로 건너갔다. 고물을 줍는 등 어려운 시간을 보낸 끝에 도쿄에서 사업가로 성공하였다.

배익천 씨는 1971년 가조면사무소, 우체국, 파출소 등에 각각 책상과 의자 50쌍을 기증한 것을 비롯해 가조면에 크게 공헌했다. 배 씨는 고등학교가 없는 가조면을 위하여 사재 3억 원으로 고등학교를 세웠다. 1978년 개교한 가조익천고로 학교이름은 마을이름(가조)과 배씨 이름(익천)의 조합이었다. 배익천 씨는 건립 이듬해인 1979년 3월 학교를 조건 없이 국가에 기증하였다.

이후에도 배익천 씨는 해마다 졸업식 때면 학교에 들러 후배들에게 장학금을 지원했다. 안정적으로 장학금을 지원하고자 서울 남대문시장의 상가 수입금을 학교에 기부했으며, 누적 장학금이 20억 원을 넘겼다.

전남 순천에 효천고 세운 서채원徐彩源

전남 승주군 별량면 원창마을이 고향인 서채원 씨는 14세 때 고향을 떠났다. 독립지사들과 교우하며 일본제국주의를 타파하고자 노력하였다. 해방 직후에 일본으로 건너간 서 씨는 공사판 막노동부터 오사카 민족학교 교사를 하는 등 숱한 일들을 했다.

히로시마에서 사업가로 성공한 서채원 씨는 재일동포사회 및 한국소식을 전하는 전문잡지 '계간 삼천리季刊三千里'를 발간했다. 삼천리 발간은 지식인을 통해 재일동포들에게 민족혼을 심어주는 한편, 일본사회에 한국에 대한 올바른 이해를 돕기 위한 노력이었다.

이후 서채원 씨는 1983년 고향 순천에 학교법인 순천효천고등학교를 설립했다. 효천고는 첫 입학생을 맞이한 1984년 개교 당시 대한민국 최고 시설로 이름을 날렸다. 다원방송이 가능한 방송실 시스템은 관내 공영방송국이 빌려 쓸 정도로 첨단시설이었다. 또한 컴퓨터를 갖춘 교육용 멀티미디어실, 1,200명 규모의 실내강당까지 웬만한 대학에 버금가는 수준의 교육시설을 갖췄다.

효천고는 전남도 최초로 남녀공학 제도를 도입했으며 문무양도文武兩道 교육을 표방했다. 서채원 씨는 건학취지로 "자라나는 학생들이 민족의 일원으로서 '새벽 샘(효천)'처럼 청신한 기분을 갖고 세상에 용솟음치는 인재로 커가기를 소망한다"고 밝혔다.

울산 인재육성의 제1후원자 신격호辛格浩

경남 울주군(지금의 울산광역시) 삼동면 둔기리가 고향인 신격호 씨는 재일동포 가운데 단연 돋보이는 거상이다. 일본에서 롯데를 세운 데 이어, 한국에서도 1967년 롯데제과 설립을 시작으로 모국투자에 뛰어들어 대한민국 5대 기업 롯데그룹을 일궈냈다.

신격호 씨 고향인 둔기리(둔터마을)는 1970년 물 아래로 잠기고 만다. 울산공단에 공업용수를 공급하기 위해 대암댐이 건설되면서, 둔터마을은 하루아침에 수몰지로 변하고 말았다. 그 바람에 미 을 주민들은 정든 고향을 떠나 뿔뿔이 흩어지게 되었다.

고향이 사라진 듯한 상실감을 느낀 신격호 씨는 1971년 둔터마을 주민모임인 '둔기회'를 결성하고, 매년 5월 첫째 주말에 마을잔치를 열기 시작했다. 처음에는 70여 명이 모이는 소박한 모임이었으나 나중에는 1,500명이 모이는 울산의 지역축제가 됐다. 흩어진 가족친지, 마을사람이 한자리에 모이는 한마당 대잔치. 신 씨도 마을잔치에 참석해 수구초심首丘初心을 달랬다.

신격호 씨는 고향사랑을 다른 방식으로도 행했다. 2009년 570억 원을 출연해 '롯데삼동복지재단'을 설립, 울산지역 소외계층을 돕고 인재육성을 지원했다. 또한 신격호 씨는 2011년 240억 원을 출연해 청소년 과학교육을 위한 울산과학관을 건립 울산시에 기증했다.

부산에 양정고, 부산진여고 세운 신길수申吉秀

경남 밀양군 무안면이 고향인 신길수 씨는 15세 때 일본으로 건너갔다. 와카야마현에서 사업가로 성공한 그는 재일민단 와카야마현 단장으로써 재일동포들의 권익신장에도 이바지했다.

1970년 3월 모국투자에 뛰어들어 부산에 동양화학을 설립한 신길수 씨는 1972년부터 육영활동을 시작한다. 밀양 무안면에 무안종합고등학교(4,300평)를 세워 정부에 기증한 데이어, 그해 3월 부산시 양정동에 있는 연희여자상고(학교법인 성신학원)를 인수했다. 1973년 10월 학교 초대 이사장에 부임한 신길수 씨는 1977년 부산진여고로 개명하고, 와카야마 슈토쿠고교와 자매결연을 체결하고 교장단을 초청하는 등 한일교류를 활발하게 추진했다. 이어 신길수 씨는 1987년 남자 인문고인 부산 양정고등학교를 설립하는 등 부산 경남지역 차세대 육성에 크게 이바지했다.

전북 남원에 새마을창고 지은 심재명沈載明

전북 남원시 주생면 반송마을이 고향인 심재명 씨는 1950년까지 남원역 역무원이었다. 생활고 때문에 일본으로 건너가 사업가로 성공했다.

심재명 씨는 1970년 고향을 다시 찾아 주생초등학교 리모델링(150만

원)을 지원한데 이어, 1978년 농촌지도소 건립(50만 원), 1979년 반송마을 새마을금고 건립 시 300평 규모의 마을공동 창고를 건립(2천만 원)하였다.

경남 함안에 마을회관 세운 **안수창**安洙昌

경남 함안군 산인면 송정마을이 고향인 안수창 씨는 효고현兵庫縣에서 사업을 하고 있다. 송정마을이 인근의 다른 마을에 비해 빠르게 발전했는데, 거기에는 안수창 씨 역할이 지대했다.

안수창 씨는 1977년 재일 함안출신 동포들과 힘을 모아 마을회관을 건립(800만 원)한 데 이어 마을 이발관, 구판장, 예식장 등을 건립했다. 안수창 씨와 재일 함안동포들은 마을진입로 확장공사, 주택개량, 공동 구판사업을 지원해 송정마을 자립에 크게 이바지했다.

제주도 표선면 기증왕 **안재호**安在祜

제주도 서귀포 표선면 가시리가 고향인 안재호 씨는 일찍이 부모를 여의고, 13세 때 혼자 몸으로 일본으로 건너갔다. 갖은 고생 끝에 사업가로 성공한 안재호 씨는 굴지의 화학회사인 일본유기화학공업日本有機化學工業을 비롯해 6개 회사를 거느리는 경영자가 되었다. 이후 안 씨는 모국투자에도 뛰어들어 서울에 2개의 공장을 설립했다.

안재호 씨는 60~70년대 표선면 일대를 대대적으로 개선했다. 가시리 초등학교 신축(200만 원), 마을회관 건립(200만 원), 표선중학교 부지 매입(350만 원), 표선면마을회관 건축(100만 원), 표선-가시리간 도로공사(100만 원)를 지원했으며, 마을숙원 사업인 전기가설도 혼자서 감당했다.

안재호 씨의 고향사랑은 70년대에도 이어졌다. 1974년 표선중학교 운동장 정비(200만 원)와 표선면 도로포장(100만 원), 1976년 제주도 동부산업도로 포장(400만 원), 가시리공원 조성(1천만 원), 가시리초등학교 과학실 신축(300만 원), 표선중학교 교실 증축(200만 원), 표선면 청년연합회 체육기금(200만 원) 등을 추진했다. 표선중학교 이전 설립 때에는 표선면 출신 재일동포 53명과 함께 1,400만 원을 지원했다.

울산 청량에 다리 놓은 양철석 梁徹錫

경남 울주군(현 울산광역시) 청량면이 고향인 양철석 씨는 젊은 시절 후쿠오카福岡에서 막노동을 했다. 어려운 살림살이 속에서도 알음알음 저축해, 이후 양식장, 다방, 음식점 등의 사업에 성공했다. 1951년 지바현으로 이주한 이후에는 부동산사업가로 변신하였다.

양철석 씨는 1973년 2월 청량면 마을회관 건립(30만 원), 1974년 5월 효자비孝子碑 중건(40만 원)을 시작으로 청량면 발전을 위한 다양한 활동을 전개했다. 양철석 씨는 1979년 1월 9일 청량면에 길이 100m, 폭 5m, 높이 2.5m짜리 교량(5천만 원)을 세웠다. 멀리는 10km까지 돌아가야만 했던 청량면 주민들은 다리가 생기면서 교통 불편이 크게 해소됐다. 혜택을 입은 주민은 중리, 신리, 선전리 등 3개 마을 203가구 1천 명이었다. 불교신자인 양철석 씨는 부산시 영도구 신선동 복천사 기숙사 건립(1,500만 원)도 지원했다.

전남 구례의 육영가 오진섭 吳鎭燮

전남 구례군 마산면이 고향인 오진섭 씨는 도쿄에서 피혁 가공공장 등 4개 회사를 경영하고 있다. 1975년부터 고향을 방문한 오진섭 씨는 마산면 청천초등학교 학생 20명에게 장학금을 지원한데 이어 1978년에는 어린이놀이터를 건립(250만 원) 기증했다. 오진섭 씨의 적극적인 지원으로 청천마을은 꾸준히 발전했고, '새마을운동 시범마을'로 선정되었다.

제주 온평에 장학재단 세운 이두후李斗厚

제주도 남제주군 성산읍(현 서귀포시) 온평마을이 고향인 이두후 씨는 시모노세키下關에서 사업을 하고 있다. 17세 때 일본으로 건너간 이두후 씨는 고향의 후학양성을 위해 각별히 노력하였다.

70년대 초반부터 해마다 성산읍내 중고생(129명에게 230만 원), 대학생(14명에게 85만 원)들에게 장학금을 지급한 데 이어, 감귤농원 4천 평을 조성하여 그 수익금으로 장학재단을 설립했다. 그리고 온평초등학교에 부지 940평을 매입기증하고, 성산수산고 교실증축(185만 원)을 지원했다. 또 이두후 씨는 온평마을회관 건립(800만 원, 부지 110평 매입)을 했다.

경북 의성 기부왕 이상래李相來·이상경李相慶

경북 의성군 비안면이 고향인 이상래, 이상경 형제는 일본에서 사업가로 성공했다. 형 상래 씨는 아이치현愛知県, 동생 상경 씨는 이와테현岩手県에서 재일민단 단장을 맡아 동포권익 활동을 펼치기도 하였다.

형제가 일본으로 건너간 건 중학교 졸업 직후인 1943년. 일본에서 대학까지 졸업한 형제는 '검소, 근면'을 좌우명으로 삼아 성공했다. 70년대 중반부터는 고향 발전을 위해 이바지하기 시작한다.

이상래, 상경 형제는 1981년 5월 15일 비안면 복지회관 건립(2천만 원)을 지원했다. 복지회관 건립은 비안면 관내 25개 마을의 숙원사업으로써, 이씨 형제는 준공식에 참석해 감격 어린 눈물을 흘렸고 의성군수는 형제에게 감사패를 전달했다. 이후로도 이상래, 상경 형제는 의성 발전을 위해 꾸준하게 이바지했다.

경북 청도에 마을회관 세운 이상만李相萬

경북 청도군 각남면이 고향인 이상만 씨는 1930년대 후반 부모를 따라 일본으로 건너갔다. 15세부터 공사판 막노동을 전전하면서 기술을 닦았고, 토목회사 경영자로 성공하였다.

이상만 씨는 70년대 중반부터 매년 추석 때 고향에 들러 마을주민 위로 잔치를 열어주었다. 1979년 4월 각남면 마을회관 건립(500만 원)을 지원했으며, 마을회관이 완공되자 당시 32만 엔 상당의 일제 확성기를 마을에 선물했다.

경북 청도에 전기 놓은 이정기李貞基

경북 청도군 매전면이 고향인 이정기 씨는 아이치현愛知県 가토화학 경영자다. 고향을 다시 찾은 건 1973년 3월이었다.

이정기 씨는 매전면의 150m길이 하천 제방공사(200만 원)를 지원해 51가구가 수해 걱정 없이 살 수 있도록 도왔다. 또 전기가설(1,500만 원)을 지원해 청도군 유호동에서 매전면 온막동, 호화1동까지 15km구간에 사는 300가구 주민이 혜택을 입었다. 이어서 이정기 씨는 새마을성금 100만 원을 기탁해 마을공동창고 및 퇴비함을 세웠으며, 철로변 정비사업, 매전파출소 기자재 기증(텔레비전과 싸이렌), 매전초등학교에 악기 15종과 교구를 지원했다.

전북 부안에 마을공장 세운 이진호 李振鎬

전북 부안군 행안면 대초마을이 고향인 이진호 씨는 오랜 기간 재일민단 도쿄본부에서 활동했다. 1973년부터 고향 지원을 시작한 이진호 씨는 가마니공장 건립(300만 원)을 지원해 마을주민의 자립향상을 도왔다. 대초마을은 매년 2만 장의 가마니를 생산해 연간 150만 원의 소득을 올려 새마을운동 모범사례로 소개되었다. 이진호 씨는 또 1.2km의 마을도로 확장, 570m길이 하수도 정비, 공동창고, 마을회관, 간이급수시설 건립까지 대초마을을 위해 많은 지원을 했다.

제주 한림에 도로 포장한 이홍식 李洪植

북제주군(현 제주시) 한림읍이 고향인 이홍식 씨는 도쿄에서 사업을 하고 있다. 13살 때인 1941년에 아버지를 찾기 위해 혼자 바다를 건너간 것이 일본 정착의 계기였다.

1974년 귀국할 때 이홍식 씨는 신품종 포도나무 묘목을 갖고 들어와 고향마을 세대마다 1그루씩 기증했고, 그 포도나무가 주민들 소득증대에 효자노릇을 하였다. 이홍식 씨는 1974년 9월 마을진입로 2km구간 도로 포장(300만 원), 마을회관 기자재 일체를 지원하는 등 고향 한림발전을 위해 크게 이바지했다.

제주 삼양동마을회관 지은 전을현 全乙現

제주시 삼양1동이 고향인 전을현 씨는 1940년 일본으로 건너갔다. 카페 경영자인 전 씨는 1968년 마을 공동창고 건립(150만 원)을 시작으로 1974년 마을진입로 1.5km구간을 포장했다. 그리고 삼양동 마을회관 건립 시에는 본인 소유부지 200평(당시 시가 1,600만 원)을 기증하고 건축비

(3,500만 원)도 혼자서 부담했다.

전북 순창에 도로 닦은 정남채鄭南采

전북 순창군 유등면 승동마을이 고향인 정남채 씨는 도쿄 의류업체 마루남丸南상사 경영자다. 가난한 농부의 넷째아들로 태어난 정남채 씨는 19세 때 징용으로 끌려간 것이 일본생활의 시작이었다.

막노동꾼에서 사업가로 성공한 정 씨는 1974년 승동마을에 전기 가설을 해준 것을 시작으로 1976년 6월 마을 25가구 화장실 개량(560만 원)을 지원했다. 당시에는 보기 드문 욕실까지 갖춘 화장실이라 모범사례로 꼽혔다. 또한 정남채 씨는 승동마을 진입도로 포장(850만 원, 군비 200만 원 포함), 하수구 수리시설 개선 등 마을 발전에 이바지했다. 1977년 11월 이리(지금의 익산)역에서 폭발사고가 발생하자, 정남채 씨는 이재민 위로금으로 300만 원을 기탁했다.

충남 홍성문화원 지은 정덕영鄭德永

충남 홍성군 홍동면이 고향인 정덕영 씨는 일제 때 일본으로 건너가 고물을 수집하는 등 피나는 고생을 하였다. 나가노현長野県에 정착해 사업가로 성공한 정덕영 씨는 1973년부터 고향발전을 도왔다.

홍동면 수란리에 전기 가설(1천만 원)을 하여 모두 107가구가 혜택을 입었으며, 부득이 전기를 받을 수 없게 된 8가구에는 한우 1마리씩을 지원하여 주민의욕을 북돋아 주었다. 정덕영 씨는 1974년에는 홍성읍 오관리에 100평 부지를 매입하고 홍성문화원 건립(3천만 원)을 지원했다. 이밖에도 정덕영 씨는 60평 규모의 마을 부녀회관을 건립 기증하였다.

전남 광양에 태양열주택 기증한 정용임鄭容任

전남 광양군 진월면이 고향인 정용임 씨는 일제 때인 1938년에 일본으로 건너갔다. 도쿄에서 사업가로 성공한 정 씨는 70년대 중반부터 고향인 진월면 발전을 위해 힘을 기울이기 시작했다. 일조량이 많은 마을특성을 파악한 정용임 씨는 진월면에 태양열주택 수십 채를 건립 기증하였다. 그리고 전남 순천 서면의 강청마을, 광양읍 지도마을에 각각 태양열 목욕탕 1개동을 건립해주었다.

경북 청송에 다리 놓은 조용락趙鏞洛

경북 청송군 현동면 창양마을이 고향인 조용락 씨는 1939년 혼자 몸으로 일본으로 건너갔다. 8년 넘게 일용직 노무자로 일하면서도 알음알음 저축하였고, 이후 사업가로 성공해 요코하마의 종합레저기업 유모요 경영자가 되었다.

1978년 5월 고향 땅을 다시 밟은 조용락 씨는 창양마을 숙원사업인 교량가설(2천만 원)을 지원했다. 폭우가 내리면 하천범람으로 통행이 두절되었으나, 당시 관청은 예산 부족을 이유로 교량가설을 차일피일 미루고 있었다. 장마철마다 시름이 가시지 않던 창양마을 주민들은 조용락 씨 덕분에 폭우 걱정을 덜었다.

충북 청주종합운동장 세운 최종식崔宗植

충북 청원군 남일면이 고향인 최종식 씨는 태평양전쟁 때 노역조직 근로보국대에 징용된 것이 일본으로 건너간 동기다. 일용직 막노동을 하면서 자립에 성공한 최 씨는 히메지姬路에서 교에이산업 경영자가 되었다. 재일민단의 히메지단장을 맡아 재일동포 권익운동에도 열심이었다.

최종식 씨는 1971년 남일면에 부지 2천 평을 매입해 학교 건립용으로 기증한 데 이어, 1972년에는 충북 출신 재일동포 고향방문단을 결성해 각자의 고향에 이바지하도록 주선하였다.

최종식 씨는 1979년 충북에서 처음으로 전국소년체전이 개최된다는 소식을 접하고, 청주종합운동장 건립기금 5천만 원을 기탁했다. 남일초등학교에 피아노를 비롯한 교육기자재를 지원하고, 마을회관 건립에도 앞장섰으며, 충북도에 새마을운동 사업비 1,500만 원을 기부했다.

경남 진주에 우약정 세운 하경완河京完

경남 진주 대곡면이 고향인 하경완 씨는 진주의 기증왕이라 해도 과언이 아니다. 교토 케이한산업 대표인 하 씨는 진주 발전에 다방면에서 크게 기여하였다.

하경완 씨는 1965년 대곡면에 전기가설, 면사무소, 경로당 건립, 1974년 단목마을 전화 및 상수도 가설을 지원했다. 대곡중고등학교에는 도서관을 건립 기증한 데 이어, 1983년 컴퓨터설비를 갖춘 어학실습실 및 과학실습실 건립, 도서 4천 권을 기증하였다. 또한 장학회를 설립해 경제적 형편이 어려운 학생들을 도왔다.

하경완 씨는 진주의 명물도 여럿 세웠다. 하 씨가 1974년 건립 기증한 진양호 전망대 우약정雨若亭은 호반과 산이 어우러진 멋진 풍광을 볼 수 있어서 진주의 관광명소가 되었다. 하경완 씨는 또 진주시 중앙로터리에 한국 최초의 컬러 분수대(6억 원)를 세워 진주시민의 위상을 높였다.

강원도 고성 기부왕 한록춘韓錄春

강원도 고성군 현내면이 고향인 한록춘 씨는 14세 때 혼자 몸으로 일본으로 건너갔다. 고깃배 선원부터 접시닦이, 막노동 등 궂은일을 견뎌낸 끝에 사업가로 성공했다.

해방 후 오사카 후지관광 경영자가 된 한록춘 씨는 오사카총영사관 건립운동을 주도하였고, 재일민단 상임고문으로서 다방면에서 한일 양국에 공헌을 해왔다. 고향발전에도 관심이 큰 한록춘 씨는 1973년 7월 17일 고성군 봉호리에 464만 원의 후원금을 기부했다. 그 돈으로 구입한 한우 38마리는 1980년 93마리로 늘어나, 봉호리 마을의 살림밑천이 되었다.

한록춘 씨는 또 강원도 양양군 양양읍 파일리에도 446만 원을 지원하여 사슴 3마리, 목초지 10ha 및 축사 70평을 세웠다. 한 씨는 사슴농장에 전문사육사를 지원하여 축산기술을 도왔고, 농장은 연간 200만 원의 수익을 거두었다. 파일리 주민들은 누적 수익금 600만 원으로 1979년 마을회관 건립, 한우 10마리 기증, 새마을금고에 144만 원을 출자했다.

한록춘 씨는 고성군의 기증왕이라 해도 과언이 아니다. 1만평 규모의 고성공설운동장 건설(3,500만 원), 거진공고 과학관 및 교실증축(1,900만 원), 대진고 신설 교재비(500만 원), 대진고 부지매입(300만 원), 1980년 10월 고성군 청사 신축시 기자재(200만 원)등 수많은 지원을 하였다. 이후 한록춘 씨는 1999년 강원국제관광박람회, 2002년 강원도 태풍피해 때에도 거액의 의연금을 기부했다.

경북 경산경찰서 지은 허필석許弼奭

경북 경산군 용성면 고죽리가 고향이 허필석 씨는 일곱 살 때 부친 허유성許有性 씨를 따라 일본으로 건너갔다. 나고야에서 초등학교를 졸업하고 14살부터 화부가 되어 15년간 주물공장에서 일했다. 해방 후 양복사업으로 성공해 백화점까지 세웠다. 이후 허필석 씨는 재일동포 양대 민족금융기관인 도쿄상은 경영자에 올라, 일본에서 상시적으로 금융차별을 당하고 있는 재일동포들을 도왔다.

허필석 씨는 한일국교 수립 전인 1963년 4월 서울시에 벚꽃나무 7천 그루를 기증했다. 벚꽃들은 김포공항 입구 거리와 국립현충원에 식재되었다.

고향발전에도 관심이 컸던 허필석 씨는 용성면 발전을 위해서도 많은 기여를 하였다. 1970년 500만 엔(¥)의 사재를 내서 용성면 전체 605가구에 전기를 부설해주었으며, 새마을운동 현장을 두루 돌아보면서 용성면 일대의 마을 개선에 앞장섰다.

허필석 씨는 1980년 12월 경산군 출신 재일동포 김태갑金台甲, 안덕천安德天, 이정호李正鎬, 이봉학李鳳學, 이학이李學伊 씨와 함께 경산군에 대형 중장비 페이로다를 기증했다. 또한 허필석 씨는 경산경찰서 신축(3,000만 원), 용성면사무소 회의실 및 노인회관 건립(3,500만 원)을 지원했다. 면사무소 준공식 때 허필석 씨가 "몸은 비록 일본에 있어도, 마음은 항상 고향에 있다"고 말하자, 용성면 주민들은 눈시울을 붉혔다.

새마을 도로포장(1960년대말, 제주도)

마을 도로포장 준공식(1970년대, 충북 단양)

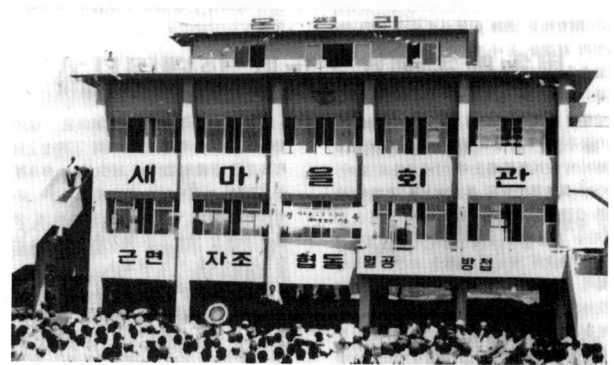
재일동포 이두후 씨가 기증한 제주 온평마을회관

수해대비 둑방공사(1972.5, 전북 전주)

재일한국인의 주요 모국 후원사업

연도	지원사업	원(₩)	엔(¥)
1946	오사카 백두학원 설립(조규훈)		200만 엔
1946	오사카 금강학원 설립(서갑호 외)		
1948	런던올림픽 한국팀 후원(체육회)		64만9,500엔
1949	주일대표부 설립 지원(조규훈)		1,300만엔
1950	6.25한국전쟁 의연금(~1953, 민단)	453만2,712원	203만엔
1950	고향발전 지원사업(~1953, 민단)		935만엔
1952	헬싱키올림픽 한국팀 후원(체육회)		1,000만엔
1960	라디오보내기운동(~1969, 민단)		일제라디오 1,337대
1960	재해의연금(~1969, 민단)	809만595원	1억3,117.4만엔
1960	방위 성금(~1969, 민단)		52만4,000엔
1962	전남 수재민 구호의연금(민단)		521.4만엔
1962	고향발전 지원사업(~1965, 민단)	5억3,912만원	3,091만엔
1962	주일한국대사관 기증(서갑호)	1조원(도쿄 아자부부지 3,091평 지가)	
1963	모국 식량난 구호의연금(민단)	4,144만원	3,606만엔
1963	교토한국학교 건립후원(최영오, 헌창우 외)		3억5,000만엔
1963	꽃과 호박종자 기증 사업(민단)		꽃과 호박종자 60kg
1964	64도쿄올림픽 후원(재일후원회)		1억5,000만엔
1964	제주도 발전후원(~2007, 민단)	281억2,809만원	
1964	농어촌 문고 조성사업(민단)	1마을1문고(1문고 6,000엔 기증)	
1965	후쿠오카총영사관 기증(박원상 외)		5,000만엔
1965	수재민 구호의연금(~1966, 민단)	634만원	928.4만엔
1965	모국가족부양 송금(~1968, 민단)	28억7,633만원	1,285.7만엔
1966	요코하마총영사관 기증(이종대 외)		5,000만엔
1966	나고야총영사관 기증(정환기 외)		5,000만엔
1966	삿포로총영사관 기증(전연수 외)		3,000만엔
1966	센다이총영사관 기증(함창숙 외)		2,261만엔
1967	모국 한파재해 구호의연금(민단)		2,388.1만엔
1967	고베총영사관 기증(황공환 외)		5,000만엔
1968	모국 가뭄재해 구호의연금(민단)	2,637만원	
1969	시모노세키총영사관 기증(박종 외)		4,000만엔
1970	고향발전 지원사업(~1979, 민단)	348억8,054만원	3억9,264.4만엔
1970	모국 재해의연금(~1979, 민단)	7억2,551만원	1억2,784.3만엔
1970	진주 봉산사 중건기금(강계룡)	6억원	
1970	수재민 구호의연금(민단)	547만원	
1972	방위 성금(~1983, 민단)	5억1,730만원	1,107.6만엔
1972	새마을운동 내무부 기탁(~1978)	6억1,968만원	
1973	새마음심기 식목기금(~1981, 민단)	3,624만원	
1973	새마을자매결연 후원(~1977, 민단)	5억244만원	

연도	내용	금액(원)	금액(엔)
1973	수재민 구호의연금(민단)	3,154만원	
1974	오사카총영사관 기증(한록춘 외 긴키동포들)		8억엔
1974	진주 우약정, 분수대 기증(하경완)	6억원	
1976	망향의동산 건립 기금(민단)		5억엔
1977	수재민 구호의연금(민단)	1억1,464만원	
1978	익산역 참사 의연금(민단)	1억2,471만원	
1978	새마을자매결연 후원(~1982, 민단)	1,449만원	
1978	동국대 일본학연구소 설립(왕청일)		5,000만엔
1979	수재민 구호의연금(민단)	2억3,500만원	
1980	고향발전 지원사업(~1989, 민단)	143억8,853만원	3억8,880만엔
1980	재해의연금(~1989, 민단)	4억4,073만원	1,840.5만엔
1980	무연고동포유골 안장(~1989, 민단)		1,500만엔
1981	5.18광주시민 의연금(민단)	1억원	
1981	새마을운동 지원(민단)	1억원	
1982	일본 유학생 장학기금(황응석)		3억엔
1983	독립기념관 건립 기금(민단)	11억3,357만원	1,583만엔
	별도로 이봉창 초상화(당시가 1억원 상당) 외 60점 현물 정부 기증		
1983	전남 청암대학교 설립(강길태)		
1984	수재민 구호의연금(민단)	1억5,000만원	
1984	전남 순천효천고 설립(서채원)		
1984	제주 애월고 신축(고내리친목회)	1억2,000만원	
1987	평화의 댐 건설 후원(민단)	10억8,784만원	540만엔
1987	88서울올림픽 후원(재일후원회)	524억5,665만원	
1987	88서울올림픽 후원(재일부인회)	16억4,000만원	
1987	중앙대학교 후원(~2008, 김희수)	약 1,300억원	
1987	부산 양정고 설립(신길수)		
1989	동의대학교 참사 조의금(민단)	2,000만원	
1990	고향발전 지원사업(~1999, 민단)	310억5,161만원	4,400만엔
1990	북한동포돕기성금(~1999, 민단)	6억8,335만원	1,701.1만엔
1990	재해의연금(~1999, 민단)	9억5,904만원	2억553.4만엔
1990	미술품, 문화재 기증(~1999, 재일동포 개인들)	3,300만원	5,800만엔
	미술품 1,593점, 문화재 1,116점, 자료 68,400여점 기증		
1991	치안본부 민생치안 위문(민단)	2,000만원	
1993	김춘도 경장 조의금(민단)	1,000만원	
1993	대전엑스포 후원(재일상공회)	1억7,100만원	1,000만엔
1993	재외국민학생회관 건립 후원(민단)	12억3,600만원	
1993	서해페리호 침몰사고 의연금(민단)	1,000만원	
1995	대구기스폭발사고 의연금(민단)	5,000만원	
1996	강원도 수재 구호의연금(민단)	1억원	
1997	IMF위기 외화송금 운동(~1999, 민단)		780억6,300만엔
1998	진주교대 가정장학재단(정환기)	200억원	

연도	내용	금액(원)	금액(엔)
1998	나가노올림픽 후원(재일후원회)		1억엔
1998	수재민 구호의연금(~1999, 민단)	3억5,500만원	
1999	평화통일 복지기금(~2000, 민단)	5억원	
2000	경의선 복원기금(민단)	6,355만원	
2000	마산용마고 발전기금(최영석)	130억원	
2001	부산대 경헌실버아카데미(김경헌)	30억원	
2001	의인 이수현 유족 위문금(민단)	3,000만원	
2001	불우이웃 성금(민단)	1억원	
2002	수재민 구호의연금(민단)	4억원	
2002	2002한일월드컵 후원(재일후원회)	5억원	6,400만엔(일본)
2002	수재민 구호의연금(민단)	3억5,950만원	
2003	대구지하철참사 의연금(민단)		2,246.9만엔
2003	수재민 구호의연금(민단)		4,293.2만엔
2004	북한·용천역 참사 구호의연금(민단)		1,363.2만엔
2006	수재민 구호의연금(민단)		1,062.2만엔
2006	북한 납치피해자 지원금(민단)		500만엔
2007	제주도 수재민 구호의연금(민단)	1억2,314만원	
2008	이희건한일교류재단 설립(이희건)	이희건, 신한금융 주식 80만주와 6억원 기증	
2008	남대문 복원 의연금(민단)	5억9,108만원	
2009	한일축제한마당 기부(~2015, 민단)		7,960만엔
2010	천안함폭침사건 유족 의연금(민단)	2억원	
2010	안중근의사 기념관 건립기금(민단)	1,500만원	
2010	한창우나가코장학재단(한창우)	60억원	
2011	물망초재단 탈북자지원 기금(민단)	4,100만원	
2014	세월호 침몰참사 의연금(민단)	6억4,823원	
2018	평창동계올림픽 후원금(재일후원회)	21억 원	
2021	모국유학 동포대학생 장학기금 (2015~, 재일한국인본국투자협회)	10억2,100만 원	

자료: 재일민단, 재일동포모국공적조사위원회 등

| 제 5 부 |

자이니치 태극전사

| 15 |

모국을 향한 재일스포츠 명장면
1948런던부터 2018평창까지

재일동포 모국기여는 경제적 지원에 국한되지 않는다. 사회, 문화, 학술, 예술, 스포츠 등 다양한 영역에서 그들은 모국을 위해 헌신했다. 이 가운데 스포츠는 대한민국을 하나로 뭉치게 하는 파워 엔진이었다. 스포츠 분야에서 행한 재일동포의 모국기여는 다른 어떤 분야보다도 지대했고 한국스포츠 발전에 미친 영향도 광범위했다.

범위를 좁혀 올림픽과 재일동포 관계사만 들여다봐도, 재일동포가 한국스포츠 발전에 얼마나 큰 공을 세웠는지 알 수 있다. 재일동포들은 우리나라가 태극마크를 달고 첫 출전한 1948런던올림픽부터 한국선수단의 출전경비를 지원했다. 이후 1952헬싱키올림픽, 1964도쿄올림픽, 1988서울올림픽, 1998나가노동계올림픽, 2018평창동계올림픽까지… 재일동포들은 '대한민국 후원회'를 결성해 모국의 선전과 올림픽 성공개최를 물심양면 응원했다.

그렇다면 지금까지 75년 동안 한국을 빛낸 재일동포 스포츠영웅은 누가 있을까? 모국을 향한 재일동포 스포츠 명장면은 무엇일까? 재일동포 스포츠역사를 재일본대한체육회 일지를 토대로 시간 순으로 정리해봤다.

출처: 재일본대한체육회, 재일민단, 통일일보, 이희건사진첩

1947년 4월 12일

재일조선체육협회 설립(회장 채수인蔡洙仁)

1948년 6월 23~4일

제14회 런던올림픽 대한민국선수단 일본 도착

재일조선체육협회는 1948런던올림픽 때 대한민국 선수단의 출전경비 및 스포츠용품 등을 지원했다. 이를 위해 한국선수단 환영준비위원회를 결성하고, 6월 23일 후쿠오카 하카타항에 기항하는 선수단을 맞이하기 위하여 남궁수南宮琇 씨를 급파했다. 대한민국 선수단을 태운 배가 이튿날 24일 요코하마항에 도착하자, 채수인蔡洙仁 회장을 비롯한 정건영鄭建永·이희건李禧元 씨 등 체육회 임원들은 동포들이 십시일반 모금한 64만9,500円의 찬조금을 선수단에게 전달했다. 이 돈은 대한민국 최초의 국가 대표팀의 올림픽 출전여비였다. 그리고 재일동포들은 동포 아낙네들이 한 땀 한 땀 바느질로 새겨 넣은 태극마크 유니폼부터 각종 스포츠용품을 함께 기증했다.

1952년 7월 12일

제15회 헬싱키올림픽 대한민국선수단 환영회

6.25전쟁이 한창이던 1952헬싱키올림픽 때도 재일동포들은 모국을 위해 올림픽후원회를 결성했다. 재일체육회는 그해 7월 12일 도쿄국제공항에서 대한민국 선수단을 맞이한 자리에서 1천만円의 찬조금을 전달했다. 당시 모금운동은 동포 체육인들이 동분서주하며 모았고, 김용식金溶植 주일대표부 공사도 힘을 보탰다. 재일체육회는 또 1948런던올림픽 때와 마찬가지로 선수단 단복, 트레이닝복, 트렁크, 각종 스포츠용품 등도 기증했다. 헬싱키올림픽에 채수인蔡洙仁 재일체육회 회장은 한국대표팀의 조사연구원 겸 사이클경기 감독으로서 참가하기도 했다.

1953년 10월 17일

6.25전쟁의 파고를 뚫고 전국체전 첫 참가

제34회 전국체전(10.17~22일)은 6.25전쟁의 총성이 멎은 뒤 열린 첫 대회였다. 재일체육회는 서울에서 열린 전국체전에 축구팀과 임원 25명으로 구성된 선수단을 파견했다. 해외동포 역사상 최초의 전국체전 출전이다.

이때 재일동포 선수단은 빈손으로 오지 않았다. 농구골대, 정구라켓, 사이클과 같은 경기용품, 선수 유니폼, 트레이닝복, 모포 등의 물품들을 한가득 싣고 바다를 건너 왔다.

관련해서 재일체육회에는 흥미로운 일화가 내려오고 있다. 1957년 전국체전에 출전하는 동포선수단을 태운 비행기가 하네다공항에서 이륙하지 못하는 일이 일어났다. 알고 보니 선수단이 갖고 갈 선물 때문이었다. "사격경기용 총알의 무게가 너무 무거워 비행기가 뜨지 못한 것"(2004년

김영재 재일체육회 회장 증언)이다. 하는 수없이 재일체육회는 총알을 하역했고, 이튿날 다른 비행기 편으로 서울로 보냈다.

한편 1953년 5월 5일 재일체육회는 도쿄 재일한국YMCA강당에서 창립총회를 갖고, 재일조선체육협회에서 재일본대한체육회로 탈바꿈한다. 초대 체육회장에는 유태하柳泰夏 주일대표부 참사관(후일 주일대사)이 선출됐다.

1954년 3월 7일
54스위스 월드컵축구 한일전 전액 지원
최초의 재일동포 국가대표 탄생

재일체육회는 이날 도쿄에서 열린 54스위스월드컵축구 한일전에 출전한 한국팀 경비를 전액 부담하였다. 그리고 이날 재일동포 체육사에 빛날 경사가 일어난다. 재일동포 제1호 대한민국 국가대표 선수가 탄생한 것이다. 일본 주오대中央大 축구선수 이석의李錫儀(사진)가 출전선수 명단에 이름을 올린 것.

사실 54월드컵 극동아시아 예선시합이 한일전으로 결정되자, 반일정서가 강했던 이승만李承晩 대통령은 일본 선수의 입국을 불허했다. 그래서 한일전은 홈 앤드 어웨이 시합이 성립되지 않아 모든 시합이 일본에서 어웨이로 치러지게 되었다.

적진에서 한국 대표팀은 이날 1차전에서 일본에 5-1로 가볍게 승리한 데 이어, 3월 14일 2차전에서는 2-2 무승부를 기록했다. 이에 따라 한국팀은 스위스월드컵대회 출전자격을 얻었다.

한국 최초의 월드컵 본선진출은 대한민국 축구사에 한 획을 그은 사건이다. 그 역사적인 순간에 재일체육회는 조국을 위해 금전적 지원을 아끼지 않았으며, 재일동포 선수 이석의는 태극마크를 달고 일본팀을 격파하는 선봉에 서있었다.

1956년 8월 10일
재일동포 고교야구단 모국방문 시합
3085안타 타자 장훈張勳, 400승 투수 김정일金正一

재일동포 고교야구단이 모국에서 첫 시합을 펼친 날이다. 이때부터 재일동포 고교야구단은 해마다 여름방학을 이용해 바다를 건너와 국내 최강팀들과 시합을 펼쳤다. 보름동안 매일 치러진 강행군이었지만, 재일동포팀은 압도적인 경기력을 선보였다. 어쩌다 지기라도 하면 "여독旅毒때문"이란 분석기사가 나올 정도였다.

재일동포 고교야구단은 슈퍼스타의 등용문이었다. 일본 프로야구에서 통산 3,085개 안타란 신기록을 작성한 장훈張勳(일본명 하리모토 이사오), 전설의 좌완으로 일본 프로 유일의 400승 투수 김경홍金慶弘(일본명 가네다 마사이치), 한국프로야구 7개 팀 감독을 지낸 야신 김성근金星根 등 스타들을 다수 배출했다.

그해 4월 10일 재일체육회는 제2대 회장으로 최규하崔圭夏씨를 선출했다. 최규하 씨는 후일 주일한국대사를 지낸 데 이어, 제10대 대한민국 대통령에까지 올랐다. 그리고 그해 7월 14일 재일체육회는 대한체육회 재일지부로 정식 인정을 받았다.

1959년 8월 15일
제1회 재일한국인 체육대회 개최

1960년 4월 16일
재일체육회는 제3대 회장에 이유천李裕天 씨를 선출했다.

1961년 3월 11일
재일체육회는 제4대 회장에 이윤구李允求 씨를 선출했다. 7월 14일에는 재일체육회 간사이본부가 창립됐다. 초대회장에는 이희건李熙健씨가 선출됐다. 이 씨는 1973년 8월까지 13년간 간사이 재일체육회 회장을 맡았다.

◆ **1961 일본 타격왕 장훈** : 장훈은 일본 프로야구에서 3000안타라는 전인미답前人未踏의 기록을 세웠다. 히로시마원폭 피폭자로서 어린 시절 고난을 겪었지만, 장훈은 실력 하나로 일본야구계를 평정했다. 사진은 1961년 프로 3년차에 타율 1위 타이틀을 차지한 장훈에게 재일동포 프로레슬러 역도산(김신락)이 기념 트로피를 전달하는 모습이다.

1962년 9월 8일

재일체육회는 제5대 회장에 신희辛熙 씨를 선출했다. 앞서 5월 10일에는 재일체육 추호쿠본부가 창립됐다. 초대회장에는 최황영崔晃栄 씨가 선출됐다.

1963년 7월 11일

재일동포 성인야구단이 모국을 방문해 친선시합을 펼쳤다.

◈ **한국스포츠의 물주 재일동포** : 1963년 3월 3일 자 조선일보는 "재일교포들이 육상용품을 고국에 기증했다"면서 용품 내역을 소개했다. 이때 들여 온 육상경기 용품은 10여종에 시가 52만 원 상당 이었다. 기사는 또 재일동포들이 1962년 12월 베를린올림픽 마라톤 금메달리스트 손기정孫基禎 씨(당시 육상연맹 전무)편에 보내 온 경기용품도 소개했다. 한국에선 처음 보는 파이버 글라스로 만든 투창 4개, 창 104개, 투포환 30개, 원반 30개, 해머 30개, 스톱워치 등이었다.

1964년 4월 7일
64도쿄올림픽 재일한국인후원회 발족
3,489명의 내국인 공짜로 올림픽 구경

64도쿄올림픽 재일한국인후원회장에 이유천李裕天 씨가 선출됐다. 당시 재일한국인후원회는 1억5천만 엔을 모금해 대한민국 선수단 235명의 훈련 경비 및 경기 출전비를 지원했다. 남은 후원금으로는 국내동포 3,489명을 도쿄올림픽에 초청해 공짜로 올림픽 관람을 시켜줬다. 64도쿄올림픽에는 7명의 재일동포 국가대표가 출전했으며, 유도 김의태金義泰가 남자 80kg급에서 한국 유도사상 최초로 올림픽 동메달을 획득했다.

1967년 7월 26일

재일체육회는 제6대 회장에 정태주鄭泰柱 씨를 선출했다. 8월 26일부터 9월 4일까지 도쿄에서 열린 유니버시아드대회에는 37개국 927명이 참가했다. 한국대표팀은 여자농구가 금메달을 땄으며, 7명의 재일동포가 국가대표로 출전했다.

1968년 6월 30일

제10회 재일본한국인 체육대회가 도쿄 코이시카와 운동장에서 열렸다. 행사에 참가한 재일동포는 약 5천명이었다.

1969년 4월 5일

재일체육회는 제7대 회장에 범진규范眞圭 씨를 선출했다.

1971년 9월 20일

재일체육회는 제8대 회장에 정건영鄭建永 씨를 선출했다. 그리고 이날 재일동포들은 삿포로동계올림픽 재일한국인후원회(회장 정건영)를 발족했다.

1972년 8월 26일

재일동포 오승립, 뮌헨올림픽 유일한 메달리스트

72뮌헨올림픽에 출전한 재일동포 유도선수 오승립吳勝立이 남자 80kg이하급에서 은메달을 획득했다. 이는 한국대표팀 유일한 뮌헨올림픽 메달이자, 한국 유도사상 최초의 올림픽 은메달이었다. 오승립은 준결승에서 꺾은바 있는 일본의 세키네 시노부関根忍와 재격돌했으나 2-1로 판정패하고 말았다. 당시 세계 유도계는 일본이 주도하고 있었기에 석연찮은 판정 끝에 패배했다는 후일담을 남겼다. 뮌헨올림픽에는 6명의 재일동포가 국가대표로 출전했다.

1974년 9월 1일

제7회 테헤란아시아경기대회가 개막했다. 5명의 재일동포가 국가대표로 출전해 체조의 김국환金國煥, 사격의 박도근朴道根이 각각 금메달을 획득했다.

1976년 7월 18일

제21회 몬트리올올림픽이 개막한 날이다. 몬트리올에서는 재일동포 국가대표 유도 박영철朴英哲이 남자 80kg에서 동메달을 획득했다.

1979년 3월 24일

재일체육회는 제9대 회장에 채수인蔡洙仁 씨를 선출했다. 앞서 1977년 대한체육회는 채 씨를 대한올림픽위원회(KOC) 위원으로 선출했다.

1982년 6월 11일

88서울올림픽대회 재일한국인후원회 결성

이날 재일민단은 전국 지방단장 회의(아타미 뉴아카오호텔)를 열고 재일한국인이 일심동체가 되어 88 서울올림픽 대회에 전폭 지원 하겠다고 결의했다. 이어서 열린 회의에서 재일민단과 동포들은 88서울올림픽 재일한국인후원회 회장에 이희건李熙健 씨를 추대했다.

1985년 6월 16일

재일체육회는 제10대 회장에 김창식金昌式 씨를 선출했다.

1986년 9월 19일

86서울아시안게임에 재일동포 8천명 운집

이날 서울올림픽공원에서 열린 제10회 서울아시아경기대회 전야제에는 재일동포 8천명이 참가했다. 조국의 스포츠제전이 성공하기를 바라는 재일동포사회의 뜨거운 열의를 여실히 보여준 장면이었다.

한편 86서울아시안게임에는 8명의 재일동포가 국가대표로 출전, 골프의 김기섭金基燮과 승마의 서인교徐仁敎가 금메달을 획득했다.

1988년 10월 2일

88서울올림픽 재일동포 100억¥ 후원비

이날 서울올림픽공원 내 대한체육회 본관 뒤뜰에서는 재일동포의 올림픽성원을 감사하는 기념비 제막식이 거행되었다. 88올림픽 때 재일동포들은 일본 엔화로 100억 엔의 성금을 모국에 기부했다. 그 돈으로 각종 스포츠시설과 올림픽파크텔을 지었다. 정부는 이처럼 올림픽 성공에 기여한 재일동포들에게 감사하는 마음을 담아 후원기념비를 세웠으며, 이후 2004년에는 바로 옆에 후원자 명부 탑도 세웠다.

제24회 서울올림픽대회에는 160개국 1만3,765명의 선수단이 참가했다. 팀코리아는 금12, 은12, 동11을 획득해 종합 4위에 올랐다. 88올림픽에는 4명의 재일동포가 국가대표로 출전했다.

앞서 6월 23일 재일체육회는 제11대 회장에 김영재金英宰 씨를 선출했다. 그리고 9월 12일에는 주일한국대사관에서 재일한국인 서울올림픽 공로자 38명에 대한 체육훈장 수여식이 거행되었다.

1989년 9월 25일
제1회 세계한민족체육대회

재일동포들은 이날 서울에서 열린 세계한민족체육대회에 박종朴鐘 단장 등 200명이 참가했다. 한민족체육대회는 700만 해외동포 잔치로서 줄다리기, 잣치기 등 우리나라 전통놀이를 하면서 서로 화합을 다지는 자리였다. 한편 이와 별개로 같은 날 개막한 제70회 전국체전에 재일동포 선수단은 모두 135명이 출전했다.

1990년 9월 22일

제10회 베이징아시아경기대회가 개막했다. 베이징대회에는 10명의 재일동포가 국가대표로 출전했다.

1991년 4월 11일

제41회 세계탁구선수권대회 코리아선수단(단일팀) 환영회가 열렸다.

1992년 10월 30일

재일동포 스포츠 반세기 역사를 정리한 '재일본대한체육회사'가 발간되었다. 11월 6일에는 오사카 '사천왕사왔소'축제에 92바르셀로나올림픽에서 메달을 딴 23명의 국가대표와 350명의 내국인이 거리 퍼레이드에 참가했다. 재일동포와 내국동포들은 고구려, 신라, 백제 등 옛 선조들의 복식을 하고 우리말 구령 '왔~소'를 외치며 오사카 중심거리를 활보했다.

1993년 4월 19일

재일본대한골프협회가 창립되었다(회장 최영훈崔泳薰). 이튿날인 4월 20일에는 제1회 재일한국인 골프선수권대회가 열렸다.

1994년 10월 2일

제12회 히로시마아시아경기대회가 개막했다. 재일동포들은 일본에서 열리는 대회라는 점을 인식하여 한국선수단을 지원하기 위한 후원회를 결성했다.

1998년 2월 7일

98나가노동계올림픽 1억¥ 후원

제18회 나가노동계올림픽대회가 개막했다. 당시 외환위기에 처한 조국에게 용기를 주기 위해 재일동포들은 재일한국인후원회를 결성했다. 후원회장은 민단중앙본부 신용상辛容祥 단장이, 실행위원장은 나가노의 정진鄭進 씨가 각각 맡았다. 재일한국인후원회는 나가노올림픽 때 1억 엔을 대한민국 선수단에 후원했다. 또한 재일동포들은 응원단을 결성해 남과 북 선수 가리지 않고 응원하는 훈훈한 모습을 보였다.

6월 24~29일까지 프랑스 파리에서 열린 98FIFA월드컵축구대회에 역사상 최초로 한일공동응원이 펼쳐졌다. 재일동포를 주축으로 한국인 57명, 일본인 72명으로 구성된 한일공동응원단은 한국-벨기에 전, 일본-자메이카 전을 함께 응원했다.

1999년 5월 11일

2002FIFA 한일월드컵축구대회 재일한국인후원회가 발족했다.

2000년 5월 23일

재일체육회는 제12대 회장에 허영태許寧太 씨를 선출했다. 재일동포 선수단은 10월 12~18일 부산에서 열린 제81회 전국체전에서 해외동포 부문 3년 연속 우승을 차지했다. 최종 성적은 금7, 은8, 동5 이었다.

2002년 5월 31일~6월 30일

KOREA-JAPAN 韓日 공동응원단

한일공동응원단 'KJ클럽'은 2002한일월드컵축구대회에서 열렬한 응원전을 벌였다. KJ클럽에 참가해 응원을 펼친 양국민은 공식 989명, 누적 참가자 2천명에 달했다. 한편 2002월드컵에서 한국 팀(4강 신화)과 일본 팀(16강 진출)은 역대 최고성적을 거뒀다.

2004년 11월 10일

2002한일월드컵축구대회 2주년을 기념해 한국, 일본, 재일동포 사회인 축구인이 도쿄에서 친선시합을 벌였다. 그리고 재일체육회는 10월 8~14일 충북 일원에서 열린 제85회 전국체전에서 해외동포 부문 우승을 차지했다.

2005년 9월 4일

재일체육회는 '한일우정의 해' 사업의 하나로 어린이 운동회를 개최했다.

2006년 4월 21일

재일체육회는 제13대 회장에 박안순朴安淳 씨를 선출했다.

2008년 8월 22일

재일체육회는 대한민국 건국 60주년을 기념해 한일친선 자선골프대회를 개최했다.

2009년 2월 18일

제24회 동계유니버시아드대회 여자 피겨스케이팅에 재일동포 김채화 金彩華가 국가대표로 출전했다.

2010년 10월 12일

재일동포 선수단은 제91회 경남 전국체전 해외동포부문에서 4년 만에 우승컵을 탈환했다.

2012년 4월 25일

재일체육회는 제14대 회장에 최상영崔相英 씨를 선출했다.

2018년 1월 24일

2018평창동계올림픽 후원금 2억¥ 기부

2018평창동계올림픽 재일한국인후원회(회장 오공태吳公太)는 올림픽 성공을 기원하며 평창올림픽조직위원회에 2억 엔(¥)을 후원했다. 이와 별도로 재일한국인후원회는 국가대표팀에 1억 원의 격려금도 전달했다. 뿐만 아니라 올림픽 기간 중 재일동포 응원단을 결성해 참가하는 등 평창올림픽의 성공에 당당히 한 몫을 담당했다.

2019년 3월 31일

재일본대한체육회 창립 65주년

이날 재일본대한체육회는 도쿄 시내 호텔에서 창립 65주년 기념식을 개최했다. 또한 2020도쿄올림픽에 출전하는 재일동포 국가대표 선수 5명에게 격려금을 전달했다. 창립기념식에는 대한체육회, 일본올림픽위원회를 비롯해 한일 양국의 스포츠 관계자 250명이 참가했다.

2021년 7월 26일

2020도쿄올림픽 재일동포 메달리스트 탄생

코로나19 팬데믹으로 1년 연기 개최된 2020도쿄하계올림픽대회. 재일동포 3세 유도선수 안창림安昌林(남자 73kg급)과 김지수金知秀(여자 52kg급)가 태극마크를 달고 출전했다. 이날 안창림은 64도쿄올림픽에서 재일동포 선배 김의태가 동메달을 따낸 역사적 장소(일본 유도의 성지 '부도칸')에서 57년 만에 동메달을 획득하는 쾌거를 이뤄냈다.

1964年の東京五輪で、在日同胞の金義泰選手が80kg級で銅メダルを獲得。57年後の東京・日本武道館で、同じく在日同胞の安昌林選手（写真＝連合ニュース）が、再び銅メダルを獲得する快挙を成し遂げた。

| 제 6 부 |

한국을 빛낸
100명의 재일동포

| 16 |

재일한국인 1등 훈장 공훈록
재일독립운동 건국훈장 수훈자

　대한민국의 상훈 가운데 정점은 훈장이다. 훈장 가운데서도 국민으로서 받을 수 있는 최고의 훈장은 국민훈장 1등급 무궁화장이다. 체육발전 1등급 유공자에게는 청룡장이 수여된다. 대한민국 건국建國 또는 국기國基를 공고히 한 유공자에게는 건국훈장이 수여된다.

　1948년 8월 15일 대한민국 정부 수립이후 재일한국인이 수여받은 훈장으로는 국민훈장, 체육훈장, 건국훈장 순으로 많다. 훈장은 헌법 및 상훈법에 따라 대통령이 국무회의 심의를 거쳐서 수상자를 결정한다. 대한민국에 뚜렷한 공적을 세운 자만이 받을 수 있는 최고의 영예가 훈장 수훈인 것이다.

　제6부에서는 재일한국인 가운데 훈장 중의 로열인 1등급 훈장 국민훈장 무궁화장, 체육훈장 청룡장, 그리고 일제강점기 조국의 광복을 위해 목숨을 걸고 독립운동을 했던 건국훈장 수훈자들을 소개한다. 이에 해당하는 재일한국인은 모두 101명이었다. 한국을 빛낸 재일한국인들이 모국 대한민국에 행한 공훈내용을 정리했다.

※ 재일동포 수훈자 자료수집 방법 및 한계
- 행정안전부의 대한민국 상훈(www.sanghun.go.kr)에 공개된 상훈 기록을 바탕으로 무궁화장, 청룡장, 건국훈장 수훈자 명단을 파악했다. 다만 검색능력 부족으로 일부 누락된 재일동포 수훈자가 있을 수 있다.
- 수훈자의 소속 직위 및 공훈내용은 행정안전부 상훈기록, 재일본대한민국민단 자료, 통일일보 인명록 및 보도, 국내언론 보도, 이민호 취재기록에서 발췌했다. 수훈자 공훈내용에는 수여기관(외교부, 교육부 등)의 공식 수여사유 외에 추가 확인한 것도 있다.
- 재일동포 수훈자 범위 : 「재외동포의 출입국과 법적 지위에 관한 법률」 제2조에서 규정하는 '재외동포' 정의에 해당되는 인물이다.

한국을 빛낸 101명의 재일동포
1등 훈장&건국훈장 받은 재일한국인 공훈록

연번	훈장내용	성명/생년	직위(수훈연월일)
1	국민훈장 무궁화장	이희건(李熙健) 1917	재일한국인신용조합 이사장 (1970-11-11)
	• 1982년 신한은행 창립 주도 • 70오사카엑스포, 88서울올림픽 후원 주도 • 민족금융기관 오사카흥은 창립자 • 오사카 사천왕사왔소 축제 창설자 • 88서울올림픽후원(체육훈장 1등급 청룡장)		
2	국민훈장 무궁화장	이희원(李禧元) 1920	재일민단 중앙본부 단장 (1971-04-19)
	• 1946년 재일민단 창립 멤버 • 재일한국인 교육헌장 제정에 공헌 • 일본의 출입국 차별 등 재일동포 권익투쟁 • 재일한국인 협정영주권 촉진운동		
3	국민훈장 무궁화장	한녹춘(韓祿春) 1922	오사카 후지관광 대표 (1971-04-19)
	• 1974년 오사카총영사관 건립 기여 • 1982년 신한은행 창립 멤버 • 88서울올림픽후원(체육훈장 1등급 청룡장)		

4	국민훈장 무궁화장	강계중(姜柱重) 1914	재일민단 오사카본부 단장 (1974-05-11)
	• 1971년 재일한국인 영주권 신청 촉진운동 • 1974년 한국사회 발전 및 국민복지 향상 • 전남 순천 황전면 일대 800가구 전기부설 • 헬기 2대, 경찰오토바이 1200대 기증		
5	국민훈장 무궁화장	허필석(許弼奭) 1921	도쿄상은 이사장 (1974-05-11)
	• 민족금융기관 도쿄상은 창립자 • 제일스포츠센타, YC안테나 모국투자 • 88서울올림픽후원(체육훈장 1등급 청룡장)		
6	국민훈장 무궁화장	윤달용(尹達鏞) 1921	재일민단 중앙본부 감찰위원장 (1976-09-17)
	• 재일민단 중앙본부 단장 역임 • 오키나와 위령탑 건립 추진위원장 역임		
7	건국훈장 독립장	원심창(元心昌) 1906	통일일보 상임고문 (1977-12-13)
	• 독립운동가(2013년 12월 이달의 독립운동가) • 1933년 상하이 육삼정의거 주도자 • 1946년 재일민단 창립멤버, 중앙단장 역임 • 1959년 민족지 통일일보 창간자		
8	건국훈장 독립장	이강훈(李康勳) 1903	광복회 회장 (1977-12-13)
	• 독립운동가(상하이 육삼정의거 의열단) • 1946년 재일민단 창립 멤버, 부단장 역임 • 국민훈장 1등급 무궁화장(2003.12.31)		
9	국민훈장 무궁화장	서갑호(徐甲虎) 1914	방림방적, 사카모토방적 대표 (1978-05-17)
	• 1962년 주일한국대사관 부지 및 건물 기증(도쿄 이자부 3091평) • 한국 방직업 발전 및 모국 투자 선구자 • 해방 직후 민족학교 금강학원 설립 주도		

10	국민훈장 무궁화장	신격호(辛格浩) 1922	롯데그룹 창업자 (1978-05-17)
	・롯데그룹 창업자, 유통제조업 발달 공헌 ・1967년 제과업으로 모국투자 진출 ・88서울올림픽후원(체육훈장 1등급 청룡장) ・2009 롯데삼동복지재단 설립(570억 출연)		
11	국민훈장 무궁화장	조영주(曺寧柱) 1908	재일민단 중앙본부 단장 (1979-01-29)
	・재일민단 중앙본부 단장 역임 ・1959년 북송반대 단식투쟁 대표		
12	국민훈장 무궁화장	황칠복(黃七福) 1922	재일민단 오사카본부 단장 (1979-01-29)
	・재일동포사회 및 한일친선우호에 공헌		
13	국민훈장 무궁화장	김정주(金正柱) 1915	재일민단 중앙본부 단장 (1982-07-16)
	・1946년 재일민단 창립멤버 및 중앙단장 ・1972년 『일제통치사료』 전10권 발간 ・1975년 『해방 30년사』 전3권 발간		
14	국민훈장 무궁화장	권일(權逸) 1911	재일민단 중앙본부 고문 (1983-06-08)
	・재일동포 변호사, 주일대표부 법률고문 ・1981년 헌법 '재외국민 보호조항' 제정기여 ・60~70년대 재일동포 모국투자 촉진 ・제8,9대 국회의원, 외무부 정책자문위원		
15	국민훈장 무궁화장	장총명(張聰明) 1920	재일민단 중앙본부 고문 (1985-11-11)
	・재일동포 일본내 국민연금 가입 실현 ・재일민단 중앙단장, 재일신용조합 육성 ・88서울올림픽후원(체육훈장 1등급 청룡장)		
16	국민훈장 무궁화장	이종대(李鍾大) 1919	요코하마상은 이사장 (1986-11-04)
	・70년대 요코하마 총영사관 건립 주도 ・민족금융기관 요코하마상은 창립자 ・가나가와한국종합교육원 창설 주도 ・88서울올림픽후원(체육훈장 1등급 청룡장)		

17	국민훈장 무궁화장	정태주(鄭泰柱) 1920	재일본대한체육회 회장 (1986-11-04)
	・재일민단 후쿠오카본부 단장 ・민족금융기관 후쿠오카상은 창립 주도 ・88서울올림픽후원(체육훈장 1등급 청룡장)		
18	국민훈장 무궁화장	황공환(黄孔煥) 1921	재일민단 효고본부 상임고문 (1986-11-04)
	・재일민단 효고본부 사무소 설립 ・민족금융기관 고베상은 창립 주도		
19	국민훈장 무궁화장	서영호(徐永昊) 1925	재일민단 오사카본부 상임고문 (1987-03-10)
	・70년대 재일민단 오사카본부 건설위원장 ・88서울올림픽후원(체육훈장 1등급 청룡장)		
20	국민훈장 무궁화장	김평진(金坪珍) 1926	재일민단 중앙본부 고문 (1987-12-01)
	・1963년 제주도 최초 호텔 건립자 ・1966년 제주여자학원 인수 및 정상화 ・제주감귤 보급(재일본제주개발협회) ・88서울올림픽후원(체육훈장 1등급 청룡장)		
21	국민훈장 무궁화장	박종(朴鍾) 1924	재일한국인본국투자협회 회장 (1987-12-01)
	・재일민단 야마구치본부 활동 ・88서울올림픽후원(체육훈장 맹호장) ・재일한국인 본국투자협회 회장		
22	국민훈장 무궁화장	배종성(裵鍾城) 1926	에이스전기그룹 회장 (1987-12-01)
	・재일동포사회 및 한일친선우호에 공헌 ・88서울올림픽후원		
23	국민훈장 무궁화장	안재호(安在祜) 1915	일본유기화학공업 대표 (1987-12-01)
	・60·70년대 제주도 표선면 개선사업 주도 ・88서울올림픽후원 ・대한합성화학 등 모국 투자		

24	국민훈장 무궁화장	윤인술(尹仁述) 1922	재일한상 교토본부 회장 (1987-12-01)
	• 재일민단, 재일한상에서 재일동포 권익향상 • 88서울올림픽후원		
25	국민훈장 무궁화장	정환기(鄭煥麒) 1924	나고야 코하쿠그룹 회장 (1987-12-01)
	• 60년대초 민족금융기관 아이치상은 창립자 • 70년대 나고야한국학교, 총영사관 건립 • 진주교대 장학재단 창립(200억 원 기부) • 88서울올림픽후원		
26	건국훈장 대통령장	박열(朴烈) 1902	재일민단 창립자 (1989-03-01)
	• 독립운동가(1923년 천황 암살기도로 수감) • 20년대 흑우회, 흑도회 등 항일단체 지도 • 1946년 신조선건설동맹(초대 위원장) • 1946년 재일민단 창립(초대 중앙단장)		
27	국민훈장 무궁화장	이영근(李榮根) 1919	통일일보 창간자 (1990-05-24)
	• 독립운동가, 통일운동가 • 1959년 민족지 통일일보 창간자 • 70년대 조총련계 동포 모국방문사업 주도 지원		
28	국민훈장 무궁화장	주봉규(朱鳳奎) 1916	재일민단 효고본부 상임고문 (1991-07-01)
	• 재일동포사회 및 한일친선우호에 공헌 • 효고현 동포 경제활동 지원		
29	국민훈장 무궁화장	정찬진(丁贊鎭) 1905	재일민단 중앙본부 상임고문 (1992-10-07)
	• 독립운동가(건국훈장 애국장) • 재일민단 중앙 및 동경본부 단장 • 1960년 자유당 정권 불신임, 4.19혁명 지지 • 64도쿄올림픽 재일한국인 후원활동 주도		
30	국민훈장 무궁화장	박승완(朴勝完) 1918	오사카 금강학원 이사장 (1993-12-05)
	• 민족학교 오사카 금강학원 창립 주도 • 한국정부 1호 재외한국학교 지정 공헌		

31	국민훈장 무궁화장	권병우(權炳佑) 1925	재일본대한부인회 상임고문 (1994-12-31)
	• 재일민단 최초의 여성 부단장 • 88서울올림픽후원(체육훈장 맹호장) • 재일동포 청년 결혼사업 추진		
32	국민훈장 무궁화장	박병헌(朴炳憲) 1928	재일민단 중앙본부 상임고문 (1994-12-31)
	• 6.25전쟁 의용군 참전(보국훈장 삼일장) • 해외한민족대표자 회의 설립 주도 • 88서울올림픽후원(체육훈장 1등급 청룡장)		
33	국민훈장 무궁화장	한창우(韓昌祐) 1931	마루한 그룹 창립자 (1994-12-31)
	• 70년대 한창우·철 문화재단 설립(한·일 문화교류, 우호친선, 사회봉사 지원) • 2010년 한창우·나가코교육문화재단 설립(소외 계층 모국학생들의 학업 지원) • 세계한인상공인총연합회 회장		
34	국민훈장 무궁화장	박성준(朴成準) 1930	재일민단 가나가와 상임고문 (1995-08-15)
	• 가나가와한국회관 건립 주도 • 70년대 재일민단 정상화 운동 주도		
35	국민훈장 무궁화장	강대해(姜大海) 1923	재일민단 아이치 상임고문 (1995-12-30)
	• 70년대 아이치한국인회관 건설위원장 • 재일민단 아이치현본부 단장		
36	국민훈장 무궁화장	장두회(張斗會) 1922	재일한상 상임고문 (1995-12-30)
	• 민족금융 발전에 공헌 • 재일전라도도민회 회장 • 88서울올림픽후원(국민훈장 모란장)		
37	국민훈장 무궁화장	최영오(崔永五) 1922	교토한국학원 창립자 (1996-08-20)
	• 1960년 교토한국학원 학교건물 신축 지원 • 초창기 교토한국학원에 3억 엔 기부		

38	국민훈장 무궁화장	배순희(裵順姬) 1916	재일본대한부인회 회장 (1996-10-26)
	· 88서울올림픽후원 1일 10엔 저금운동 · 16억4천만 원 모금 공헌(체육훈장 맹호장) · 재일본대한부인회 및 오사카부인회 활동		
39	국민훈장 무궁화장	오기문(吳基文) 1910	재일본대한부인회 회장 (1996-10-26)
	· 1949년 재일본대한부인회 창립자 · 1945년 독립지사 유골봉환 위원 · 1993년 경북 고령에 대창양로원 건립(사할린 출신 무의탁 노인 요양지원)		
40	국민훈장 무궁화장	김재하(金在河) 1924	재일민단 교토 상임고문 (1997-12-31)
	· 재일민단 교토단장, 동포 권익신장 공헌 · 재일동포 평화통일 촉진운동		
41	국민훈장 무궁화장	김창휘(金昶輝) 1929	재일민단 중앙본부 고문 (1997-12-31)
	· 재일동포사회 및 한일친선우호에 공헌 · 88서울올림픽후원(체육훈장 맹호장)		
42	국민훈장 무궁화장	이수성(李壽成) 1914	재일민단 중앙본부 감찰위원장 (1997-12-31)
	· 1959 북송반대투쟁 전문위원회 실무위원 · 70년대 민단정상화 기여(민단 감찰위원장)		
43	국민훈장 무궁화장	정규대(鄭圭泰) 1929	재일민단 미야기본부 고문 (1998-12-31)
	· 재일동포 권익 및 한일친선우호에 공헌 · 재일민단 미야기본부 동포권익 운동		
44	국민훈장 무궁화장	김윤진(金允鎭) 1922	아이치상은 이사장 (1998-12-31)
	· 재일동포사회 및 한일친선우호에 공헌 · 나고야한국학교 제3대 이사장 · 나고야상은 활동으로 동포 금융지원		

45	국민훈장 무궁화장	김중근(金重根) 1918	오사카백두학원 이사장 (1999-12-17)
	• 재일동포 민족교육 진흥 • 오사카한상 활동 • 88서울올림픽후원(체육훈장 맹호장)		
46	국민훈장 무궁화장	이천수(李千壽) 1925	재일민단 가나가와 고문 (1999-12-17)
	• 재일동포사회 및 한일친선우호에 공헌		
47	국민훈장 무궁화장	이근식(李根植) 1930	청봉장학재단 이사장 (2000-03-24)
	• 동경한국학교, 한국교육재단, 청봉장학재단 등의 이사장으로 민족인재 육영에 공헌 • 88서울올림픽후원(체육훈장 1등급 청룡장)		
48	국민훈장 무궁화장	신용상(辛容祥) 1925	재일민단 중앙본부 상임고문 (2000-12-20)
	• 지방참정권 등 재일동포 권익신장 운동 • 도쿄상은, 재일민단 도치기본부 활동		
49	국민훈장 무궁화장	이상경(李相慶) 1931	이와테상은 이사장 (2000-12-20)
	• 이와테현 동포 금융지원 활동 • 1981년 경북 의성 비안면 복지회관 건립		
50	국민훈장 무궁화장	김시현(金時顯) 1931	재일민단 오사카본부 상임고문 (2001-12-20)
	• 재일동포사회 및 한일친선우호에 공헌 • 오사카 이쿠노지부 등에서 동포 권익운동 • 88서울올림픽후원(체육훈장 거상장)		
51	국민훈장 무궁화장	정환희(鄭煥禧) 1921	재일민단 아이치본부 상임고문 상임고문(2001-12-20)
	• 58년부터 재일민단 아이치본부 단장 역임 • 70년대 아이치영사관 및 학교건립에 앞장		
52	국민훈장 무궁화장	진동철(陳東徹) 1919	아스나로신용조합 이사장 (2002-04-23)
	• 재일동포 경제자립 활동에 기여 • 60~70년대 재일동포 금융지원 • 도치키현 재일동포사회 권익신장 및 발전		

53	국민훈장 무궁화장	전임술(全壬戌) 1921	재일한상 가나가와 명예고문 (2002-10-09)
	• 재일동포 권익신장 및 한일친선우호 공헌 • 가나가와현 동포경제 및 스포츠 진흥		
54	국민훈장 무궁화장	황응석(黃応石) 1925	요시모토쇼지 장학회 이사장 (2002-12-06)
	• 1982년부터 재일동포 및 일본 유학생 지원(20년간 장학금 3억 엔 지원) • 후쿠오카 일한친선협회 부회장으로 한일 친선우호 증진에 공헌		
55	국민훈장 무궁화장	김치순(金致淳) 1926	재일민단 중앙본부 상임고문 (2002-12-31)
	• 1959년 북한 및 조총련 북송 저지 운동 • 70년대 민단 정상화 운동 주도 • 88서울올림픽후원(체육훈장 맹호장)		
56	국민훈장 무궁화장	최금분(崔金粉) 1930	재일본대한부인회 회장 (2002-12-31)
	• 재일부인회에서 재일동포 권익신장 활동 • 재일부인회 도쿄본부 고문		
57	국민훈장 무궁화장	문동인(文東仁) 1922	재일민단 토치기 상임고문 (2003-12-31)
	• 재일동포 권익신장 활동 • 도치기상은 활동으로 재일동포 금융지원		
58	국민훈장 무궁화장	유봉식(兪奉植) 1928	긴키산업신용조합 이사장 (2003-12-31)
	• 교토 MK택시 창업자 • 1995년 타임지 '세계 최고의 서비스기업' • 긴키산업신용조합 통한 재일동포 금융지원		
59	국민훈장 무궁화장	김경득(金敬得) 1949	재일한국인 인권변호사 (2006-12-31)
	• 1976년 일본 내 외국인 제1호 변호사 • 70~90년대 재일동포 차별 철폐운동, 79년 사할린동포 귀환 청구, 82년 국민연금, 92년 원호보상 청구, 94년 지방공무원 임용 차별취소 소송 제기		

60	국민훈장 무궁화장	홍채식(洪采植) 1933	재일한상 상임고문 (2007-05-14)
	• 재일동포 복지증진 및 경제발전 유공 • 재일한상 창립 45주년 공로자 • 요코하마상은 이사장, 재일동포 금융지원 • 재일한상 조직정상화 위원장		
61	국민훈장 무궁화장	장훈(張勳) 1940	일본 프로야구 선수 (2007-10-05)
	• 한국 프로야구와 스포츠 발전 공로 • 1982년 한국프로야구 창설 지원 활동		
62	국민훈장 무궁화장	진창현(陳昌炫) 1929	바이올린 제작자-진공방 대표 (2008-10-02)
	• 세계적 바이올린 제작자(세계 5대 무감사장인) • 1976년 국제바이올린 제작콩쿠르 금메달 • 2008년 한국인 최초로 일본고교 영어교과서에 소개		
63	국민훈장 무궁화장	김재숙(金宰淑) 1934	재일민단 중앙본부 상임고문 (2009-09-30)
	• 60년대 재일한국인 영주권 신청운동 • 올바른 역사인식을 바탕한 일본 역사교과서 채택 운동 • 재일한인역사자료관 개관 주도		
64	국민훈장 무궁화장	정해룡(丁海龍) 1934	재일민단 중앙본부 상임고문 (2009-09-30)
	• 80년대 88올림픽 성금 모금운동 추진 • 1993년 대전엑스포 홍보 지원 • 재일동포 화합 추진 및 동포생활권 운동		
65	국민훈장 무궁화장	홍성인(洪性仁) 1935	재일민단 오사카본부 상임고문 (2010 10 05)
	• 70년대 태극기 게양운동 주도 • 오사카민단에서 재일동포 권익신장 활동		
66	국민훈장 무궁화장	서동호(徐東湖) 1945	한국교육재단 이사장 (2011-05-03)
	• 1999년부터 한국교육재단 이사장으로 재일동포 차세대 인재 장학지원 • 도쿄한국학교, 오사카백두학원 재건축 지원, 장학 지원 등 20억 원 이상 기부 • 순천 효천고 이사장으로 모국의 차세대 인재육성		

67	국민훈장 무궁화장	조규훈(曺圭訓) 1906	오사카 백두학원 창립자 (2011-10-05)
	• 1949년 주일대표부 설립시 1300만엔 기증 • 1946년 민족학교 오사카백두학원 설립 • 1945~50년 일본인 전쟁 피해자 원호사업			
68	국민훈장 무궁화장	유재근(兪在根) 1941	산케이그룹 회장 (2012-10-05)
	• 재일동포 권익신장 및 한일친선우호 공헌 • 88서울올림픽후원(체육훈장 1등급 청룡장) • 2002한일월드컵, 2018평창올림픽 후원			
69	국민훈장 무궁화장	정진(鄭進) 1937	재일민단 중앙본부 상임고문 (2013-10-05)
	• 재일동포 권익신장 및 한일친선우호 공헌 • 2011동일본대지진 때 피해자 구원활동 • 98나가노동계올림픽후원(체육훈장 기린장)			
70	국민훈장 무궁화장	김창식(金昌植) 1937	재일민단 오사카본부 단장 (2014-10-07)
	• 재일동포 권익신장 및 한일친선우호 공헌 • 조총련계 동포 모국방문 사업 지원 • 70년대 오사카한국회관, 토요노회관 후원			
71	국민훈장 무궁화장	김한익(金漢翊) 1937	재일민단 오사카본부 단장 (2015-10-05)
	• 재일동포 권익신장 및 한일친선우호 공헌 • 오사카 기업인으로 동포경제 발전에 공헌			
72	국민훈장 무궁화장	여옥선(余玉善) 1937	재일본대한부인회 회장 (2016-10-05)
	• 재일본대한부인회 조직 강화에 기여 • 부인회장 재임시 45개 지부, 16만명 회원			
73	국민훈장 무궁화장	서용달(徐龍達) 1933	모모야마가쿠인대학 명예교수 (2017-09-27)
	• 재일동포 인권옹호, 법적지위 향상 공헌 • 1956년 '재일한국 장학회' 설립 • 일본내 '외국인 교원임용법' 제정에 공헌			

74	국민훈장 무궁화장	오공태(吳公太) 1946	재일민단 중앙본부 상임고문 (2018-10-05)
	・재일동포 권익신장 및 한일친선우호 공헌 ・도쿄한국학교 이사장으로 민족교육 진흥 ・2018평창동계올림픽 후원 주도		
75	국민훈장 무궁화장	정현권(鄭鉉權) 1943	재일민단 오사카본부 단장 (2019-10-05)
	・재일민단 오사카본부 재정건전화에 공헌 ・일본내 혐한 헤이트스피치 반대운동 ・풀뿌리 한일우호 친선 활동		
76	국민훈장 무궁화장	최종태(崔鐘太) 1952	재일한상 효고 상임고문 (2021-10-05)
	・재일동포 권익신장 및 한일친선우호 공헌 ・재일한국상공회의소, 재일민단, 청년회의소 등에서 모국 및 동포사회 발전 공헌		
77	체육훈장 청룡장	강순찬(姜順贊) 1920	재일민단 효고본부 고문 (1987-12-01)
	・88서울올림픽후원(체육훈장 1등급 청룡장) ・고베한국학원 후원(국민훈장 동백장)		
78	체육훈장 청룡장	김상호(金相浩) 1923	한일전기㈜ 대표 (1987-12-01)
	・88서울올림픽후원(체육훈장 1등급 청룡장) ・한일전기 등 모국 투자 ・재일민단 시가본부 지원(국민훈장 동백장)		
79	체육훈장 청룡장	김윤일(金胤鎰) 1919	아이치 삼양물산 대표 (1987-12-01)
	・88서울올림픽후원(체육훈장 1등급 청룡장) ・아이치상은을 통한 재일동포 금융지원(국민훈장 동백장, 국민훈장 목련장)		
80	체육훈장 청룡장	김종달(金鍾達) 1923	후쿠오카 활동가 (1987-12-01)
	・88서울올림픽후원(체육훈장 1등급 청룡장)		
81	체육훈장 청룡장	김종벽(金鍾霹) 1930	재일민단 히로시마 고문 (1987-12-01)
	・88서울올림픽후원(체육훈장 1등급 청룡장) ・재일민단 히로시마 후원(국민훈장 모란장)		

82	체육훈장 청룡장	김희수(金熙秀) 1924	중앙대학교 이사장 (1987-12-01)
	• 88서울올림픽후원(체육훈장 1등급 청룡장) • 중앙대학교 이사장으로서 한국 대학교육 발전 공헌(국민훈장 모란장)		
83	체육훈장 청룡장	남상길(南相吉) 1933	재일민단 니시나리지부 단장 (1987-12-01)
	• 88서울올림픽후원(체육훈장 1등급 청룡장) • 재일민단 오사카 니시나리지부 활동		
84	체육훈장 청룡장	도상용(都相龍) 1922	야마구치상은 이사장 (1987-12-01)
	• 88서울올림픽후원(체육훈장 1등급 청룡장) • 야마구치상은 이사장으로 동포 금융지원(국민훈장 동백장)		
85	체육훈장 청룡장	문호(文虎) 1936	오사카 활동가 (1987-12-01)
	• 88서울올림픽후원(체육훈장 1등급 청룡장)		
86	체육훈장 청룡장	박태수(朴泰秀) 1944	재일민단 이바라키 고문 (1987-12-01)
	• 88서울올림픽후원(체육훈장 1등급 청룡장) • 재일민단 이바라키 활동(국민훈장 모란장)		
87	체육훈장 청룡장	복천정일(福川正一) 1937	고베한국학원 후원가 (1987-12-01)
	• 88서울올림픽후원(체육훈장 1등급 청룡장) • 고베한국학원 후원(국민훈장 동백장)		
88	체육훈장 청룡장	설문걸(薛文傑) 1934	재일민단 이시가와 고문 (1987-12-01)
	• 88서울올림픽후원(체육훈장 1등급 청룡장) • 재일민단 이사가와 활동(국민훈장 동백장)		
89	체육훈장 청룡장	손규호(孫圭鎬) 1934	오사카 활동가 (1987-12-01)
	• 88서울올림픽후원(체육훈장 1등급 청룡장)		

90	체육훈장 청룡장	손재익(孫再翼) 1935	도쿄상은 이사 (1987-12-01)
	• 88서울올림픽후원(체육훈장 1등급 청룡장) • 도쿄상은, 동포 금융지원(국민훈장 동백장)		
91	체육훈장 청룡장	양희진(梁熙晋) 1918	재일한상 오사카 이사 (1987-12-01)
	• 88서울올림픽후원(체육훈장 1등급 청룡장) • 오사카 동포 경제지원(국민훈장 동백장)		
92	체육훈장 청룡장	윤수효(尹守孝) 1929	오사카흥은 이사 (1987-12-01)
	• 88서울올림픽후원(체육훈장 1등급 청룡장) • 오사카흥은에서 동포 금융지원 활동(국민훈장 동백장)		
93	체육훈장 청룡장	이맹호(李孟浩) 1938	효고 활동가 (1987-12-01)
	• 88서울올림픽후원(체육훈장 1등급 청룡장)		
94	체육훈장 청룡장	전택상(田宅相) 1921	오사카상은 참여역 (1987-12-01)
	• 88서울올림픽후원(체육훈장 1등급 청룡장) • 오사카상은에서 동포 금융지원 활동(국민훈장 목련장)		
95	체육훈장 청룡장	정균화(鄭均和) 1928	재일민단 야오지부 단장 (1987-12-01)
	• 88서울올림픽후원(체육훈장 1등급 청룡장) • 재일민단 야오지부에서 재일동포 권익신장 운동(국민훈장 동백장)		
96	체육훈장 청룡장	조장호(趙樟浩) 1939	재일민단 아이치본부 고문 (1987-12-01)
	• 88서울올림픽후원(체육훈장 1등급 청룡장) • 재일민단 아이치에서 재일동포 권익신장 운동(국민훈장 동백장)		
97	체육훈장 청룡장	조충문(趙忠文) 1940	재일민단 교토본부 집행위원 (1987-12-01)
	• 88서울올림픽후원(체육훈장 1등급 청룡장)		

98	체육훈장 청룡장	청산장(靑山長) 1924	오사카 활동가 (1987-12-01)
	• 88서울올림픽후원(체육훈장 1등급 청룡장)		
99	체육훈장 청룡장	최영훈(崔泳鑂) 1928	오사카흥은 이사 (1987-12-01)
	• 88서울올림픽후원(체육훈장 1등급 청룡장) • 오사카흥은에서 동포 금융지원 활동(국민훈장 동백장)		
100	체육훈장 청룡장	김재학(金在鶴) 1938	오사카 활동가 (1988-08-30)
	• 88서울올림픽후원(체육훈장 1등급 청룡장)		
101	체육훈장 청룡장	김영재(金英宰) 1934	재일본대한체육회 회장 (2006-04-26)
	• 국제경기 유공포상(체육훈장 1등급 청룡장) • 1950년대부터 50여년 간 재일체육회 활동 • 한국스포츠 발전에 공헌(국민훈장 동백장)		

출처: 행정안전부, 통일일보, 재일민단 등

◈ 참고문헌

발행연도順 / 국내신문은 본문에 표기

1. 단행본

- 롯데지주 저 /「롯데그룹 창업주 辛格浩 회고록-열정은 잠들지 않는다」/ 나남 / 2021
- 韓昌祐 저 /「新版 わが人生 夢とロマンと希望を胸に」/ 株式会社マルハン / 2021
- 권오정, 이수경, 김웅기, 이민호 저 /「재일동포의 민족교육과 생활사」/ 동의대학교 동아시아연구소 편 / 박문사 / 2020
- 松崎隆司 저 /「ロッテを創った男 重光武雄論」/ ダイヤモンド社 / 2020
- 李民晧 저 /「한류축제의 재발견-왔소에 오이소」/ 李熙健한일교류재단 편 / 統一日報 / 2019
- 존리 저 /「자이니치-디아스포라 민족주의와 탈식민 정체성」/ 소명출판 / 2019
- 民團70年史編纂委員會 저 /「民團70年史」/ 在日本大韓民國民團中央本部 / 2017
- 李民晧 저 /「신한은행을 설립한 자이니치리더」/ 統一日報 / 2015
- 村山俊夫 저 /「インスタントラーメンが海を渡った日: 日韓·麵に賭けた男たちの挑戦」/ 河出書房新社 / 2015
- 李民晧 저 /「민단은 대한민국과 하나이다」/ 在日本大韓民國民團中央本部 / 2014
- 조일제 저 /「남산 25시」/ 한민족 / 2011
- 大浦暁生ほか5名 저 /「COSMOS ENGLISH COURSE2」/ 三友社出版 / 2008
- 李民晧 저 /「모국을 향한 재일동포의 100년 족적」/ 재일동포모국공적조사위원회 편 / 在外同胞財團 / 2008
- 朴炳憲 저 /「숨 가쁘게 달려온 길을 멈춰 서서(박병헌 회고록)」/ 재외동포재단 / 2007
- 허만섭 저 /「눈은 세계로 가슴은 조국으로: 한창우 도전과 역전의 성공학」/ 생각의지도 / 2007
- 李薫 저 /「七夕- 이훈 단편소설집」/ 지샘 / 2007
- 제주특별자치도 저 /「愛鄕의 보람- 도민의 시대 새로운 도전」증보판 / 제주특별자치도 / 2007
- 김남일, 서경식, 양영희, 정호승, 최인석 저 /「분단의 경계를 허무는 두 자이니치의 망향가」/ 現實文化研究 / 2007
- 柳笑桓 저 /「在日忠清人の歩み-創立10周年に際して」/ 在日關東地區忠清道民會 / 2007
- 강덕상, 강재언, 김경득, 박일, 강성, 정대성 저 /「歷年史教科書 在日韓國人의 歷史」/ 역사넷 / 2007
- 在日本大韓民國民團 中央民族教育委員會 저 /「歷史教科書 在日コリアンの歷史」/ 明石書店 / 2006
- 東京慶尚南道道民會 저 /「東京慶尚南道道民會 30年史」/ 東京慶尚南道道民會 / 2006
- 民團神奈川60年史 編纂委員會 저 /「民團神奈川60年史」/ 在日本大韓民國民團神奈川本部 / 2006
- 京都慶尚南道道民會 저 /「總會及び25周年記念」/ 京都慶尚南道道民會 / 2006

- 孫大俊 저 /「追憶」/ 振學出版 / 2006
- 제주특별자치도 저 /「제주특별자치도」(통권 110호) / 제주특별자치도 / 2006
- 在日韓國人本國投資協會 저 /「在日韓國人本國投資協會30年史」/ 在日韓國人本國投資協會 / 2005
- 在日韓國歷史資料館 저 /「100年のあかし- 在日韓國歷史資料館開設記念」/ 在日韓國歷史資料館 / 2005
- 정동일 저 /「대한민국 은행을 바꾼 신한은행 방식: 평범한 사람들이 만든 비범한 조직」/ 신한은행 이야기 / 김영사 / 2005
- 박일 저 /「차이와 평등의 딜레마: 재일한국인」/ 범우 / 2005
- 국정홍보처 저 /「대한민국 정부기록사진집 / 제9권:1971-1972」/ 국정홍보처 / 2005
- 박철언 저 /「나의 삶, 역사의 궤적」/ 한들출판사 / 2004
- 高贊侑 저 /「ルポルタージュ 在日&在外コリアン」/ 解放出版社 / 2004
- 在日學徒義勇軍의얼 編纂委員會 저 /「言論의 窓에 비친 在日學徒義勇軍의 얼(魂)」/ 在日學徒義勇軍同志會 / 2004
- 民團大阪府地方本部 저 /「在阪韓國人百年史」(在日同胞의 戰前50年의 足跡-民團大阪本部의 戰後 55年의 步み) / 民團大阪府地方本部 / 2004
- 高贊侑 저 /「異鄕暮らし: 在日とする韓國·朝鮮人の肖像」/ 每日新聞社 / 2003
- 김민제 저 /「PHOTO GALLERY 2002 WorldCup」/ 한국스포츠기자협회 / 2003
- K&J클럽 저 /「Korea-Japan Joint 클리핑」/ K&J클럽 / 2003
- 신한은행 저 /「新韓銀行 20年史」/ 신한은행 / 2002
- 在日韓國商工會議所 저 /「韓商連40年史」/ 在日韓國商工會議所 / 2002
- 在日學徒義勇軍同志會 저 /「在日同胞6.25戰爭參戰年史」/ 在日學徒義勇軍同志會 / 2002
- 2002ワールドカップ在日韓國人後援會 저 /「2002FIFAワールドカップ韓日共同開催成功記念誌」/ 在日本大大韓民國民團中央本部 / 2002
- 濟州柑橘農業協同組合 저 /「濟州柑橘農協四十年史」/ 濟州柑橘農業協同組合 / 2001
- 좌영조 저 /「제주여고 50년사 (1951-2001)」/ 제주여자고등학교 / 2001
- 民團 在日韓國人意識調査委員會 저 /「在日韓國人意識調査 中間報告書」/ 在日本大韓民國民團 / 2000
- 국정홍보처 저 /「대한민국 정부기록사진집 / 제3권:1957-1958」/ 국정홍보처 / 2000
- 在日本大韓民國婦人會 저 /「婦人會 50年史」/ 在日本大韓民國婦人會 / 1999
- 제주도 저 /「愛鄕의 보람- 100만 제주인과 함께 21세기로(증보판)」/ 제주도 / 1999
- 在日全北道民會35年史 編纂委員會 저 /「全北道民會35年史」/ 在日全北道民會 / 1999
- 외교통상부 저 /「외교문서: 재외국민·영사·출입국관리·재외공관 재산관리(1969-70)」/ 외교통상부 / 1999

- 외무부 저 /「외교문서: 영사교민·재일교민·재외교민보호·조총련(1966-67)」/ 외무부 / 1997
- 在日本大韓民國民團 저 /「圖表でみる韓國民團50の步み」/ 五月書房 / 1997
- 在日本大韓民國民團 저 /「民團50年史」/ 在日本大韓民國民團 / 1997
- 在日韓國人本國投資協會 저 /「在日同胞 本國投資者 對象 韓國投資環境 評價 및 實態調査」/ 在日韓國人本國投資協會 / 1997
- 신한은행 저 /「新韓銀行 15年史」/ 신한은행 / 1997
- 제일종합금융 저 /「第一綜合金融 20년의 발자취」/ 제일종합금융 / 1997
- 츠루오카 마사오 저 /「成功한 在日韓國人 100人」/ 이화 / 1997
- 韓日問題硏究所 저 /「歷史を語る時代の證言」/ 韓日問題硏究所 / 1997
- 大阪韓國商工會議所 저 /「大阪韓國商工會議所 40年史」/ 大阪韓國商工會議所 / 1996
- 權炳佑 저 /「지혜로운 시어머니와 며느리」/ 한민족 / 1995
- 陸軍本部 저 /「韓國戰爭 時 學徒義勇軍」/ 육군본부 / 1994
- 호텔롯데 저 /「호텔롯데 二十年史」/ 호텔롯데 / 1993
- 河正雄 저 /「望鄕- 二つの祖國」/ 成甲書房 / 1993
- 在日本濟州道民會 저 /「日本의 濟州魂- 在日本濟州道民會30年史」/ 在日本濟州道民會 / 1993
- 黃民基 저 /「力道山傳說」(오르타 第1號) / アジア太平洋センター / 1992
- 在日本大韓體育會 저 /「在日本大韓體育會史 1953-1991」/ 在日本大韓體育會 / 1992
- 陸軍本部 저 /「日本明治大學 修學中 參戰한 學徒義勇軍 李活男」/ 육군본부 / 1991
- 在日本濟州開發協會 저 /「愛鄕無限- 在日本濟州開發協會 30年史」/ 在日本濟州開發協會 / 1991
- 제주도 저 /「愛鄕의 보람- 재일동포 기증실적」/ 제주도 / 1991
- 權炳佑 저 /「바람과 코스모스」/ 한민족 / 1991
- 閔寬植 저 /「在日本韓國人- 왜 일본이름을 쓰고 살아야 하나」/ 아세아정책연구원 / 1990
- 鄭東淳 저 /「曉林 鄭東淳 自傳」/ 산업도서출판공사 / 1990
- 權炳佑 저 /「婦人會40の足跡」/ 在日本大韓民國婦人會 / 1989
- 大場一雄(李杓基) 저 /「在日韓國人實業家と日本財界トップに聞く」/ フリーライフ社 / 1989
- 間部洋一 저 /「日本経済をゆさぶる在日韓商パワー」/ 德間書店 / 1988
- 民團愛知本部 저 /「民團愛知40年史」/ 在日本大韓民國居留民團愛知地方本部 / 1989
- 鄭煥麒 저 /「在日을 산다 정환기 自己史」/ 동쪽나라 / 1988
- 大阪興銀 저 /「大阪興銀 三十年史」/ 信用組合大阪興銀 / 1987
- 第一投資金融 저 /「第一投資金融 十年史」/ 第一投資金融 / 1987
- 在日本大韓民國居留民團 저 /「'87해외한민족대표자회의- 회의록 및 서울올림픽대회와 在日同胞」/ 在日本大韓民國居留民團 / 1987
- 在日本大韓民國居留民團 저 /「民團 40年史- 在日本大韓民國居留民團 創團40周 記念出版」/ 在日

- 本大韓民國居留民團 / 1987
- 岡山民團40年史編纂委員會 저 /「岡山民團 40年史」/ 在日居留民團 岡山本部 / 1987
- 88서울올림픽대회在日韓國人後援會 저 /「88서울올림픽」/ 88서울올림픽대회 在日韓國人後援會 / 1986
- 大阪韓國人商工會事務局 저 /「大阪韓國人商工會 30年史」/ 大阪韓國人商工會 / 1985
- 權逸 저 /「權逸 回顧錄」/ 韓民族 / 1982
- 統一日報社 저 /「在日韓國人名錄 1981版」/ 統一日報社 / 1981
- 李南浩 저 /「在日僑胞 立志傳- 눈물의 關釜연락선」/ 삼보문화사 / 1981
- 民團30年史編纂委員會 저 /「民團 30年史」/ 在日本大韓民國居留民團 / 1977
- 大阪大韓婦人會 저 /「大阪婦人會 30年史」/ 大阪大韓婦人會 / 1977
- 夫萬根 저 /「光復濟州 30年」/ 文潮社 / 1976
- 在日本濟州親睦會 저 /「創立10周年記念史」/ 在日本濟州親睦會 / 1976
- 統一日報社 저 /「在日韓國人名錄 1975版」/ 統一日報社 / 1975
- 內務部 저 /「새마을運動- 시작에서 오늘까지」/ 대한지방행정공제회 / 1975
- 韓國新聞社 저 /「韓國新聞 縮刷版Ⅲ 1945-1963(新聞大版 1500p)」/ 民團中央本部 宣傳局 / 1975
- 韓國新聞社 저 /「韓國新聞 縮刷版Ⅱ 1969-1974(新聞大版 1430p)」/ 民團中央本部 宣傳局 / 1974
- 林浩奎 저 /「世界의 商術- 第4卷:〈在日〉韓國人의 商術」/ 河西出版社 / 1974
- 海外公報館 저 /「セマウル運動」/ 海外公報館 / 1973
- 湖山姜桂重發行發起人會 저 /「湖山 姜桂重」/ 태양문화 / 1972
- 李愉煥 저 /「在日韓國人 60萬」/ 洋々社 / 1971
- 韓國新聞社 저 /「韓國新聞 縮刷版Ⅰ 1964~1969(新聞大版 800p)」/ 民團中央本部 宣傳局 / 1969
- 在日本大韓民國居留民團 저 /「寫眞で見る 民團 20年史」/ 在日本大韓民國居留民團 宣傳局 / 1967

2. 연속간행물

- 統一日報社 저 /「統一日報 1959.1.1~2022.4.27日字」(紙齡 第7497號까지)
- 在日韓國人本國投資協會 저 /「投資協會 會報 1978~2021年」
- 海外僑胞問題硏究所 저 /「OK TIMES- 월간 해외동포」

3. 기타 참고자료

- 新韓銀行이희건기념관 소장자료 및 李熙健 개인스크랩(1945~2011년)
- 金英宰 재일본대한체육회 명예회장 개인스크랩(1987~2006년)
- 李求弘 해외교포문제연구소 이사장 개인스크랩(1965~1981년)
- 李民晧 통일일보 서울지사장 취재기록(1997~2022년, 재일동포 대상)

에필로그

돌아오지 못한 부산항

재일동포의 모국사랑!

그들이 대한민국에 행한 기여를 정리하면서 '돌아와요 부산항에'가 떠올랐다.

"꽃 피는 동백섬에 봄이 왔건만.

형제 떠난 부산항에 갈매기만 슬피우네."

첫 소절만 들어도 왠지 가슴이 찡해진다. 70년대 중반, 해방 후 처음으로 모국 땅을 밟은 조총련 동포 고향방문단은 이 노래를 들으며 눈물을 펑펑 쏟았다.

그럴 만도 했다. 노랫말 속 '형제'는 '재일동포'를 가리켰다. 부산항은 일제 때 부산과 시모노세키 간 부관연락선의 출항지다. 정든 고향을 떠나 현해탄 너머 일본 땅에서의 서러운 타향살이, 영영 돌아올 수 없을 것 같던 모국이 나를 위해 불러주는 노래.

"돌아와요 부산항에 그리운 내 형제여"

이 노랫가락을 듣고서 어찌 눈물 흘리지 않으리.

광복光復: 빛을 되찾다

재일동포의 역사는 조국이 빛을 잃으면서 시작되었다. 1910년 일본에 병합되며 한반도는 세계지도에서 빨갛게 칠해졌다. 그렇게 한국인은 강제로 일본인이 되었다.

그로부터 35년이 지난 1945년 8월 15일, 마침내 조국은 빛을 되찾았다. 하지만 수많은 이들은 끌려갔던 일본 땅에 남겨졌다. 시모노세키 부둣가에서 부산 가는 뱃삯을 구하지 못해서, 딸린 식구들 먹을거리 걱정에, 용공으로 내몰릴까봐, 이런저런 사정 때문에 꿈에 그리던 귀국선을 탈 수가 없었다.

그래서였을까.

재일동포들은 누구보다도 나라를 사랑했다. 몸은 먼 곳에 있어도, 마음만은 조국에 두었고, 조국에 도움이 필요한 순간, 기꺼이 손을 내밀었다.

6.25전쟁 때는 청년 대학생들이 죽음도 불사했다. 펜 대신 총을 든 청춘들은 "두 번 다시 나라를 잃지 않겠다"는 각오로 목숨을 나라에 바쳤다. 642명 재일동포 학도의용군 중 135명은 전사했다.

60~70년대 재일동포들은 일본 대도시 '노른자위' 땅마다 조국의 공관을 세웠다. 도쿄 아자부의 주일대한민국 대사관, 오사카 미도스지의 총영사관, 그리고 나고야, 후쿠오카, 요코하마, 고베, 삿포로, 센다이, 시모노세키(현 히로시마) 공관까지… 주일공관 10개 중 9개가 재일동포의 손으로 세워졌다.

우리나라 최초의 공단 구로공단을 세웠고, 제주도를 감귤이 그득한 관광 1번지로 바꿨고, 88서울올림픽 때 100억 엔의 성금으로 경기장을 지었으며, 90년대 말 외환위기 때는 15억 달러를 송금하고 국채 300억 엔을 매입, 2018 평창동계올림픽에 20억 원을 기부했고… 헤아릴 수 없는 수많은 기여를 했음에도 야속한 모국은 그들을 기억하려 들지 않는다.

왜? 어찌하여?

모국 대한민국은 재일동포에 대한 기억을 소실한 것일까?

재일동포 이미지를 마이너스로 고정시킨 것이 제일 큰 이유 같다. 한국사회에서 재일동포는 여전히 일제로부터 핍박받는 '차별의 아이콘'이다. 우리와는 다른 일본사람이란 말도 서슴없이 튀어나온다. 십년이면 강산도 변한다는데, 해방 80년이 지나도 한국에서 일본은 일제고 재일동포는 그 치하에 사는 불쌍한 사람이다.

2022년 한국사회에 묻고 싶다.

언제까지 재일동포들을 불완전한 존재로 바라보고만 있을 것인가. 왜 조국이 먼저였던 그들의 용기는 기억조차 하려 들지 않는가. 재일동포에게도 광복光復, 이젠 빛을 되찾아줘야 하지 않겠는가.

고된 삶을 오롯이 견뎌낸 1세대부터 정체성의 혼란 속에서도 모국을 가슴에 품고 사는 차세대까지… 일본 속 한국인들은 긴 세월 기쁠 때나 슬플 때나 한국을 한시도 잊은 적이 없다.

오로지 모국사랑!

조국의 운명과 늘 함께 한 재일동포들!

재일동포가 곧 대한민국이란 사실을 기억해주기 바란다.

2022년 7월

안국동에서 이민호

감사인사

책이 나오기까지 많은 분의 도움을 받았습니다. 재일민단, 재외동포재단, 이희건한일교류재단 관계자 여러분, 이구홍 해외교포문제연구소 이사장님, 강창만 통일일보 사장님께 감사드립니다. 지난 2008년 본인이 '재일동포 모국공적조사위원회' 간사 겸 집필자로 활동할 때에 정성껏 도움을 주신 여러분(당시 직함)께도 거듭 감사드립니다.

◈ **위원장** 김진홍 초대 오사카총영사

◈ **부위원장** 이선희 전 청와대 비서관

◈ **감사** 현선일 재일민단 본국사무소장

◈ **위원** 신혜일 재일한국인본국투자협회 부회장, 신진우 재일한국인본국투자협회 부장, 황선구 해외교포문제연구소 소장, 김정희 재외동포재단 과장

◈ **자문** 박병헌 재일민단중앙본부 상임고문, 조일제 전 국회의원, 손대준 한일협회 회장, 박선악 재일대한부인회 회장

일본에서 대한민국을 외치다
재일동포의 모국사랑

발행일 | 2022년 7월 7일
발행처 | 통일일보
감　수 | (재)이희건한일교류재단
지은이 | 이민호
디자인 | 디자인쵸셉
인　쇄 | 디티피아
등　록 | 1990. 05. 14. 제300-1990-81호

ISBN 978-89-967807-5-5 03910
Copyright ⓒ통일일보 2022, 이민호
Printed in korea

- 이 책은 (재)이희건한일교류재단 후원으로 발간되었습니다.
- 이 책은 저작권법에 따라 보호를 받는 저작물로 무단복제 및 전재를 금합니다.
- 이 책 내용을 이용할 시에는 사전에 지은이, 발행처의 서면동의를 받아야 합니다.
- 책의 가격은 뒤표지에 기재되어 있습니다.